AF536373

Hartmut Kraft

HONIG für Kunst & Gesellschaft

Bienen und ihre Produkte
in Werken von
Joseph Beuys
Hede Bühl
Felix Droese
u. a.

Sammlung Kraft

Kettler-Verlag

Die menschliche Fähigkeit ist nicht, Honig abzugeben, sondern zu denken, Ideen abzugeben. Das wird jetzt parallel gesetzt.

Joseph Beuys (1921–1986)

Wenn die Biene einmal von der Erde verschwindet, hat der Mensch nur noch vier Jahre zu leben. Keine Biene mehr, keine Bestäubung mehr, keine Pflanzen mehr, keine Tiere mehr, keine Menschen mehr.

Autor unbekannt, fälschlich oft Albert Einstein (1879–1955) zugeschrieben

Wir leben in einer Welt, in der die Natur rapide aus unserem Leben schwindet, weil wir ihr keinen Raum mehr lassen. Für mich ist dieser dramatische Verlust und Verfall der Arten und ihrer Lebensräume die wahre Krise des 21. Jahrhunderts. Und auf sie gilt es mit allen Mitteln aufmerksam zu machen – etwa indem wir diese eine Geschichte des Lebens erzählen.

Matthias Glaubrecht (Professor für Biodiversität der Tiere an der Universität Hamburg)

Inhaltsangabe

6 **Ein Wort vorweg – worum geht es hier?**

8 **Honig für Kunst und Gesellschaft – eine Einführung in das Thema**

16 **Eine kurze Geschichte der langen Beziehung zwischen Bienen und Menschen**

24 **Die Edition der Rheinischen Bienenzeitung 1975**
44 Über Bienen, Teil 1: Bienenkönigin, Drohnen und Arbeitsbienen

49 **Joseph Beuys: Wie man dem toten Hasen die Bilder erklärt (1965)**
58 Über Bienen, Teil 2: Wabenbau und Kommunikation

61 **Joseph Beuys: Honigpumpe am Arbeitsplatz (1977)**
77 Über Bienen, Teil 3: Wie entsteht Honig?

81 **Joseph Beuys: Bienen und ihre Produkte in den Druckgraphiken und Multiples**
94 Über Bienen, Teil 4: Stechen, kochen, mumifizieren – die Verteidigungsstrategien der Bienen

96 **Interview mit Hede Bühl zu ihren „Wabenköpfen"**
109 Über Bienen, Teil 5: Bugonie – Die Stiergeburt der Bienen

112 **Interview mit Felix Droese**
129 Über Bienen, Teil 6: Bienen und ihre Produkte in der Kunst

138 **Michael Buthe und der Bienenkönig**
142 Über Bienen, Teil 7: Bienen in der Literatur

154 **Drei Wabenobjekte von Timm Ulrichs, Herbert Zangs und Bjørn Nørgaard**
163 Über Bienen, Teil 8: Bienen in der Medizin

167 **Kleines Bienenlexikon**
176 **Liste der Kunstwerke**
188 **Dank an …**
190 **Impressum**

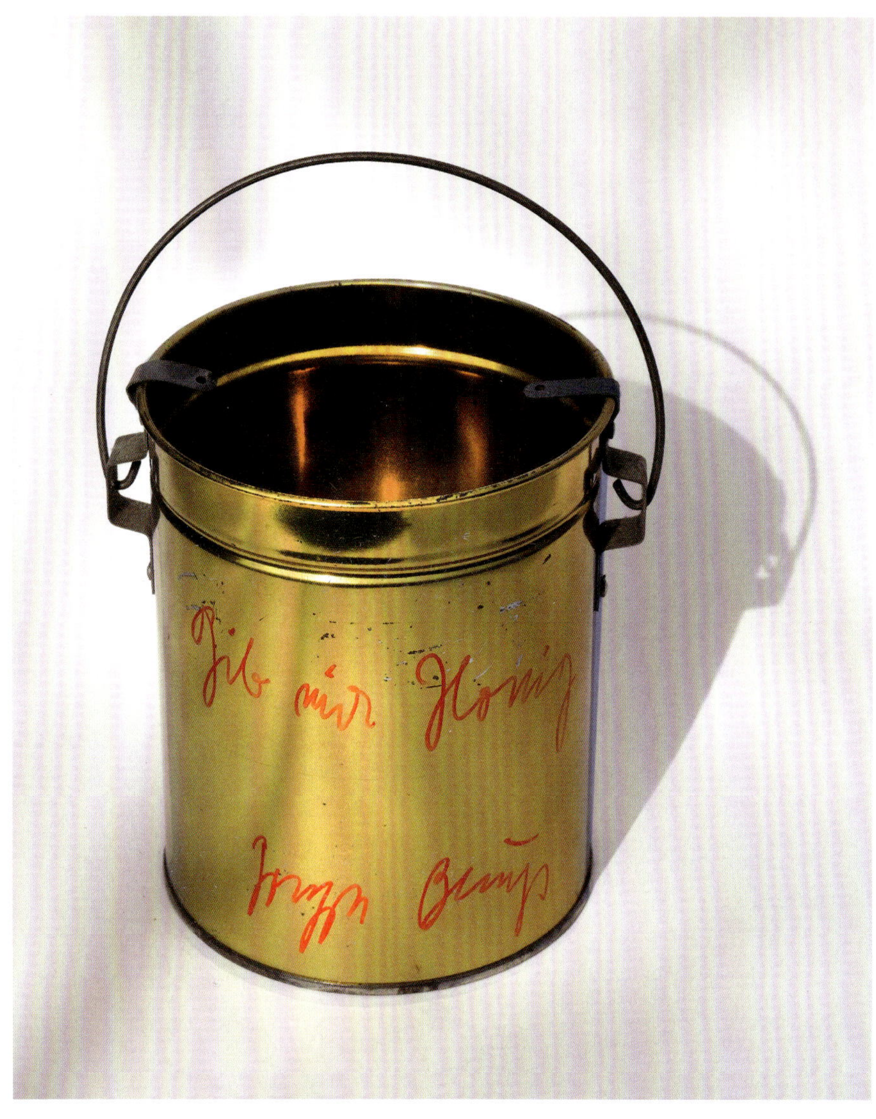

Joseph Beuys: Gib mir Honig (1979). Bleicheimer mit Schrift, signiert. Höhe 22 cm

Ein Wort vorweg – worum geht es hier?

So notwendig eine Alarmierung der Öffentlichkeit bezüglich Klimawandel und Artenschutz ist, so fraglich ist es für den Erfolg, immer nur zu warnen und zu mahnen. Ebenso braucht es Faszination, Begeisterung und Neugier für die Natur, die Pflanzen und Tiere, mit denen wir leben. Das sind die Ziele der Ausstellung und des vorliegenden Katalogbuches über Bienen und ihre Produkte in der Kunst, Biologie und Kulturgeschichte.

Neue Kunstwerke sind für dieses Projekt nicht eigens angefertigt worden. Stattdessen geht es um einen neuen Blick auf Kunstwerke der vergangenen Jahrzehnte, gar Jahrhunderte, in denen Bienen, Wachs und Honig thematisiert worden sind. Welche Sichtweisen standen seinerzeit im Zentrum – und welche Anregungen gehen heute von diesen Werken aus?

Die Ausstellung zeigt Kunstwerke von Joseph Beuys und von zeitgenössischen Künstlerinnen und Künstlern wie z. B. Hede Bühl, Felix Droese, Michael Buthe, die alle in einer mehr oder weniger engen Beziehung zu ihm standen. Im Begleitbuch zur Ausstellung wechseln sich Kapitel über die Kunstwerke mit Beiträgen über Bienen ab (z. B. „Wabenbau und Kommunikation", „Stechen, kochen und mumifizieren – Die Verteidigungsstrategien der Bienen", oder „Bienen in der Literatur"). Die biologischen Fakten aus dem Leben der Bienen eröffnen den Blick in eine fremde Welt, die uns Menschen seit Jahrtausenden fasziniert und seit der Antike zu vielen literarischen und künstlerischen Reflexionen herausgefordert hat. Wer sich nicht gerade als Imker oder Bienenforscher betätigt, wird in diesen Kapiteln eine Vielzahl wenig bekannter Fakten vorfinden, sei es zur „Bugonie", zum Kampf der frisch geschlüpften Bienenköniginnen untereinander oder zur Wertschätzung der Bienen im Christentum.

Der Zugangsweg zu drängenden Umweltthemen über zeitgenössische Kunstwerke sowie gleichzeitig über die Biologie und Kulturgeschichte der Bienen eröffnet Sichtweisen, die ebenso faszinieren wie nachdenklich machen können – vielleicht auch ein konkretes Denken und Handeln im Sinne des Umwelt- und Artenschutzes fördern können?

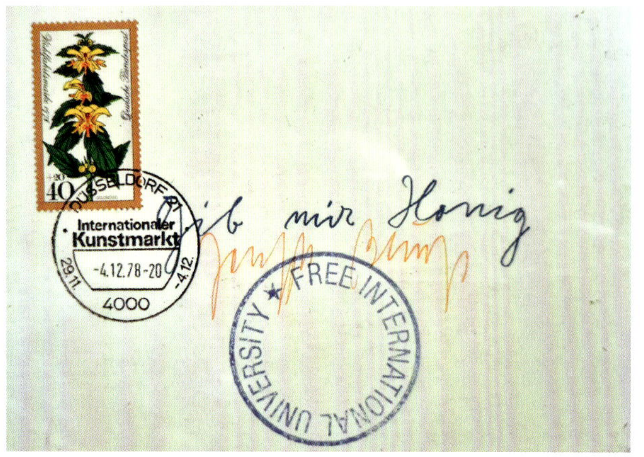

Joseph Beuys: Gib mir Honig (1973, bearbeitet 1978). Postkarte mit gestempelter Sonderbriefmarke, Künstlerstempel, signiert. 10,2 x 14,5 cm

Honig für Kunst und Gesellschaft – eine Einführung in das Thema

„Gib mir Honig". Mit dieser Aufforderung ist offensichtlich keine freundlich vorgetragene Bitte am Frühstückstisch gemeint. Stattdessen handelt es sich um einen Satz von Joseph Beuys (1921–1986), den er mehrfach in seinen Multiples verwendet hat.[1] Beuys verwendete Honig auch an prominenter Stelle bei einer seiner Aktionen (s. Kapitel „wie man dem toten Hasen die Bilder erklärt" 1965) und in seiner weithin bekannten Installation auf der Documenta 6 (s. Kapitel „Honigpumpe am Arbeitsplatz" 1977). Was aber verband der Künstler mit Honig als Werkstoff? Wie bei seinen oft verwendeten Materialien Fett und Filz hat Beuys auch dem Honig eine ganz eigene Bedeutung gegeben. In einem Interview hat der Künstler seine Sicht erläutert: „Die menschliche Fähigkeit ist nicht, Honig abzugeben, sondern zu denken, Ideen abzugeben. Das wird jetzt parallel gesetzt."[2] So ist der von ihm mehrfach verwendete Satz „Gib mir Honig" als Aufforderung zu verstehen, künstlerische und andere kreative Ideen für konkrete Probleme mit ihm zu diskutieren, im besten Fall Lösungen zu erarbeiten. Wie kein anderer Künstler seiner Generation hat Beuys mit seiner Kunst schon seit Mitte der 1960er Jahre begonnen, auf gesellschaftliche und ökologische Probleme aufmerksam zu machen. Kunstwerke von Joseph Beuys stehen deshalb im Zentrum der Ausstellung und des Katalogbuches „Honig für Kunst und Gesellschaft". Alle anderen beteiligten Künstlerinnen und Künstler hatten eine mehr oder weniger enge Beziehung zu Beuys, sei es als seine Schüler an der Kunstakademie Düsseldorf (z. B. Hede Bühl, Felix Droese) oder als Teilnehmer an gemeinsamen Ausstellungen (z. B. Timm Ulrichs) und gemeinsamen Grafikeditionen (s. Kapitel „Die Edition der Rheinischen Bienenzeitung" 1975).

Doch der Reihe nach – wenden wir uns zunächst dem Ursprung des Honigs, den Bienen zu. Wir können heutzutage nicht mehr über Bienen, Bienenwachs und Honig reden oder Kunstwerke zu diesen Themen anschauen, ohne gleichzeitig an die Gefährdung der Bienen durch den Raubbau an der Natur und durch Gifte zu denken. So entsteht beim Betrachten derartiger Bilder und Skulpturen ein Subtext, eine andere Ebene der Reflexion. Es geht nicht mehr nur um Kunst und kunsthistorische Bezüge, es geht auch um die Gefährdung der Natur durch die ausbleibende Bestäubung der Blüten durch Bienen und andere Insekten. Die Ernährung von Tieren und Menschen steht auf dem Spiel. Diesem sich aufdrängenden Subtext wird im Folgenden Rechnung getragen, indem jedem Kunstkapitel ein Kapitel über Bienen folgt. Vorgestellt werden naturwissenschaftliche, historische und mythologische Themen. Während in der Ausstellung die zeitgenössischen Kunstwerke zu Bienen, Waben und Honig von Joseph Beuys, Hede Bühl, Michael Buthe, Felix Droese und anderen Künstlerinnen und Künstlern im Zentrum stehen, eröffnen die Texte über Bienen die Möglichkeit, ihre faszinierende Lebenswelt kennen und reflektieren zu lernen, die es in unserem eigenen Interesse zu schützen gilt.

Die Bienen

Das Summen der Bienen gehört zum Sommer. Noch. Die Mehrzahl der Bienenarten lebt solitär, es sind geradezu „Einsiedlerbienen", die keine Staaten bilden wie die Honigbienen, die hier im Zentrum der Aufmerksamkeit stehen. Aus Blüten saugen die Honigbienen Nektar für ihre Honigproduktion. Sie gehören zu den Tieren, die keine anderen Lebewesen zerstören müssen, um sich und ihre Nachkommen zu ernähren. Ganz im Gegenteil bestäuben sie Blüte um Blüte und tragen damit entscheidend zur Erhaltung unseres Ökosystems, unserer Ernährung, unseres Überlebens auf diesem Planeten bei.

So klein sie auch sind, die Bienen haben die Menschen von alters her fasziniert. Sie produzierten den begehrten Honig und das Bienenwachs, ihre soziale Organisation faszinierte und ihre Reproduktion war den Menschen bis ins 17. Jahrhundert ein Rätsel. In kultur- und religionsgeschichtlichen sowie mythologischen Texten tauchen die Bienen dementsprechend zu allen Zeiten und in unterschiedlichen Kulturen auf. Was an Wissen über die Bienen fehlte, wurde durch Spekulationen und Zuschreibungen ergänzt.[3] Einige Beispiele sollen dies veranschaulichen:

- Die Geschichte der Naturwissenschaft weiß von Behauptungen zu berichten, dass Bienen aus den Kadavern von Stieren entstehen (s. hierzu „Die Stiergeburt der Bienen" und „Interview mit Felix Droese").
- Im alten ägyptischen Reich wurde die Biene zum Herrschaftssymbol für Unterägypten und in die Hieroglyphenschrift aufgenommen (s. hierzu „Bienen in der Literatur").
- Da man im antiken Griechenland glaubte, der Honig werde von den Bienen nicht selber produziert, sondern nur von den Blüten aufgesammelt, wurde Honig als Gabe und Nahrung der Götter interpretiert. Die Biene geriet dadurch in die Rolle der Mittlerin zwischen Menschen und Göttern (s. hierzu „Wie entsteht Honig?").
- In der vermeintlich asexuellen Fortpflanzung sahen christliche Autoren bei den Bienen ein Vorbild an Tugendhaftigkeit sowie einen naturkundlichen Beleg für die Möglichkeit einer jungfräulichen Geburt (s. hierzu „Eine kurze Geschichte der langen Beziehung zwischen Bienen und Menschen").

Und heute? Sind die Bienen durch die biologische Forschung entzaubert? Wir wissen über die besondere Art der Fortpflanzung Bescheid, wir kennen die „Tanzsprache" der Bienen, mit der sie sich gegenseitig über gute Nektar-Sammelplätze informieren. Durch die Möglichkeit, einzelne Bienen zu kennzeichnen und zu beobachten, wurden in den letzten Jahren die individuellen Unterschiede zwischen den Bienen beobachtbar. Es gibt fleißige und faule, es gibt intelligente und lernunfähige Bienen (s. hierzu „Bienenkönigin, Drohnen und Arbeitsbienen").

Vieles bleibt bei einem der ältesten Haus- und Nutztiere des Menschen aber noch zu erforschen, vor allem: Welche menschlichen Einflüsse schädigen die Bienen und bewirken ein Bienen- und allgemeines Insektensterben? Was ist die Alternative zu „Pflanzenschutzmitteln", welche z. B. die Orientierung der Bienen derartig schädigen, dass sie nicht mehr zurückfinden zu ihrem Bienenstock? Was können wir gegen den Parasitenbefall der Bienenvölker (z. B. durch die Varroamilbe) unternehmen, der die Bienenvölker massiv schwächt? Als in den USA und Kanada 2007/2008 plötzlich ein Großteil der Bienenvölker verschwand, ging dieses beunruhigende Ereignisals „Colony Collapse Disorder" (CCD) in die Geschichte ein, worauf noch einzugehen sein wird.[4]

Klimawandel und Artenschutz

Klimawandel und Artenschutz sind die alarmierenden Schlagworte unserer Zeit. Als abstrakte Begriffe fanden sie lange Zeit viel zu wenig Resonanz. Was nicht mit allen Sinnen unmittelbar wahrgenommen wird, löst kaum je genügend Reaktionen aus. Um ein konkretes Beispiel zu nennen: Seit Jahren haben wir die Gefährdung der Insekten unmittelbar vor Augen – die Windschutzscheiben unserer Autos waren nach einer längeren Fahrt übersät mit toten Mücken, Fliegen und Bienen. Die inzwischen fehlende Verschmutzung unserer Scheiben dürfte eigentlich im wahrsten Sinne des Wortes für Durchblick gesorgt haben, uns auf ein Artensterben aufmerksam gemacht haben, das bedrohliche Ausmaße angenommen hat.

Apropos Windschutzscheiben:
Bei seiner „Aktion 20.000 km" hat der Aktions- und Objektkünstler HA Schult (geb. 1939) vom 16. Oktober bis 5. November 1970 täglich die Strecke von München bis Hamburg mit einem Citroen Dyane zurückgelegt. Mit seiner körperlich und mental herausfordernden Aktion wollte der Künstler auf Stress- und Konsumsituationen rund um das Autofahren aufmerksam machen. Neben einer Dokumentation durch Fahrtenschreiber, Fotos und Tonbandaufzeichnungen wurde jeden Abend die Windschutzscheibe des Wagens ausgewechselt, um später als Aktionsrelikt zusammen mit Overall und Schutzhelm verkauft zu werden. Die Windschutzscheiben waren mit toten Insekten übersät.
Jahrzehnte später haben die Künstler Günther (geb. 1960) und Loredana Selichar (geb. 1962) eine rasante Autofahrt durch die Windschutzscheibe filmisch dokumentiert. Ihr Video „GT Granturismo" (2001) zeigt innerhalb von 5 Minuten und 10 Sekunden eine Vielzahl gegen die Windschutzscheibe klatschender Insekten.
Rückblickend betrachtet handelt es sich um künstlerische Dokumentationen von Alltagsphänomenen, die uns heute das inzwischen stattgefundene Artensterben vor Augen führen.

Die norwegische Autorin Maja Lunde hat in ihrem Roman „Die Geschichte der Bienen"[5] beschrieben, welche dramatischen Auswirkungen es hat, wenn die Bienen für die Bestäubung ausfallen. Die Ernährung und Fortpflanzung vieler Tiere und letztlich auch für uns Menschen ist in Gefahr. Besonders drastisch

bringt das ein Ausspruch zum Ausdruck, der Albert Einstein zugeschrieben wird: „Wenn die Biene einmal von der Erde verschwindet, hat der Mensch nur noch vier Jahre zu leben. Keine Biene mehr, keine Bestäubung mehr, keine Pflanzen mehr, keine Tiere mehr, keine Menschen mehr."
Auch wenn dieser Ausspruch nicht wirklich von Albert Einstein stammt und über die Zeitangabe diskutiert werden kann, bringt dieser Weckruf das Problem auf den Punkt. Wir sollten uns diese Warnung so oft wie möglich ins Gedächtnis rufen – in diesem Katalogbuch ist dies immerhin gleich drei Mal der Fall.

Faszination, Begeisterung, Neugier – und Kunst

Eine Sensibilisierung der Öffentlichkeit ist sinnvoll und notwendig, wenn es um Klimawandel und Artenschutz geht. Gleichzeitig führt eine andauernde Alarmierung zu Gewöhnung und Abwehr. Ergänzende Zugangswege zu diesen drängenden Problemen sind notwendig. Es braucht Faszination, Begeisterung und Neugier für die Natur, für die Pflanzen und Tiere, mit denen wir leben. Was wir wirklich kennenlernen, was uns in seiner Fremdartigkeit fasziniert, was wir in seiner Bedeutung für unser eigenes Leben (durchaus ganz egoistisch) verstanden haben – das zu schützen und zu bewahren fällt uns leichter als ein Eingeständnis von Versäumnissen oder eine Verhaltensänderung auf Grund von Tabellen und Statistiken.

Naturwissenschaftler forschen intensiv zu den Bienen, ihrer Lebensorganisation, ihren Kommunikationsmöglichkeiten und zu ihren Gefährdungen. Entsprechende Publikationen gibt es nicht nur für die Fachwelt, sondern auch in Zeitungen und Büchern für Laien.[6] Auch viele Künstler haben sich – sicherlich aus sehr unterschiedlichen Gründen – den Bienen zugewandt. Allen voran ist Joseph Beuys zu nennen, in dessen Werk Tiere (z. B. Hasen, Hirsche – und eben auch Bienen) eine wesentliche Rolle spielen. Im Unterschied zu einem rein wissenschaftlichen Ansatz wählte Beuys in seinen Arbeiten ganz neue, unerwartete Zugangswege und fand frühzeitig eindrucksvolle skulpturale Formulierungen für unsere immer drängender werdenden ökologischen Probleme.
Ausgehend von der Gleichsetzung von Honig und nährenden, kreativen Gedanken, die Beuys vorgenommen hat, konzentrieren sich Ausstellung und Katalogbuch bei den Werken von Beuys auf seine Arbeiten, in denen Honig eine wichtige oder gar zentrale Rolle spielt. In späteren Kapiteln wird ausführlich auf seine frühe Aktion „wie man dem toten Hasen die Bilder erklärt" (1965),

seine Installation „Honigpumpe am Arbeitsplatz" (1977) und seine entsprechenden Multiples eingegangen.

Darüber hinaus sind Künstlerinnen und Künstler aufgenommen worden, die in einer Beziehung zu Joseph Beuys standen. Dies gilt für Studierende an der Kunstakademie Düsseldorf wie Hede Bühl oder Felix Droese. Andere Künstler standen in einem Dialog mit Beuys durch persönliche Begegnung (z. B. Herbert Zangs), durch gemeinsame Ausstellungen (z. B. Timm Ulrichs) oder durch eine Zusammenarbeit bei Editionen (s. hierzu das Kapitel zur „Rheinischen Bienenzeitung", 1975). Die Arbeiten zahlreicher anderer Künstlerinnen und Künstler, die ebenfalls mit Bienen, Wachs und Honig arbeiten oder gearbeitet haben, sind im Kapitel „Bienen in der Kunstgeschichte" beschrieben oder zumindest erwähnt.

Von einer Ausnahme abgesehen wurde keine der vorgestellten Arbeiten speziell für dieses Buch- und Ausstellungsprojekt geschaffen. Schon seit 1963 lässt Timm Ulrichs Keilrahmen von befreundeten Imkern in Bienenstöcke hängen. Es entstehen „Bienenwaben-Wachscollagen", die der Künstler als „strukturalistisches Naturkunst-Objekt als Ergebnis einer Gemeinschaftsproduktion mit Tieren"[7] bezeichnet. Gegen Ende des Sommers wird der Keilrahmen mit den honiggefüllten Waben entnommen und vom Künstler in einen Plexiglaskasten eingefügt. Im Laufe der Jahrzehnte hat Timm Ulrichs eine Vielzahl dieser Multiples von Bienen herstellen lassen, auf meine Bitte hin auch im Jahre 2023 für dieses Ausstellungsprojekt. Obwohl die Grundidee aus dem Jahre 1963 stammt, ist es nun das jüngste Werk der Ausstellung und wird gemeinsam mit Wabenobjekten von Herbert Zangs und Bjørn Nørgaard gezeigt. Dabei ist die 2018 von Nørgaard in Bronze gegossene und grau patinierte Bienenwabe sicherlich dasjenige Kunstwerk, welches die Gefahr des Bienensterbens am deutlichsten zum Ausdruck bringt. Sein „The last Bee" betiteltes Werk wirkt trotz seiner geringen Größe wie ein graues Beton-Monument für die letzte Biene auf Erden.
Im Kontrast zu dieser Endzeit-Skulptur wird deutlich, dass vor gut einem halben Jahrhundert die Künstlerinnen und Künstler ganz andere Themen als Klimawandel und Artensterben aufgegriffen haben, als sie sich an der Edition für die letzte Ausgabe der „Rheinischen Bienenzeitung" (Dezember 1975) beteiligt haben. Einige haben die Sechseckform der Waben variiert, andere einen Bezug zur Feminismus-Debatte hergestellt, wiederum andere das Thema humorvoll aufgegriffen. Diese Arbeiten sehen wir heute vor dem

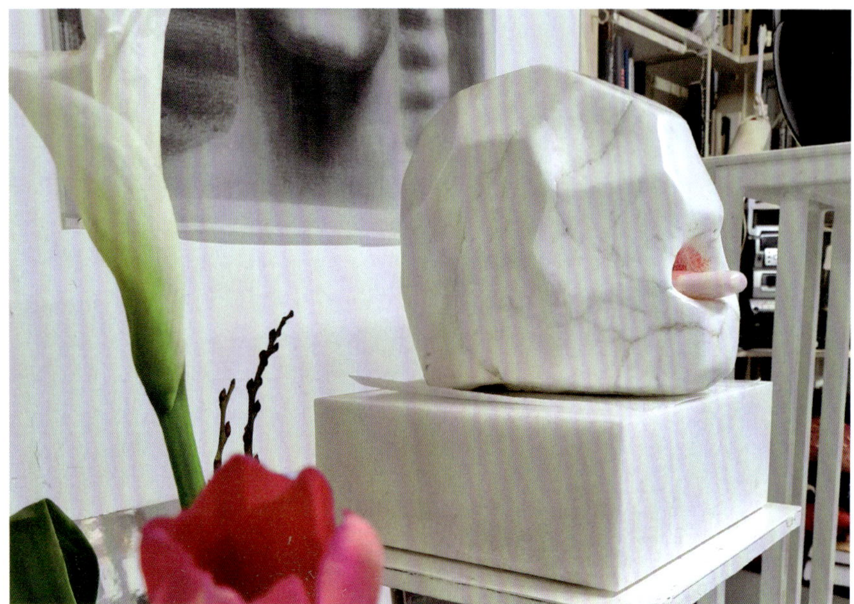

Hede Bühl: Wabenkopf mit Zunge (2024), Alabaster, Atelierfoto

Hintergrund von Umweltkatastrophen und Artenschutz anders als zur Zeit ihrer Entstehung.

Abschließend soll eine Skulpturengruppe von Hede Bühl erwähnt werden, die am Beginn des gesamten Projekts stand. Seit Jahrzehnten arbeitet die Düsseldorfer Künstlerin an ihren Kopfskulpturen, unter anderem auch an einer kleinen Werkgruppe, die von ihr zunächst als „Hexagonköpfe"[8] bezeichnet wurden. Eine abstrahierte Kopfform wurde dabei von der Künstlerin aus Sechsecken gestaltet. Ein erster Kopf aus Alabaster wurde 2015 fertig und später sowohl in Bronze als auch in Aluminium gegossen. Später bezeichnete die Künstlerin diese und andere Skulpturen mit Sechsecken als „Wabenköpfe". Als ich von der Umbenennung erfuhr, eröffnete diese für mich eine ganze Kette von Assoziationen: Von Wabenkopf zu Honig und Bienen, zu Joseph Beuys als Akademielehrer der Künstlerin, zur Bedeutung von Bienen und Honig im Werk von Joseph Beuys, zu seiner Installation „Honigpumpe am Arbeitsplatz" und zur Edition der Bienenzeitung. So entstand der Keim für das Projekt „Honig für Kunst und Gesellschaft".
Aus einem rein künstlerischen Ausstellungsprojekt mit Skulpturen, Zeichnungen und Multiples, das mir zunächst vor Augen stand, entwickelte sich erst

im Laufe der Beschäftigung mit diesem Thema ein Interesse für die Lebensform der Bienen selbst, die Organisation ihres Lebens, ihre Kulturgeschichte – und für ihre Bedeutung für uns Menschen. Statt einer Trennung von Kunst und Wissenschaft, die seit der Renaissance vorangetrieben wird, werden diese beiden Bereiche unserer Erkenntnis und unseres Wissens miteinander verwoben. Kunstwerke, Informationen zu diesen Werken, Interpretationen und Interviews mit Künstlern stehen gleichberechtigt und einander ergänzend neben naturwissenschaftlichen, natur- und kulturgeschichtlichen wie auch mythologischen Informationen zu den Bienen und ihren Produkten. Bei einigen Themen werden Bezüge zwischen Kunstwerken und außerkünstlerischen Informationen direkt hergestellt (z. B. bei der Bugonie/Felix Droese), anderes steht ergänzend nebeneinander und kann zum Weiterdenken und Diskutieren anregen. Kreative Ideen sollen und müssen sich ungehindert ausbreiten – das ist es, was angesichts drängender Probleme gebraucht wird. „Honey is flowing in all directions"[9], hat Beuys auf eine Postkarte geschrieben, die als Multiple erschienen ist.

Anmerkungen

1 Schellmann, J. (Hrsg.): Joseph Beuys. Die Multiples. Werkverzeichnis der Auflagenobjekte und Druckgraphik. Edition Schellmann, München – New York und Verlag Schirmer/Mosel, München, 7. Aufl. 1992. Der Ausspruch „Gib mir Honig" findet sich bei den Multiples Nr. 66 (1973), Nr. 303 (1979) und auf der Postkarte P9 (1973)

2 zitiert nach Schneede, U.M.: Joseph Beuys. Die Aktionen. Kommentiertes Werkverzeichnis mit fotografischen Dokumentationen. Verlag Gerd Hatje, Ostfildern-Ruit 1994, Zitat S. 105

3 Gute Übersichten finden sich z. B. bei Berrens, D.: Soziale Insekten in der Antike. Ein Beitrag zu Naturkonzepten in der griechisch-römischen Kultur. Vandenhoeck & Ruprecht, Göttingen 2018; Heindrichs, H. und Hohorst, B.: Botinnen der Götter. Natur- und Kulturgeschichte der Biene. Rheinlandverlag, Köln 1988

4 Eine gute Übersicht geben z.B. die Bücher von Tautz, J.: Phänomen Honigbiene. Springer, Berlin 2007/2012 und Menzel, R. und Eckoldt, M.: Die Intelligenz der Bienen. Wie sie denken, planen, fühlen und was wir daraus lernen können. Penguin Verlag, München 2019 Tautz, J.: Auch Bienen haben Schweißfüße. Ulmer Verlag, Stuttgart 2024

5 Maja Lunde: Die Geschichte der Bienen. Norwegische Erstausgabe bei H. Aschehoug & Co., Oslo 2015, deutsch bei btb, München, 17. Aufl. 2018

6 vgl. Anm. 4

7 Timm Ulrichs: Ich, Gott & die Welt. Katalog zur Ausstellung „Haus am Lützowplatz", Verlag für moderne Kunst, Wien 2020, S. 180–181; Wolfson, M. (Hrsg.): Beuys / Ulrichs. ICH-Kunst, DU-Kunst, WIR-Kunst. Kunstmuseum Celle, Celle 2007, S. 84–86

8 Kraft, H. (Hrsg.): Hede Bühl. Verzeichnis der Skulpturen und Zeichnungen. Salon Verlag, Köln 2019, VZ Kraft 2015.2; weitere Angaben sind im erweiterten und korrigierten VZ zu finden auf www.hede-buehl.de

9 vgl. Anm. 1, Schellmann, J. 1992, Nr. 105 (1974), s. hierzu auch das Kapitel „Bienen und ihre Produkte in den Multiples von Joseph Beuys".

Eine kurze Geschichte der langen Beziehung zwischen Bienen und Menschen

Zuerst waren die Bienen da. Die uns heute bekannten, Nektar und Pollen sammelnden Bienen existieren zumindest seit rund 60 Millionen Jahren. Uns, dem „homo sapiens sapiens" werden rund 40.000 Jahre zugestanden, dem unmittelbaren Vorfahren „homo sapiens" rund 160.000 Jahre. Unsere Entwicklungsgeschichte reicht über den „homo rudolfiensis", den „homo habilis" und andere längst ausgestorbene Entwicklungslinien rund zwei Millionen Jahre zurück.

Die vielfältigen Interaktionen von Bienen und Menschen in den Weltkulturen über Jahrtausende hinweg können hier nur in sehr verkürzter Form beschrieben werden. Einzeluntersuchungen und Überblicksdarstellungen füllen ganze Bibliotheken.[1]
Die Beziehung zwischen Bienen und Menschen begann räuberisch. Primaten und Angehörige früher Entwicklungsstufen des Menschen ergänzten ihre Nahrung durch gelegentliches Ausrauben von Bienennestern. Nirgendwo sonst gab es eine derartig süße und nahrhafte Speise. Erste bildhafte Darstellungen honigsammelnder Menschen stammen aus dem Mesolithikum. Berühmt wurden die Höhlenbilder aus den Cuevas de la Arana und von Alacon in Spanien, die um **12.000 bis 9.000 v. Chr.** entstanden sind.[2]

Um **7.000 v. Chr.** gab es erste systematische Bienenhaltung in den Dorfkulturen Zentralanatoliens im Gebiet der heutigen Türkei. Die wild lebenden Bienen wurden zu Nutz- und Haustieren, auch wenn sie sich – bis heute – nicht wirklich domestizieren und züchten lassen wie etwa Rinder oder Schweine.

Die hochentwickelte Bienenhaltung in Ägypten, die um **4.000 v. Chr.** begann, wurde als „Wanderimkerei" betrieben: Im Frühjahr wurden Bienenvölker in Unterägypten auf Schiffe verladen und nilaufwärts nach Oberägypten transportiert. Unterwegs bestäubten die Bienen die Pflanzen in der fruchtbaren Ebene beidseits des Nils und produzierten den begehrten Honig. Über die Vermehrung der Bienen herrschte zu dieser Zeit – und auch in den folgenden Jahrtausenden – vollkommene Unkenntnis. Ihre Entstehung wurde in den Kadavern heiliger Stiere vermutet, was als „Bugonie" bezeichnet wurde und lange Zeit als Erklärung Bestand hatte (s. hierzu das Kapitel „Bugonie – Die Stiergeburt der Bienen").[3]

Die hohe Bedeutung, die den Bienen in Ägypten beigemessen wurde, zeigt sich eindrucksvoll daran, dass die Honigbiene zum Wappentier von Unterägypten wurde und auch Eingang in die (Schrift-)Kunst fand.

Napoleon und die Bienen
Schon seit dem alten ägyptischen Reich sind Bienen als Wappentiere bei den Herrschern der Welt beliebt – aber nicht nur dort und damals. Als sich Napoleon (1769–1821) am 2. Dezember 1804 selber zum Kaiser von Frankreich krönte, wollte er nicht auf die „Lilie der Bourbonen" als Symbol des alten französischen Adelsgeschlechts zurückgreifen. Stattdessen wählte er die Bienen. Er sah in ihnen ein Symbol für Wiedergeburt und Unsterblichkeit. Fortan zierten Bienen das neue Wappen des Herrschers und fanden sich als Schmuckelemente auf Gebrauchsgegenständen wie Tellern und Bechern sowie auch auf seiner Kleidung. Noch heute sind die goldenen kaiserlichen Bienen auf dem Überwurf der Statue zu sehen, die im Invalidendom zu Paris in unmittelbarer Nähe seines Sarkophags steht.

Um **1450 v. Chr.** flohen die hebräischen Stämme aus der Knechtschaft in Ägypten nach Palästina, in „das Land, wo Milch und Honig fließen", eine bildhafte Umschreibung für fruchtbares Weide- und Ackerland. In keinem anderen Schriftwerk der Antike werden Bienen und ihre Produkte so häufig erwähnt wie in der Bibel. Im Alten Testament gibt es 67 Erwähnungen, allein 54 davon beziehen sich auf Honig.[4]

In Griechenland finden sich geflochtene Bienenkörbe ab **700 v. Chr.** In der bildenden Kunst und auch in Karikaturen und Cartoons (z. B. bei Wilhelm Busch) existiert diese Art der Bienenkörbe bis ins 20. Jahrhundert.Erste Bienengesetze zu Eigentumsverhältnissen und Schlichtung von Streitigkeiten wurden erlassen.
Um 350 v. Chr. berichtet der griechische Universalgelehrte Aristoteles (384–322 v. Chr.) über die Bienenhaltung. Er erwähnt zwar die Theorie zur Entstehung der Bienen aus Tierkadavern, glaubte aber, dass der fertige Honig als göttliches Geschenk vom Himmel tropfe und von den Bienen nur eingesammelt würde.
Auch andere berühmte Autoren des Altertums wie Plinius d. Ä. (79–23 v.Chr.) oder Vergil (70–19 v. Chr.) schrieben über die Bienen.[5]

Im alten Germanien finden wir Met, den Honigwein, als Grabbeigabe bereits um 1000 v. Chr.. Nach verschiedenen Gesetzen zum Fang und zur Nutzung von Wildbienen z. B. durch Langobarden und Westgoten erließ Kaiser Karl der Große (747–814 n. Chr.) im Jahr seiner Kaiserkrönung (800 n. Chr.) Verordnungen über die Bienenzucht und Rechtsfragen bei Bienenraub. Bis heute finden sich gesetzliche Bestimmungen zu den Bienen in Deutschland im Bürgerlichen Gesetzbuch (§§ 961–§ 964).

Die Bienen-Paragraphen des Bürgerlichen Gesetzbuches der BRD

§ 961 Eigentumsverlust bei Bienenschwärmen
Zieht ein Bienenschwarm aus, so wird er herrenlos, wenn nicht der Eigentümer ihn unverzüglich verfolgt oder wenn der Eigentümer die Verfolgung aufgibt.

§ 962 Verfolgungsrecht des Eigentümers
Der Eigentümer des Bienenschwarms darf bei der Verfolgung fremde Grundstücke betreten. Ist der Schwarm in eine fremde nicht besetzte Bienenwohnung eingezogen, so darf der Eigentümer des Schwarmes zum Zwecke des Einfangens die Wohnung öffnen und die Waben herausnehmen oder herausbrechen. Er hat den entstehenden Schaden zu ersetzen.

§ 963 Vereinigung von Bienenschwärmen
Vereinigen sich ausgezogene Bienenschwärme mehrerer Eigentümer, so werden die Eigentümer, welche ihre Schwärme verfolgt haben, Miteigentümer des eingefangenen Gesamtschwarms; die Anteile bestimmen sich nach der Zahl der verfolgten Schwärme.

§ 964 Vermischung von Bienenschwärmen
Ist ein Bienenschwarm in eine fremde Bienenwohnung eingezogen, so erstrecken sich das Eigentum und die sonstigen Rechte an den Bienen, mit denen die Wohnung besetzt war, auf den eingezogenen Schwarm. Das Eigentum und die sonstigen Rechte an dem eingezogenen Schwarm erlöschen.

Da die geschlechtliche Vermehrung der Bienen noch nicht bekannt war, wurden Bienen im Christentum als Sinnbild für die Jungfräulichkeit Marias gesehen: „Da die Bienen weder Beischlaf noch Gebären kennen, gelten sie

als jungfräulich und keusch... Das Lob der Biene ist zugleich ein Lob Mariens und damit des Mysteriums der Menschwerdung Christi."[6]
Mehrere Heilige der katholischen Kirche wurden zu „Bienenheiligen", allen voran der Hl. Ambrosius von Mailand (339–397) und der Hl. Bernhard von Clairvaux (1090–1153).[7] Als Attribute wurden ihnen Bienenkörbe zugeordnet. Die Beziehung zu den Bienen geht u. a. auf ihre rhetorische Begabung zurück. Schon seit der Antike war die Süße des Honigs eine beliebte Metapher für die Beredsamkeit. Der Hl. Bernard wurde sogar ausdrücklich als „doctor melifluus", als „honigfließender Lehrer" bezeichnet.

Im **Mittelalter** gelangte die Hausbienenzucht unter Führung der Klöster zu hoher Blüte.[8] Dabei ging es nicht nur um die Gewinnung des Honigs, sondern auch um das Bienenwachs, das in Klöstern und Kirchen sowie in reichen Haushalten für die Produktion von Kerzen gebraucht wurde.
Um dem Verlust wertvoller Bienenvölker durch Ausschwärmen entgegenzuwirken, bedienten sich die Mönche u. a. auch alter Bannsprüche wie dem „Lorscher Bienensegen".

Christus, der Bienenschwarm ist ausgeflogen!
Nun fliege du, mein Tierchen, wieder her,
um in göttlichem Frieden, im Schutz Gottes
gesund heimzukommen.
Sitze, sitze Biene!
Das hat dir die heilige Maria geboten:
Abschied sollst du nicht nehmen,
zum Wald sollst du nicht fliegen,
weder sollst du mir entwischen,
noch sollst du mir entweichen!
Sitze ganz stille;
so wirke Gottes Wille.

„Lorscher Bienensegen", althochdeutscher Bannspruch
aus dem 8./9. Jahrhundert

Rund ein Jahrhundert nach der Entdeckung Amerikas im Jahre 1492 kam es **Ende des 16. Jahrhunderts** zu einem Rückgang der Imkerei in Europa.

Die Gründe sind vielfältig: Durch den Überseehandel wurde Zucker als Süßmittel billiger als Honig, durch Hopfenanbau und Bierbrauen sank der Honig- und Metverbrauch und schließlich hinterließ der dreißigjährige Krieg eine Spur der Verwüstung. Im Gegensatz hierzu entstand aber ab Mitte des 17. Jahrhunderts eine umfassende wissenschaftliche Literatur zur Imkerei, die mit Namen wie z. B. Charles Butler (1560–1647), Anton Janscha (1734–1773) und Johann Dzierzon (1811–1906) verbunden ist.

World Bee Day / Weltbienentag 20. Mai

Auf Initiative von Slowenien beschloss die Vollversammlung der Vereinten Nationen am 20. Dezember 2017, einen „World Bee Day" einzuführen. Zu Ehren von Anton Janscha wurde sein Geburtstag, der 20. Mai festgelegt. Der Kupferstecher, Bienenforscher und Hofimkermeister von Kaiserin Maria Theresia wurde am 20. Mai 1734 in Greznica (Slowenien) geboren und starb am 13. September 1773 in Wien. Anton Janscha gilt als einer der Begründer der modernen Imkerei.

Durch viele einzelne technische Verbesserungen kam es **zwischen 1850 und 1914** zu einer Blütezeit der Imkerei in Deutschland, die durch den 1. Weltkrieg unterbrochen wurde.

Nach 1918 lieferte Deutschland als Reparationsleistung u. a. 75.000 Bienenvölker an Frankreich. Diese eher wenig bekannte Tatsache unterstreicht den Wert, der den Bienenvölkern und der Imkerei beigemessen wurde.

Unter den Nationalsozialisten **(1933–1945)** erfolgte eine systematische Förderung der Imkerei in Deutschland mit allen durch die Politik vorgegebenen Verblendungen wie z. B. den Versuchen einer Königinnenzucht auf rassischer Grundlage. Der Leitsatz der nationalsozialistischen Imker war: „Dem Ganzen selbstlos dienen, das lehren uns die Bienen." Mit dieser Parole sollten die nützlichen Verhaltensweisen aus dem Bienenstock auf die gesellschaftliche Ordnung übertragen werden, getreu dem Motto: „Der Einzelne ist nichts, der Staat alles."[9] Nicht nur an den Nationalsozialismus ist hier zu denken – auch an andere totalitäre Staatsformen.

Mehr als ein halbes Jahrhundert **nach dem Ende des 2. Weltkriegs** sind ganz neue Probleme im Zusammenleben von Bienen und Menschen aufgetreten. In den Jahren 2006 und 2007 verschwanden in den USA und

Kanada schlagartige zahlreiche Bienenvölker, was als „Colony Collapse Disorder" (CCD) bezeichnet wurde. Im Frühjahr 2008 starben im Oberrheingraben rund 300 Millionen Bienen durch den Einsatz von Pflanzenschutzmitteln.[10] Die Gründe für das weltweite Insekten- und speziell Bienensterben sind aber nicht auf eine Ursache allein zurückzuführen. Um nur einige zu nennen: Kiesflächen und versiegelte Böden verdrängen Blumengärten, die Landwirtschaft ist geprägt von Monokulturen und den Einsatz von Pestiziden, Schädlinge wie die Varroamilbe breiten sich aus. Inzwischen nimmt das Insektensterben dramatische Ausmaße an. Eine Aussage, die Albert Einstein (1879–1955) – wohl fälschlich – zugeschrieben wird, bringt das Problem auf den Punkt: „Wenn die Biene einmal von der Erde verschwindet, hat der Mensch nur noch vier Jahre zu leben. Keine Biene mehr, keine Bestäubung mehr, keine Pflanzen mehr, keine Tiere mehr, keine Menschen mehr." Über die Anzahl der Jahre lässt sich streiten, über das grundsätzliche Problem, das dem Klimawandel nicht nachsteht, lässt sich sinnvoller Weise nicht streiten. Was als Mundraub der Menschen an den Bienen begann, droht uns in eine Situation zu führen, in der es nichts mehr zu rauben, zu ernten oder zu schlachten geben wird. Kreative, im wahrsten Sinne nährende Gedanken und Konzepte sind gefragt, ganz so, wie es Joseph Beuys formulierte: „Die menschliche Fähigkeit ist nicht, Honig abzugeben, sondern zu denken, Ideen abzugeben. Das wird jetzt parallel gesetzt. Dadurch wird der Todescharakter des Gedankens wieder lebendig gemacht. Denn Honig ist zweifelsohne eine lebendige Substanz. Der menschliche Gedanke kann auch lebendig sein. Er kann auch intellektualisierend tödlich sein, auch tot bleiben, sich todbringend äußern etwa im politischen Bereich oder in der Pädagogik."[11]

Die Bienen und der Kommunismus

„Den amerikanischen Soziobiologen und Ameisenexperten Edward O. Wilson regte die Selbstlosigkeit sozialer Insekten übrigens einmal zu einem Apercu an. In einem Interview mit der „New York Times" sagte er, Karl Marx hätte mit seiner Idee, dass ein Gemeinwesen möglich ist, in dem der Einzelne auf seine Eigeninteressen verzichtet, schon recht gehabt. Allerdings habe er bei der falschen Art gesucht. Nicht bei den Menschen, sondern bei den sozialen Insekten wäre er fündig geworden."

(zitiert nach Menzel 2019, S. 291)

Die Leugnung oder auch nur Verharmlosung des Klimawandels und des Artensterbens können als todbringende Gedanken verstanden werden. Stattdessen brauchen wir „Honig für Kunst und Gesellschaft", neue nährende Ideen für eine ökologisch vertretbare Nutzung von Ressourcen, neue Ideen für unsere sozialen Interaktionen. Eine platte Analogie zu anderen Lebensformen – wie z. B. die der Bienen – verbietet sich aber. Für eine Sozialromantik besteht kein Anlass. Die Forschung zu den Bienen zeigt spannende, einfallsreiche Konzepte der Lebensgestaltung[12], die je nach eigener Einstellung als vorbildlich oder als erschreckend wahrgenommen werden und zum Nachdenken anregen können:

- Das Sammeln von Nektar, Pollen, Honigtau und Propolis erfolgt ohne jede Schädigung der Pflanzen und Tiere, denen diese Substanzen entnommen werden. Das allein schon ist ein Faszinosum. Ganz im Gegenteil bestäuben die Insekten die Pflanzen und halten unser ökologisches System lebendig.
- Die sexuelle Fortpflanzung der Bienen unterscheidet sich erheblich von derjenigen bei Säugetieren und Menschen. Sexualität kann sich höchst unterschiedlich ausprägen.
- Die Organisation des sozialen Zusammenlebens basiert auf hohem, arbeitsteiligem Engagement und Verzicht auf individuelle Entfaltungsmöglichkeiten (vgl. „Superorganismus").
- Unabhängig davon gibt es aber erhebliche Unterschiede bei den Bienen, die erst durch Einzelbeobachtung erkannt werden konnten. Es gibt die sprichwörtlich bekannten fleißigen Bienen, ebenso aber langsam arbeitende. Es wurden schnell lernende Bienen beobachtet und solche, die gestellte Aufgaben nicht zu lösen vermochten.
- Das Engagement für die Gesamtheit des Bienenstocks kennt auch Ausgrenzung und Tötung. Männliche Drohnen werden zum Ende der Paarungszeit als unnütze Esser aus dem Stock vertrieben und sterben, da sie nicht in der Lage sind, sich selbst zu ernähren. Drohnen, die sich nicht vertreiben lassen wollen, werden zu Tode gestochen („Drohnenschlacht"). Maurice Maeterlink (1862–1949), dem 1911 der Nobelpreis für Literatur verliehen wurde, hat in seinem Buch „Das Leben der Bienen" (1901) der „Drohnenschlacht" ein eigenes Kapitel gewidmet.
- Schlüpfen aus mehreren, zeitgleich angelegten sogenannten „Weiselzellen" mehrere Bienenköniginnen kurz nacheinander, tötet die erstgeborene Bienenkönigin ihre nachfolgenden Schwestern.

- Den Kampf um die gesammelten Vorräte für das Überleben in den Wintermonaten kennen auch die Bienen. Überfälle zwischen Bienenvölkern in Zeiten des Mangels sind keine Seltenheit. Abgrenzung und Verteidigung bis hin zum Töten der Angreifer dienen dem Überleben des Bienenvolks.

Angesichts des Reichtums an Varianten der Lebensgestaltung in unserer pflanzlichen und tierischen Umwelt scheint es sinnvoll, wenn wir uns Menschen nicht als „Krone der Schöpfung", sondern als Spezialfall begreifen – als einen Spezialfall mit Potenzial zur Zerstörung der Schöpfung – oder zu deren Pflege, Erhaltung und Entwicklung.

Anmerkungen

1 Heindrichs, H. und Hohorst, B.: Botinnen der Götter. Natur- und Kulturgeschichte der Honigbiene. Rheinlandverlag, Köln 1988; Schrott, G.: Mönche – Bienen – Götter. Eos Verlag, St. Ottilien 2011; Tautz, J. : Phänomen Honigbiene. Springer, Berlin 2007, korrigierter Nachdruck 2012; Menzel, R. und Eckoldt, M.: Die Intelligenz der Bienen. Wie sie denken, planen, fühlen und was wir daraus lernen können. Penguin, München 2019; Berrens, D.: Soziale Insekten in der Antike. Ein Beitrag zu Naturkonzepten in der griechisch-römischen Kultur. Vandenhoeck & Ruprecht, Göttingen 2018.
Weitere Literatur siehe z.B. bei Lerner, F.: Blüten, Nektar, Bienenfleiß. Die Geschichte des Honigs. Ehrenwirth. München 1984; Rüdiger, W.: Ihr Name ist Apis. Kulturgeschichte der Biene. Ehrenwirth, München1974
Die Ausführungen in meinem Text stützen sich vor allem auf die Bücher von Berrens, D. 2018, Heindrichs, H. und Hohorst, B 1988, Schrott, G. 2011 und Tautz, J. 2007/2012

2 vgl. Heindrichs, H. und Hohorst, B. 1988, S. 15–16

3 Berrens, D. 2018, S. 187–212; Heindrichs, H. und Hohorst, B. 1988, S. 46, 49

4 Heindrichs, H. und Hohorst, B. 1988, S. 32; Schrott, G. 2011, S. 12ff

5 Ausführliche Darstellung bei Berrens, D. 2018; Heindrichs, H. und Hohorst, B. 1988, S. 46

6 Schrott, G. 2011, S. 17–21, Zitat S. 18

7 Schrott, G. 2011, S. 31–40

8 Schrott, G. 2011

9 Angaben zur Imkerei im Nationalsozialismus s. Heindrichs, H. und Hohorst, B. 1988, S. 64–66

10 Menzel, R. und Eckoldt, M. 2019, S. 318

11 zitiert nach Schneede, U.M.: Joseph Beuys. Die Aktionen. Verlag Gerd Hatje, Ostfildern-Ruit 1994, S. 105

12 gute Übersicht s. z.B. bei Menzel, R. und Eckoldt, M. 2019 und Tautz, J. 2007/2012; als eine wissenschaftlich wie auch künstlerisch gelungene Publikation siehe Arndt, I. und Tautz, J.: Honigbienen – Geheimnisvolle Waldbewohner. Knesebeck, München 2020 Tautz, J.: Auch Bienen haben Schweißfüße. Ulmer Verlag, Stuttgart 2024

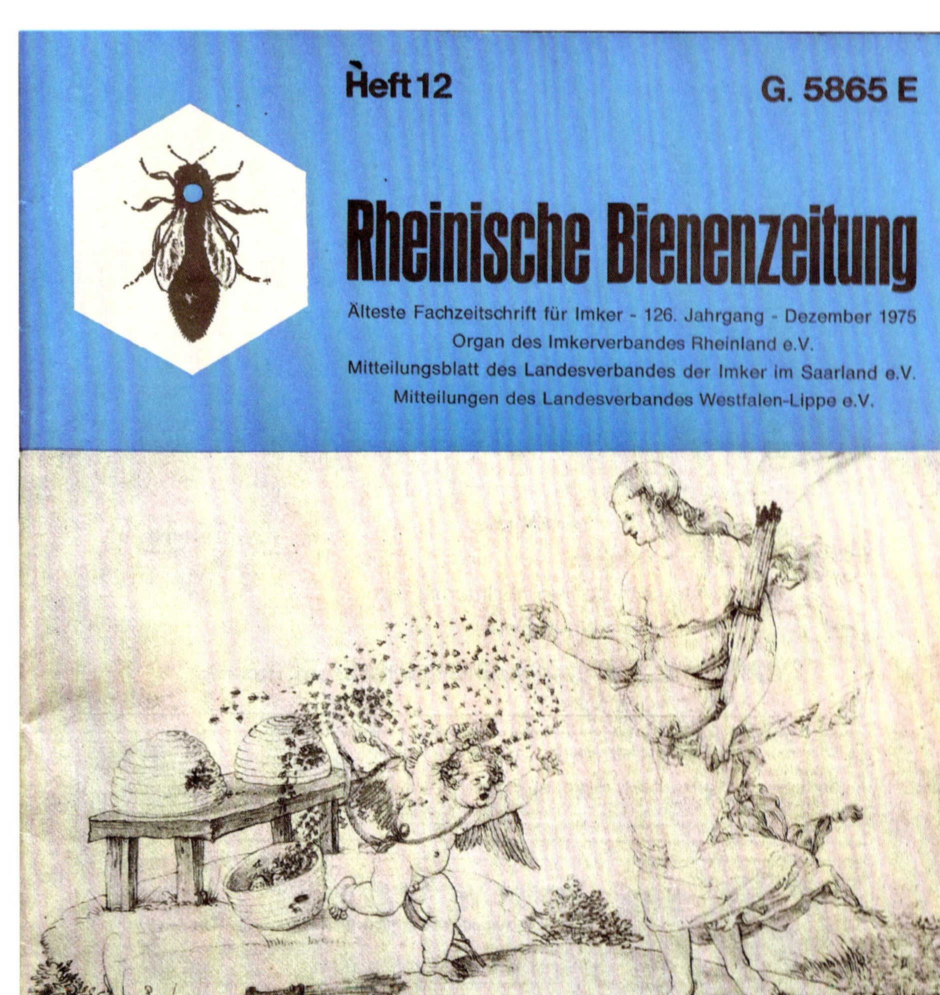

Heft 12

G. 5865 E

Rheinische Bienenzeitung

Älteste Fachzeitschrift für Imker - 126. Jahrgang - Dezember 1975

Organ des Imkerverbandes Rheinland e.V.

Mitteilungsblatt des Landesverbandes der Imker im Saarland e.V.

Mitteilungen des Landesverbandes Westfalen-Lippe e.V.

Allen Lesern und Imkerfamilien zum lichtreichen Feste der Liebe und Freude

A. Dürer: Venus und Amor (1514)

Frohe Weihnachten!

Dem 1. Vorsitzenden des Imkerverbandes Rheinland e. V., Herrn Kurt Adami in Meddersheim/Nahe, der am Heiligen Abend Geburtstag feiern kann, wünschen wir Gottes Segen, Gesundheit und Glück auf allen Wegen!

Namens unserer Imkergemeinschaft
Wilhelm Hoehn
Ehrenvorsitzender

Rheinische Bienenzeitung, Cover der letzten Ausgabe im Dezember 1975 mit Abbildung von Albrecht Dürer „Venus und Amor" (1514)

Die Edition der „Rheinischen Bienenzeitung“
Vorzugsausgabe der Nr. 12/1975 des 126. Jahrganges

Im Dezember 1975 erschien die letzte Ausgabe der „Rheinischen Bienenzeitung“. Zu diesem Anlass wurde eine „Vorzugsausgabe der Nr. 12/1975 des 126. Jahrgangs“ mit 13 graphischen Blättern als Kassette aufgelegt. Viele der beteiligten Künstlerinnen und Künstler, allen voran Joseph Beuys, genießen bis heute, fast ein halbes Jahrhundert nach Erscheinen dieser kleinen Edition, nationale und zum Teil auch internationale Reputation.

Wie kam es dazu, dass die letzte Ausgabe einer alt-ehrwürdigen Bienenzeitung mit einer so ungewöhnlichen Vorzugsausgabe rheinischer, vor allem Kölner Künstler gewürdigt wurde?

Die unmittelbare Vorgeschichte reicht ins Jahr 1971 zurück. In diesem Jahr kaufte der Kölner Antiquar und Verleger Constantin Post den Nachlass eines Antiquariats. In diesem Bestand befand sich auch der kleine Kölner Verlag Paul Neubner als Herausgeber der Bienenzeitung. Obwohl selber kein Imker, entschloss sich Constantin Post, als neuer Inhaber des Verlags die Bienenzeitung weiterhin monatlich herauszugeben. Dies gelang mit Hilfe eines Schriftleiters, des Imkermeisters Wilhelm Hoehn.

Im Rahmen der Ölkrise Anfang der 1970er Jahre stiegen die Druckkosten für die Imkerzeitung von Monat zu Monat. So entschloss sich Constantin Post zum Jahresende 1975, die „Rheinische Bienenzeitung“ an den Verleger der „Hessischen Bienenzeitung“ zu verkaufen, der als Druckereibesitzer sein Periodikum weiterführen konnte.

Der letzten Ausgabe der „Rheinischen Bienenzeitung“ nach 126 Jahrgängen wollte Constantin Post eine besondere Note verleihen. Er entschloss sich, dieses Heft dem Thema „Die Biene in der Kunst“ zu widmen. Als ein in der Kunstszene bestens vernetzter Antiquar und Verleger sprach er Künstlerinnen und Künstler an und bat um künstlerische Beiträge. Abgesehen von Joseph Beuys, der in Düsseldorf lebte, wohnten die anderen Künstlerinnen und Künstler in Köln. Die Idee einer kleinen Kunst-Edition wurde geboren. Allen Beteiligten wurde das Format für ihren graphischen Beitrag vorgegeben, während sie in der technischen Realisierung freie Hand behielten. Das Honorar betrug einheitlich 500,- DM. Die Auflage betrug 34 Exemplare.

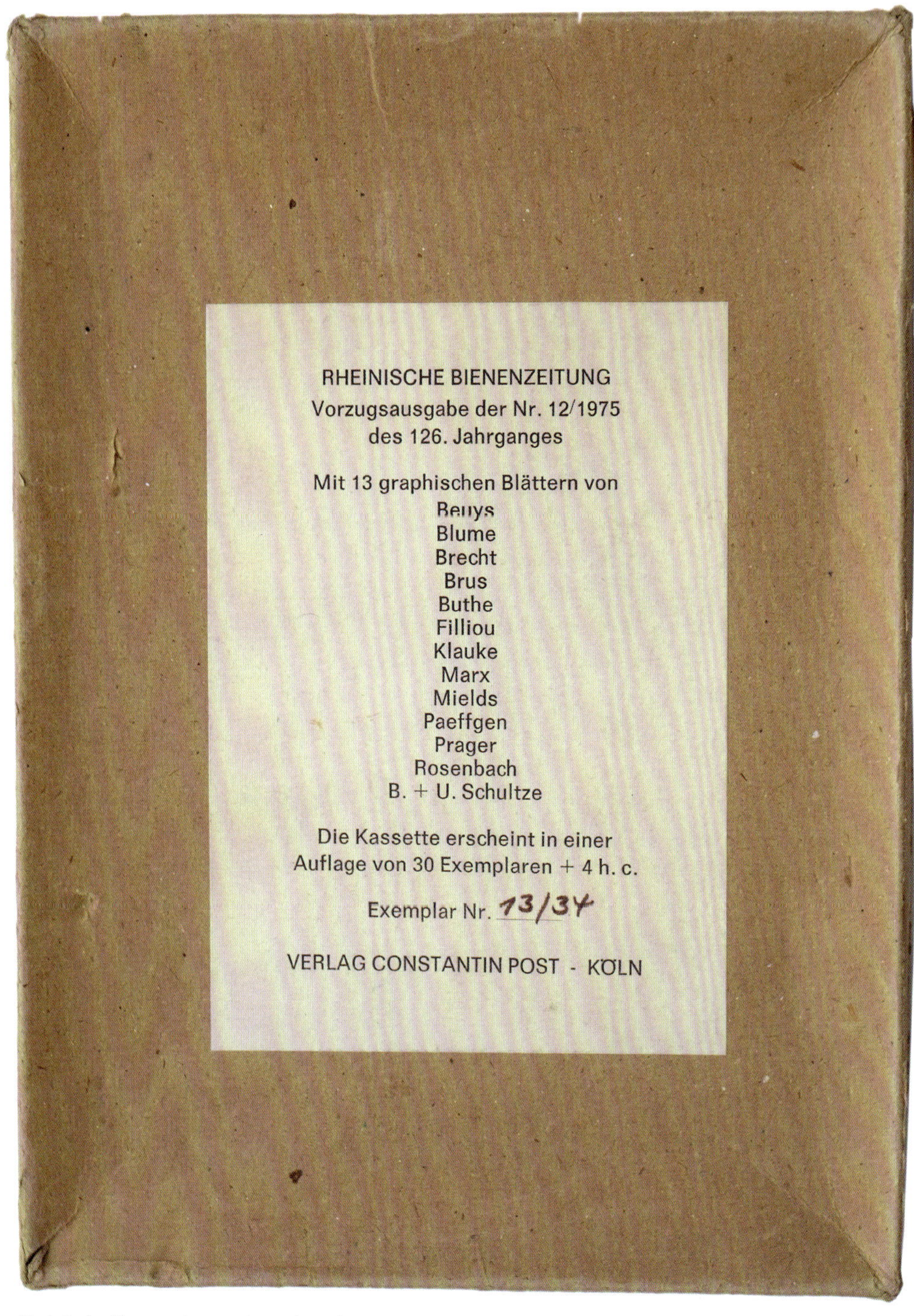

Rheinische Bienenzeitung, Kartonbox der Vorzugsausgabe vom Dezember 1975

Die Grafiken wurden in einem braunen Karton mit Deckelschild angeboten (25 x 18 x 5 cm). Auf dem Deckelschild waren der Titel der Zeitung, die Namen der Künstler, des Herausgebers sowie die Nummerierung angegeben. Auf diesem Deckelschild wird von einer Auflage von „30 Exemplaren + 4 h.c." gesprochen, die tatsächliche Nummerierung in der Kassette nennt aber jeweils 34 Exemplare.
Der Ausgabepreis der Edition betrug 380,- DM, danach 450,- DM.

Im Heft der Bienenzeitung, das der Kassette beigelegt ist, sind die Beiträge der Künstler abgebildet (Ausnahmen: Joseph Beuys und Johannes Brus). Die Abbildungen im Heft entsprechen zum Teil nicht den beigegebenen Grafiken, da mehrere Künstlerinnen und Künstler thematisch unterschiedliche Originalarbeiten beisteuerten (z. B. B. J. Blume und F. Marx) oder durch Handbearbeitung von Drucken diesen einen Unikatcharakter gaben (z. B. R. Mields, H. G. Prager).
Außer den Abbildungen der Grafiken befindet sich im Heft der Bienenzeitung ein Text von Dieter Ronte zum Thema „Kunst-Bienen" (S. 369–372) sowie das Transkript eines Gesprächs zwischen J. Beuys, B. J. Blume und H. G. Prager (S. 373–377).

Folgende 13 grafische Arbeiten befinden sich in der Vorzugsausgabe:

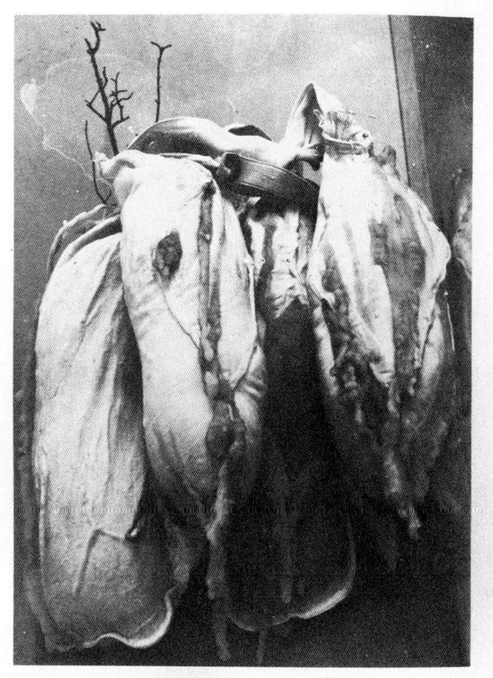

13/34

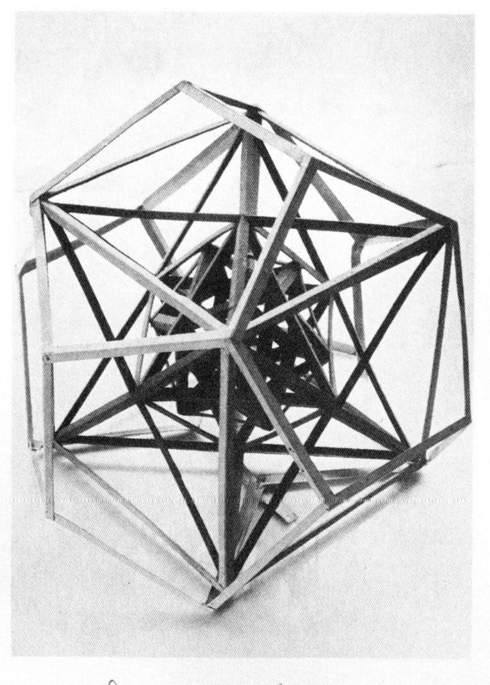

Joseph Beuys

Joseph Beuys: Ohne Titel (1975). Schwarz-weißes Offset auf Karton, gefaltet. Signiert und nummeriert 13/34, 23,5 x 33 cm

Im Rahmen seiner „Plastischen Theorie“ waren für Beuys Gegensatzpaare wie warm/kalt, amorph/kristallin sowie flüssig/fest von zentraler Bedeutung, um Veränderungsprozesse aufzeigen zu können. Bienen, Waben und Honig interessierten Beuys in diesem Zusammenhang, weil Bienen im Bienenstock Wärme produzieren und regulieren. Außerdem kann das Wachs der Waben in fester wie auch in flüssiger Form auftreten und der flüssige Honig wird zu einer festen Masse, wenn der darin enthaltene Zucker auskristallisiert.
Während Bienen eher im zeichnerischen und plastischen Frühwerk des Künstlers zu finden sind (vgl. „Beuys' Bienen“, Ausstellung im Museum Schloss Moyland, 2022) , wurde Wachs dauerhaft zu einem wichtigen Arbeitsmaterial des Künstlers; mit Honig arbeitete Beuys bei mehreren Multiples (z. B. „gib mir Honig“ 1979) und in der Installation „Honigpumpe am Arbeitsplatz“ auf der Documenta 6 in Kassel 1977.
Die beiden Fotografien, die für die hier vorliegende Grafik verwendet wurden, verdeutlichen das Gegensatzpaar amorph (die Skulptur auf der linken Seite) und kristallin (das Modell auf der rechten Seite). Es handelt sich um Objekte, die sich im „Block Beuys“ im Hessischen Landesmuseum Darmstadt befinden. Die Abbildung auf der linken Blatthälfte zeigt die „Fettplastik“ (1963), die aus Stoff, Bienenwachs und Ästen besteht(Foto Ute Klophaus). Das Werk befindet sich in Raum 5 in der 1. Vitrine. Die Abbildung auf der rechten Blattseite zeigt die „Geometrische Studie“ (1949) (Foto F. Getlinger), die von Beuys später als „platonischer Körper“ bezeichnet wurde. Das Objekt, das aus leichtem Karton gefertigt wurde, befindet sich in Raum 2 und ist heute in einem schlechten Zustand; es hat seine Form zum Teil verloren (Abb. in „Joseph Beuys: Block Beuys“, Schirmer/Mosel, München 1990, S. 314). Wenzel Beuys schreibt, dass sein Vater gerade diese Arbeit besonders liebte.
Während die beiden abgebildeten Werke im „Block Beuys“ an weit auseinander liegenden Stellen präsentiert werden, finden sie in dieser Grafik als Gegensatzpaar amorph/kristallin als eine augenfällige Darstellung der plastischen Theorie zusammen.

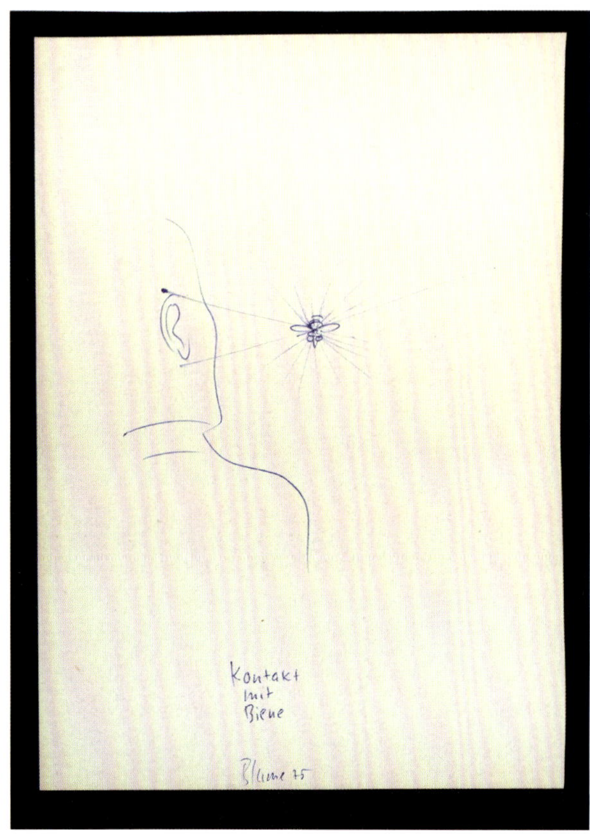

Bernhard Johannes Blume: Kontakt mit Biene (1975). Blauer Kugelschreiber auf Papier auf schwarzem Unterlagekarton, betitelt, signiert und datiert. 22,8 x 16,7 cm

B.J. Blume ist ein Erfinder kurzer, prägnanter Bildgeschichten. So hat er auch hier mit sparsamen zeichnerischen Mitteln eine allen Menschen bekannte Situation dargestellt. Das Summen einer Biene in der Nähe des Ohres kann nicht nur Allergiker in Panik versetzen.

Der Künstler fertigte eine Serie von thematisch unterschiedlichen Kugelschreiberzeichnungen an; im Heft ist dementsprechend eine andere Zeichnung abgebildet.

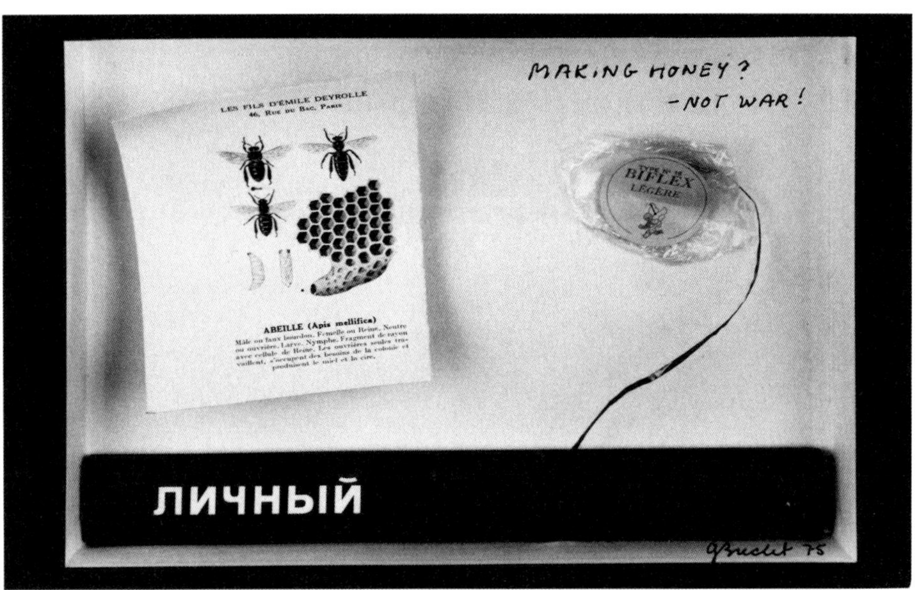

George Brecht: MAKING HONEY? – NOT WAR! (1975). Schwarz-weiß Foto mit handschriftlichem Text, signiert und datiert, 16,6 x 23,4 cm

Als Fluxus-Künstler der ersten Stunde arbeitete George Brecht mit vorgefundenen Gegenständen, die er in kleinen Kästen oder zu größeren Assemblagen arrangierte. Das vorliegende Foto zeigt einen seiner Objektkästen und eine Abwandlung des bekannten Sponti-Spruches „Make love not war." Das in kyrillischen Buchstaben eingefügte Wort heißt „Privatgelände" oder „privat". Die Arbeit eröffnet einen für G. Brecht typischen Assoziationsraum, der sich einer eindeutigen Aussage entzieht.

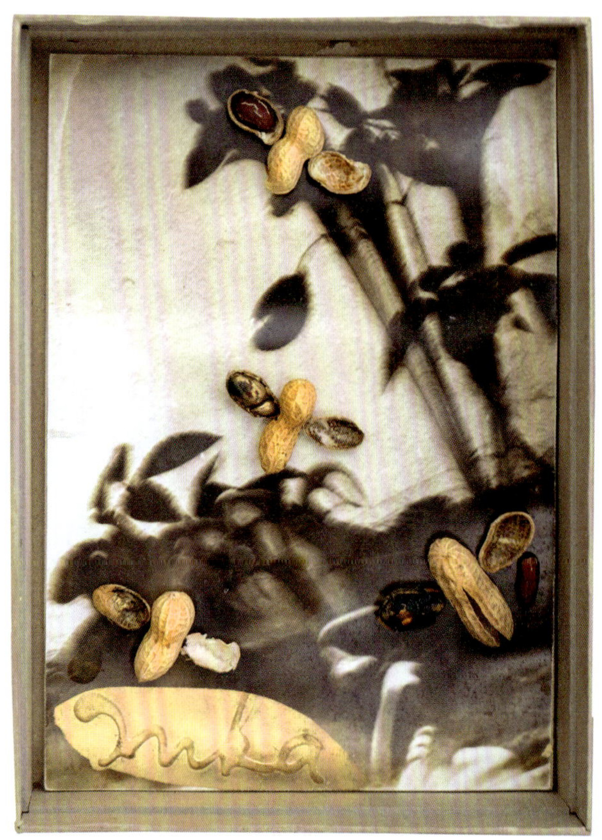

Johannes Brus: Ohne Titel (1975). Farbfotografie mit Überarbeitung und Collage, signiert und datiert, 23,6 x 16,5 cm, in Kartonbox fest montiert

Wie Joseph Beuys geht auch Johannes Brus über das Format hinaus, nun aber in die dritte Dimension. Durch die unterschiedlich aufgeklebten Erdnussschalen mit den bemalten Erdnüssen erhält diese Arbeit Unikatcharakter. Außerdem führte diese dreidimensionale Arbeit dazu, dass aus einer Mappe zwangsläufig eine „Kassette mit doppeltem Boden" werden musste. Nur durch den Einbau eines Zwischenbodens aus Pappe konnte die fragile Arbeit geschützt werden.

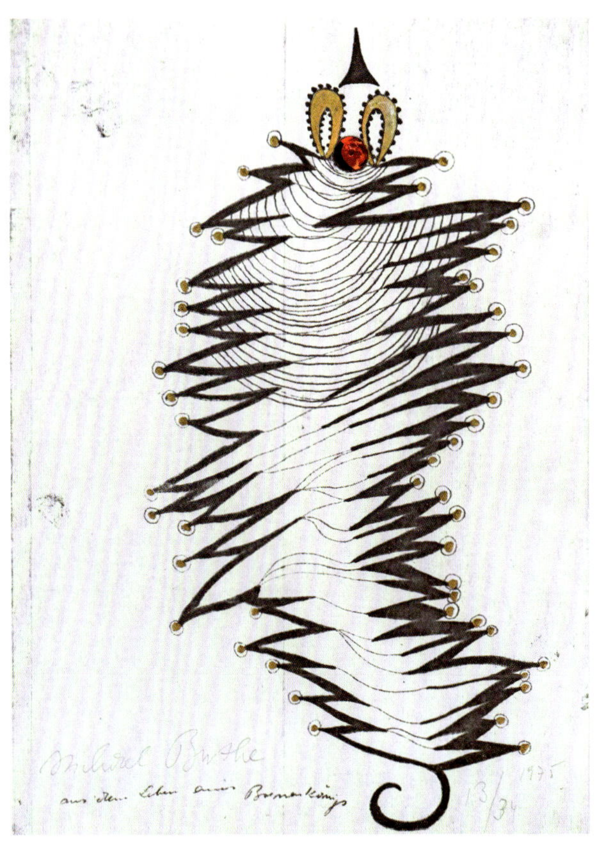

Michael Buthe: Aus dem Leben eines Bienenkönigs (1975). Fotokopie einer Zeichnung, mit Goldfarbe überarbeitet und mit roter Pailette collagiert, signiert, datiert und nummeriert 13/34, 23,6 x 16,9 cm

Michael Buthe hat eine ganze Serie von kleinformatigen Zeichnungen zum Thema „Aus dem Leben eines Bienenkönigs" angefertigt, bekannt sind mir davon zumindest neun Zeichnungen. Bei einigen dieser Zeichnungen kommt auch Farbe sparsam zum Einsatz. Im Heft ist eine andere Zeichnung abgebildet als diejenige, die als Vorlage für die Grafik verwendet wurde.

Dass es zwar männliche Drohnen, aber sicherlich keinen „Bienenkönig" gibt, macht den Reiz der kleinen Zeichenfolge aus. (Weitere Angaben zu diesem Thema siehe im Kapitel „Michael Buthe und der Bienenkönig".)

offert par Marianne à robfilliou

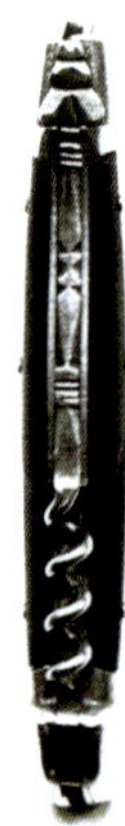

couteau paysan traditionnel Laguiole,
pour couper le saucisson, tirer le bouchon
et piquer le pain

13/34

Robert Filliou: Ohne Titel (1975). Schwarz-weiß Foto mit handschriftlichem Text, signiert und nummeriert 13/34, 23,4 x 16,4 cm

Zusammen mit George Brecht gehört auch Robert Filliou zu den bekanntesten Fluxus-Künstlern. Bei einem Besuch bei seinem Freund sah er dessen Beitrag für die Rheinische Bienenzeitung – und steuerte unaufgefordert den 13. Beitrag zur Edition hinzu.

Das Foto zeigt ein traditionelles französisches Bauernmesser/Taschenmesser aus Stahl mit Holzapplikationen. Es wird von verschiedenen Firmen in Laguiole, einer kleinen Stadt im Südwesten von Frankreich, hergestellt. In seinem Bekanntheitsgrad steht es dem Schweizer Taschenmesser nahe. Als Qualitätsmerkmal wird eine geschmiedete Biene angesehen, die am Übergang vom Messergriff zur Schneide angebracht ist. Aufgeschweißte Bienen gelten als weniger qualitätsvoll.

Die Übersetzung des handschriftlichen Textes lautet: „Traditionelles Bauernmesser Laguiole, zum Schneiden der Wurst, Korkenzieher zum Aufspießen (derselben) auf Brot."

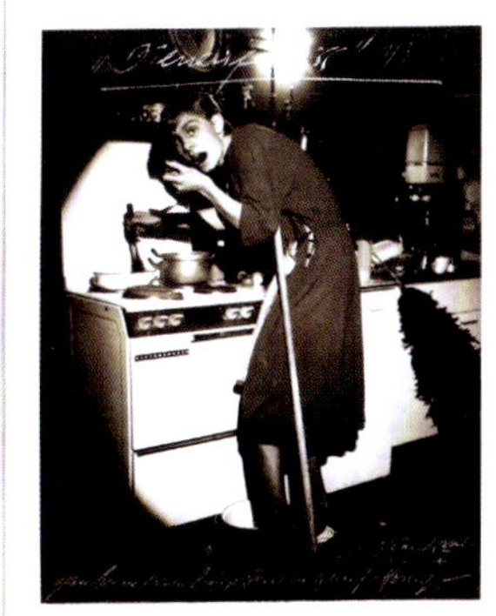

Jürgen Klauke: Bienenfleiß (ohne Datierung). Schwarzweiß Foto 10,8 x 8,5 cm, aufgeklebt auf weißem Karton 23,4 x 16,5 cm. Signiert im Foto, keine Datierung, nummeriert 1/3

Das Foto zeigt eine Frau am Herd, offensichtlich „bienenfleißig", da sie mit beiden Händen gleichzeitig aktiv ist. Der Stock unter ihrer linken Achsel scheint die gebeugt stehende, ermüdete Frau aufrecht zu halten. Oben auf dem Foto steht in Anführungszeichen, wohl als Titel „Bienenfleiss" sowie die Nummerierung 1/3. Unten auf dem Foto befindet sich die Signatur des Künstlers sowie ein kurzer Text: „Hausbiene beim Zubereiten von Kunst-Honig."

In der Edition sind verschiedene Fotos vom Künstler verwendet worden. Eines der anderen Fotos zeigt z.B. eine Frau mit dem handschriftlichen Zusatz „Imker-Witwe".
Im Gegensatz zur Edition ist im Heft eine Zeichnung von Jürgen Klauke abgebildet.

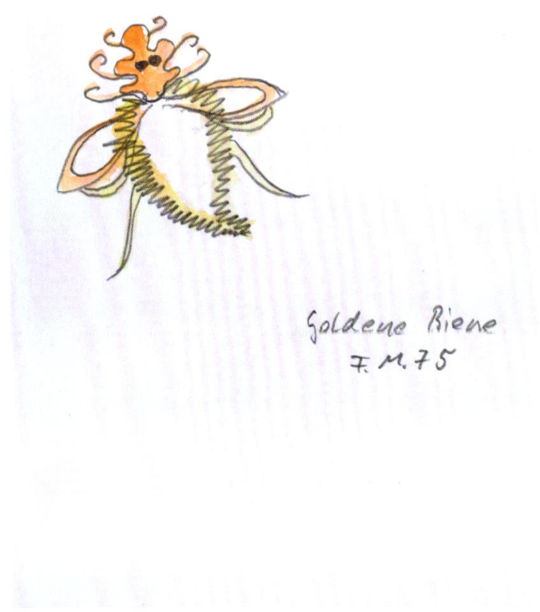

Falko Marx: Goldene Biene (1975). Farbige Originalzeichnung, monogrammiert und datiert 75, 23,2 x 16,5 cm

Falko Marx war ein in Köln lebender Goldschmied, der in den 1970er Jahren versuchte, nicht nur in der angewandten Kunst, sondern auch als „freier Künstler" Fuß zu fassen. Passend zu seinem Grundberuf entwarf er eine „goldene Biene". Auf der Rückseite des Blattes ist eine Art Bienenkorb zeichnerisch angedeutet.

Im Heft ist eine andere Arbeit abgebildet. Es ist bei dieser Edition also von einer Serie von Unikatzeichnungen auszugehen.

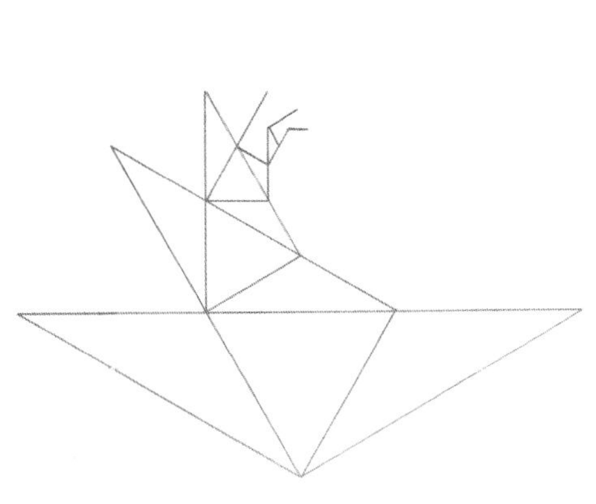

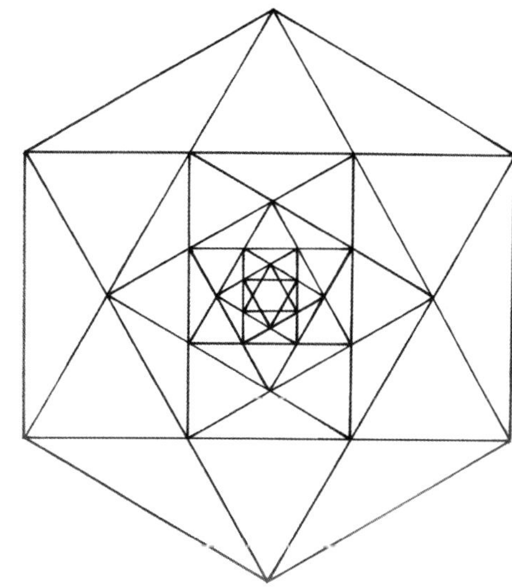

Rune Mields: Die Abwandlung der „Wabe in der Wabe" (1975). Verso Druck (oder Zeichnung) eines Hexagons mit Binnenstruktur, recto sind einige Linien mit Bleistift nachgezeichnet, hier betitelt, signiert und datiert, 23,4 x 16,5 cm

Vorder- und Rückseite des Blattes sind gestaltet. Die Rückseite des Blattes zeigt eine komplexe hexagonale Form. Auf der Vorderseite sind nur einige Linien dieser Struktur deckungsgleich zur Rückseite nachgezeichnet. Dies wird erst deutlich, wenn das Blatt gegen Licht gehalten wird. Durch Titel und Signatur ist die Nachzeichnung als Vorderseite der Arbeit definiert. Da jeweils verschiedene Linien nachgezogen werden können, sind sehr zahlreiche Varianten möglich. Hierauf verweist bereits der Titel des Werkes. So unterscheidet sich die hier vorliegende Originalzeichnung in einem Detail von der abgebildeten Zeichnung im Heft.

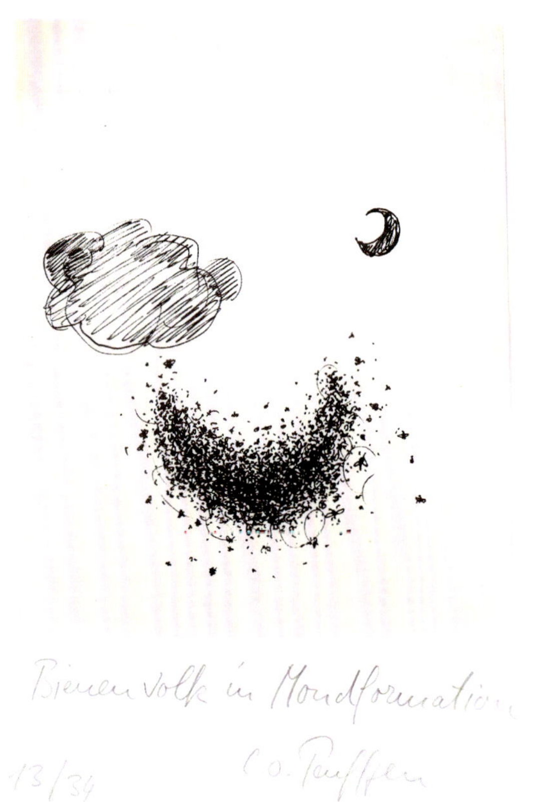

C. O. Päffgen: Bienenvolk in Mondformation. Fotokopie eine schwarz-weiß Zeichnung, aufgeklebt auf Karton, dort signiert und nummeriert 13/34, 17,5 x 14,6 cm auf 23,4 x 16,5 cm

Die Mondsichel wird von C.O. Päffgen in zahlreichen Bildern und Objekten thematisiert. In der vorliegenden Graphik scheinen sich die Bienen in Form des gleichzeitig zu sehenden Mondes zu organisieren. Es ist eine der für den Künstler typischen ironisch-witzigen wie auch poetischen Arbeiten.

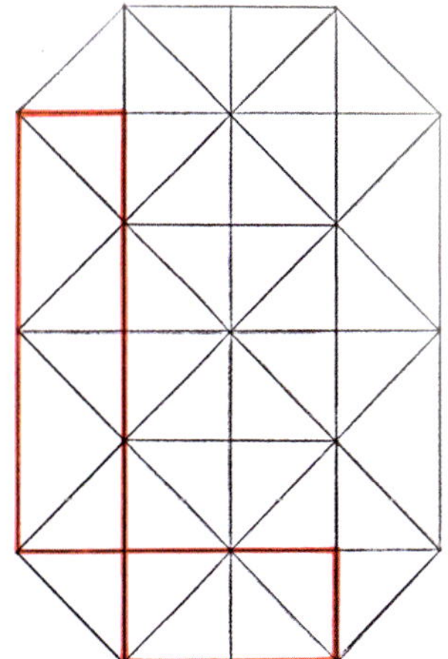

Heinz Günter Prager: Wabenstruktur (1975). Druck oder Bleistiftzeichnung auf Papier, partiell Nachzeichnung der Linien mit rotem Faserstift. Betitelt, signiert und datiert 75, keine Nummerierung, 23,4 x 16,5 cm

Aus dem Sechseck der Bienenwaben wird bei H.G. Prager ein Achteck (außen) mit Quadraten und Dreiecken in der Binnenstruktur. Der Naturform wird eine geometrisch verwandte Form entgegengesetzt (oder zur Seite gestellt?). Da die Abbildung im Heft sich von dieser Zeichnung unterscheidet, scheint es sich um Varianten einer Grundidee zu handeln.

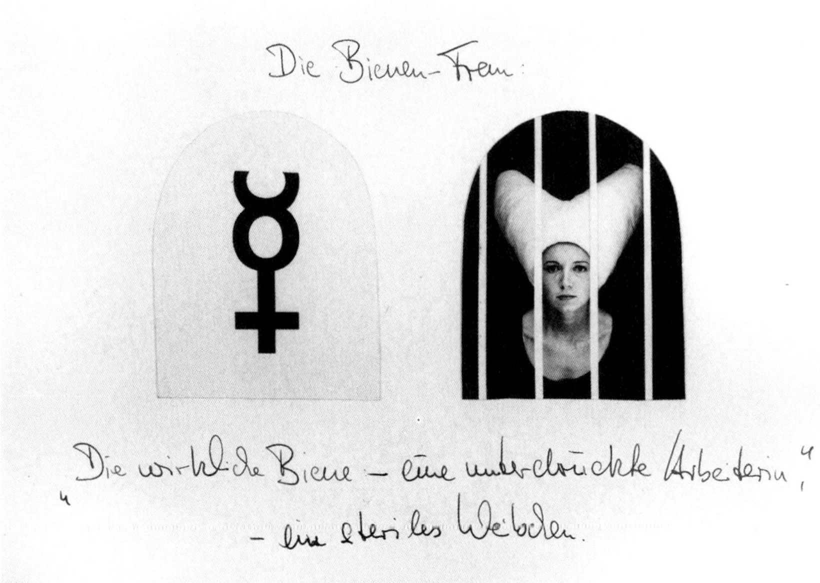

Ulrike Rosenbach: Die Bienen-Frau (1975). Fotografie mit handschriftlichem Text, verso signiert, datiert und nummeriert 13/34, 16,8 x 23,6 cm

Als Gründerin einer „Schule für kreativen Feminismus" thematisiert Ulrike Rosenbach die Rolle der unterdrückten Frau und setzt diese parallel zu den sterilen Arbeitsbienen im Bienenstaat. Das Zitat stammt laut Mitteilung auf der Blattrückseite vom Dada-Künstler Raoul Hausmann (1886 – 1971). Zusammen mit den Grafiken von G. Brecht und J. Klauke ist dies die dritte Arbeit in dieser Edition mit einem dezidiert politischen Inhalt.

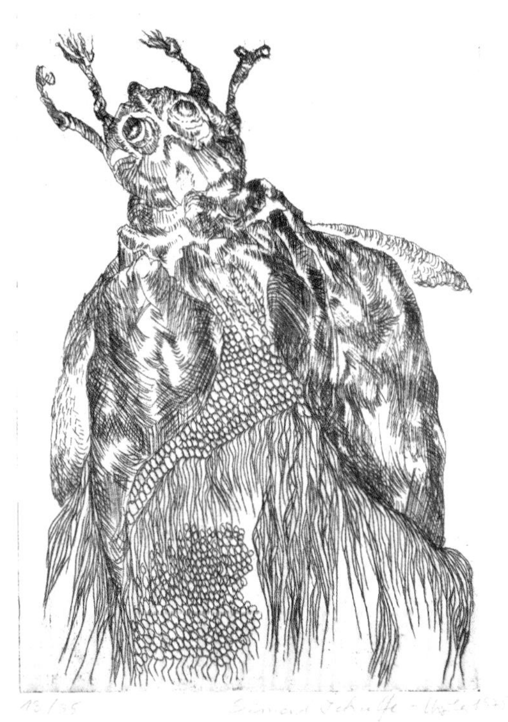

Bernard Schultze und Ursula (Schultze-Bluhm): Ohne Titel (1975). Radierung in braun, von Bernard Schultze und Ursula signiert, nummeriert 13/35 (!) und datiert 1975, 15,8 x 11 cm auf 23,4 x 16,5 cm

Nur die beiden ältesten Beteiligten an diesem Kunstprojekt bedienen sich einer alten Technik, der Radierung. Gemeinschaftsarbeiten des Ehepaares sind selten. Statt der Radierung ist im Heft eine Zeichnung des Paares abgebildet.

Konservatorisch bereiten einige der Arbeiten dieser kleinen Edition erhebliche Probleme. So verwendeten Michael Buthe und C.O. Päffgen ein Kopierpapier, das sich unter Lichteinfluss sehr schnell verfärbt. Das Papier, das Johannes Bernhard Blume für seine Originalzeichnung verwendete, ist stark holzhaltig und bräunt unter Lichteinfluss.

Das Besondere und Auffällige dieser Edition liegt – neben der ungewöhnlichen Thematik – in der Breite der verwendeten Techniken. Unter den Arbeiten befinden sich

- Zwei Originalzeichnungen (B. J. Blume und F. Marx)
- Vier Arbeiten mit Unikatcharakter durch jeweils unterschiedliche Überarbeitungen (M. Buthe, R. Mields, H.G. Prager, J. Brus)
- Eine dreidimensionale Arbeit (J. Brus)

Von den beteiligten Künstlern hat sich nur Joseph Beuys in seinem Werk immer wieder intensiv mit Bienen, Wachs und Honig (z.B. „Honigpumpe am Arbeitsplatz" 1977) auseinandergesetzt. Offensichtlich aber waren zahlreiche Künstler spontan bereit, dieses umgangssprachlich präsente Thema aufzugreifen (z.B. „bienenfleißig"). Am deutlichsten haben J. Klauke und U. Rosenbach in ihren Beiträgen gesellschaftspolitische Statements zum Feminismus (im Sinne einer Ausbeutung der (Ehe-)Frau als Arbeitsbiene) abgegeben; bei G. Brecht als Fluxus-Künstler bedarf der politische Aspekt (englische Sprache und Wort in kyrillischer Schrift plus Sponti-Spruch) einer interpretativen Leistung des Betrachters.
Die hexagonale Form der Bienenwaben ist im allgemeinen Bewusstsein präsent und wurde von mehreren Künstlern aufgegriffen. In der vorliegenden Edition und davon abweichend im Heft siehe hierzu G. Brecht, B. Blume, H.G. Prager und R. Mields. In der Grafik von J. Beuys auf der rechten Seite („Geometrische Studie") finden sich Drei-, Vier- und Fünfecke, aber offensichtlich kein Sechseck.

Die beteiligten Künstlerinnen und Künstler haben sich auf sehr unterschiedliche Weise den Bienen als Thema genähert, es in ihrer jeweiligen künstlerischen Sichtweise aufgegriffen. Die drohende Klimakrise und das Insektensterben als drängende ökologische Themen des neuen Jahrtausends waren im Jahre 1975 zwar schon prognostiziert, aber weder in der breiten Öffentlichkeit noch in den Beiträgen der Künstlerinnen und Künstler in der Edition der „Rheinischen Bienenzeitung" präsent. Der 1968 gegründete „Club of Rome" hatte 1972

seinen ersten Bericht „Die Grenzen des Wachstums" vorgelegt, worin vor einer Weltwirtschaft gewarnt wird, die nur auf Wachstum ausgerichtet ist und die natürlichen Ressourcen der Erde überfordert. Zur Zeit ihrer Veröffentlichung wurde die visionäre Studie heftig angegriffen, ihre Grundaussagen haben sich inzwischen aber bestätigt.
Von Joseph Beuys wäre am ehesten ein künstlerisches Statement zur Gefährdung der Bienen zu erwarten gewesen, da er sich schon seit 1974 im Rahmen seines Langzeitprojekts „Difesa della Natura" mit ökologischer Landwirtschaft beschäftigte. Aber seine Arbeit enthält nur einen unspezifischen Hinweis auf die Notwendigkeit von Veränderungsprozessen. Seine Grafik kann als Hinweis verstanden werden, dass kristalline, verhärtete Strukturen (rechte Bildhälfte) transformiert werden müssen hin zu organischen Strukturen, u. a. durch die Verwendung von Wachs (linke Bildhälfte).

Über Bienen, Teil 1:
Bienenkönigin, Drohnen und Arbeitsbienen

Die Mehrzahl der Bienenarten lebt solitär, es sind Einsiedlerbienen. Im Zentrum dieses und der nachfolgenden Texte „Über Bienen" stehen jedoch ausschließlich die Staaten bildenden Honigbienen. Als Waldbienen können sie wild leben, die meisten Völker werden jedoch von Imkern gehalten.

In einem Bienenstock lebt eine Bienenkönigin mit einigen hundert männlichen Drohnen und 40.000 bis 80.000 weiblichen, aber sterilen Arbeitsbienen.

In jedem Bienenstock gibt es stets nur eine einzige **Bienenkönigin**[1], die in der Imkersprache auch „Weisel" genannt wird. Im Unterschied zu Drohnen und Arbeitsbienen kann sie mehrere Jahre alt werden. Es ist ihre Aufgabe, befruchtete und zum kleineren Teil auch unbefruchtete Eier in die von den Arbeitsbienen gebauten Waben zu legen – pro Tag zwischen 1000 und 2000 Stück. Über die Anzahl befruchteter und unbefruchteter Eier bestimmt aber nicht die Bienenkönigin selber. Stattdessen steuern die Arbeitsbienen das Verhalten der Königin über die unterschiedliche Größe der von ihnen gebauten Waben:

- In eine normal große Wabe legt die Königin ein befruchtetes Ei (mit einem doppelten, diploiden Chromosomensatz) für die Aufzucht einer weiblichen Arbeitsbiene.
- In eine etwas größer gebaute Wabe legt sie ein unbefruchtetes Ei (mit einem einfachen, haploiden Chromosomensatz) für eine zukünftige männliche Drohne.
- In eine der wenigen sehr große Zellen („Weiselzellen") wird ein befruchtetes Ei für eine zukünftige neue Königin abgelegt. Die neue Königin kann sich aber nur entwickeln, wenn sie von den Arbeitsbienen mit dem besonders zuckerhaltigen „Gelée royale" gefüttert wird, das diese in ihren Kopfdrüsen produzieren.

Wird mehr als nur eine Weiselzelle von den Arbeitsbienen angelegt und von der Bienenkönigin befüllt, tötet die zuerst geschlüpfte neue Königin ihre Schwestern entweder schon in deren Weiselzelle oder nach dem Schlüpfen im Kampf. Die siegreiche neue Königin übernimmt den Bienenstock. Die alte Königin verlässt ihn mit einem Teil der Arbeitsbienen und gründet einen neuen Bienenstaat.

Die aus unbefruchteten Eiern entstehenden **Drohnen** können sich nicht selbst ernähren, da ihr Rüssel zu kurz ist, um Nektar aus den Blüten zu saugen. Sie werden von den Arbeitsbienen gefüttert. Sie können sich und den Bienenstock auch nicht verteidigen, da sie über keinen Stachel verfügen. Ihre einzige Aufgabe ist die Befruchtung einer neuen Königin. Dazu sammeln sich die Drohnen außerhalb des Bienenstocks – und warten. Nur wenigen Drohnen überhaupt gelingt es, eine neue Bienenkönigin auf ihren Hochzeitsflügen zu begatten. Dabei reißt ihr Penis ab und die Drohne stirbt. Mehrere Drohnen nacheinander sollen eine neue Königin begatten, da die Vielzahl der Väter die genetische Vielfalt der Nachkommen ermöglicht. Der Spermienvorrat, den die Königin in einer Samentasche am Hinterleib speichert, muss für das ganze Leben der Königin als eierlegendes Zentrum des Bienenstaates reichen. Wieso die Spermien über Jahre hinweg befruchtungsfähig bleiben, ist noch ebenso unerforscht wie die Fähigkeit der Königin, zwischen der Ablage befruchteter und unbefruchteter Eier zu entscheiden.
Die vielen Drohnen, die bei der Begattung nicht erfolgreich sind, werden gegen Ende der Paarungszeit als unnütze Esser aus dem Bienenstock vertrieben oder sogar zu Tode gestochen, was als sog. „Drohnenschlacht" bekannt ist. Noch schlechter ergeht es nur noch den relativ seltenen Drohnen, die entgegen der Norm doch über einen doppelten, diploiden Chromosomensatz verfügen. Sie sind steril und werden von den Arbeitsbienen entweder schon im Larvenstadium oder nach dem Schlüpfen erkannt und getötet.[2]

Arbeitsbienen sind weibliche Bienen. Bestimmte, von der Königin produzierte Duftstoffe („Pheromone") unterdrücken einerseits ihre geschlechtliche Entwicklung und ermöglichen ihnen andererseits, Angehörige des eigenen Bienenvolkes an diesem Geruch zu erkennen.
Gegenüber der Königin und den Drohnen sind die Aufgaben der Arbeitsbienen ausgesprochen vielfältig. Durch Einzelbeobachtungen von Arbeitsbienen wissen wir, dass es nicht einzelne spezialisierte Bienengruppen gibt (also z. B. Ammenbienen, Wächterbienen, Sammelbienen), sondern dass eine einzelne Arbeitsbiene im Laufe ihres ca. 30 bis 60 Tage dauernden Lebens alle Arbeitsgebiete durchläuft.
Aus dem Blickwinkel der Frauenemanzipation mögen Arbeitsbienen als bemitleidenswerte Geschöpfe gelten (vgl. hierzu die Graphiken von Ulrike Rosenbach und Jürgen Klauke), da ihre sexuelle Entwicklung blockiert ist und sie die sprichwörtlich „bienenfleißigen" Arbeiterinnen sind. Sie opfern sich für das Wohlergehen des Bienenstocks auf. Aus einem anderen (wiederum sehr

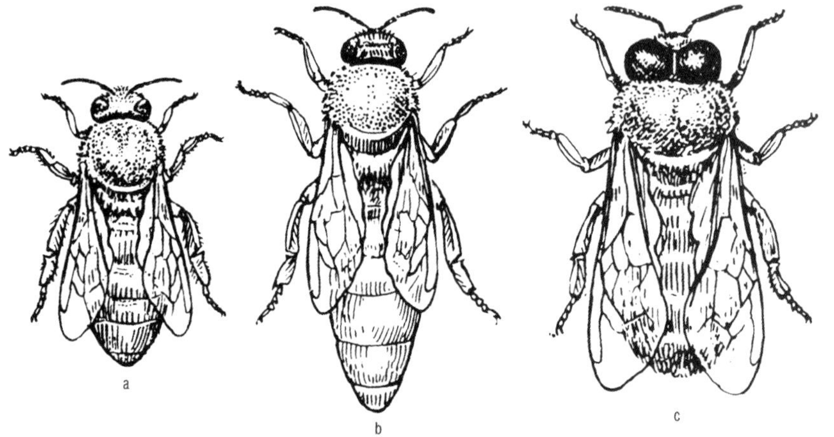

a) Arbeitsbiene
b) Bienenkönigin
c) Drohne
(aus: Heidrichs, H. und Hohorst, B. 1988)

menschlichen) Blickwinkel kann aber ebenso gut festgestellt werden, dass Arbeitsbienen das mit Abstand interessanteste Leben im Bienenstock führen und nacheinander folgende Arbeiten bewerkstelligen:

- **Putzbiene:** Schon Stunden nach dem Schlüpfen aus ihrer Wabe beginnt die Arbeitsbiene mit dem Säubern der Waben, damit diese vollkommen rein für eine neue Eiablage oder Nahrungsspeicherung sind.
- **Ammenbiene:** Anschließend kümmert sich die Arbeitsbiene um den Nachwuchs. Eine zukünftige Königin wird in ihrer großen Weiselzelle während des ganzen Larvenstadiums mit Gelée royale gefüttert, Drohnen und Arbeitsbienen nur für wenige Tage.
- **Baubienen:** Zwischen dem 14. und 18. Tag ihres Lebens sondern die Bienen Wachs ab. Sie kauen diese Wachsschuppen, machen sie formbar und beginnen mit dem Wabenbau.
- **Lagerarbeiterinnen:** Sie befreien die anfliegenden Sammelbienen von ihrer Fracht und verstauen diese, nach entsprechender Bearbeitung, in den Waben.
- **Heizer- und Belüfterbienen:** Arbeitsbienen sind lebendige Ventilatoren, um im Sommer durch Luftzirkulation die Temperatur konstant zu halten. Im Winter erhöhen sie die Temperatur durch Muskelzittern.
- **Wächterbienen:** Der Bienenstock ist eine wertvolle Lagerstätte für leicht verdauliche Kohlenhydrate (Honig) und auch für Proteine (Bienenlarven). Insofern ist der Bienenstock immer wieder Angriffen ausgesetzt – auch von

fremden Bienenvölkern. Aufgabe der Wächterbienen am Einflugloch ist es, fremde Bienen oder Feinde wie Wespen zu erkennen und unschädlich zu machen.

- **Sammelbienen:** Ihr Leben beschließt die Arbeitsbiene als Sammelbiene für Nektar, Pollen, Honigtau und Propolis. Diese Zeit umfasst vier bis fünf Tage – dann sind die Flügel verschlissen, und die Biene stirbt.

Die Abfolge der verschiedenen Tätigkeiten der Arbeitsbienen („Berufe") erinnert an manch zeitgenössische Berufsbiografie. Berufstätige können sich heute auch nicht mehr darauf verlassen, einen einmal gelernten Beruf ein Leben lang auszuüben. Sie müssen sich weiterbilden, oft sogar neue Berufsfelder erarbeiten – wie die Arbeitsbienen.

Durch die Kennzeichnung lassen sich die Lebenswege und Verhaltensweisen einzelner Bienen beobachten. Vielleicht war es nicht anders zu erwarten und doch mag es auch erstaunen: Es gibt erhebliche Unterschiede im Verhalten der Arbeitsbienen. Fliegen die einen auf geradem Wege eifrig zwischen Bienenstock und Nektarsammelstelle hin und her, gönnen andere Bienen sich Umwege und Ruhepausen.[3] Auch bei den Intelligenztests schneiden die Bienen höchst unterschiedlich ab. Die einen lernen schnell, können sich auf neue Situationen gut einstellen, die anderen versagen bei den ihnen gestellten Aufgaben auch nach zahlreichen Versuchen.

Der Bienenstaat als „Superorganismus"

Eine Bienenkolonie mit tausenden von Bienen kann als ein unteilbares Ganzes, als ein einziger lebender Organismus („Bien") begriffen werden. In dieser Vorstellung entspricht die einzelne Biene keinem Individuum und ist als Einzelwesen auch nicht überlebensfähig. Hierfür prägte der amerikanische Biologe William Morton Wheeler (1865–1937) den Begriff „Superorganismus".[1] Die Organisation in diesem Superorganismus erfolgt durch permanente Rückkopplung: „Sogar die heikelste aller Fragen, die nach der Aufzucht einer neuen Königin, wird auf diese Weise geklärt."[2] Es gibt keine entscheidende Instanz – auch die Bienenkönigin ist es nicht.

Anmerkungen

1 s. hierzu Tautz, J.: Phänomen Honigbiene. Springer, Berlin 2007/2012, S. 4

2 Menzel, R. und Eckoldt, M.: Die Intelligenz der Bienen. Wie sie denken, planen, fühlen und was wir daraus lernen können. Penguin Verlag, München 2019, S.293

Weitere erstaunliche Phänomene konnten bei der Einzelbeobachtung erkannt werden. So ist es bei einem Mangel an Sammelbienen möglich, dass einzelne der o.g. Entwicklungsstufen übersprungen werden. Umgekehrt kann ein Mangel an Baubienen dazu führen, dass ältere Bienen wieder Wachs produzieren, wieder „wachsdrüsenjung" werden. Dieser Rückgriff auf bereits durchlaufene Entwicklungsstadien führt zugleich auch zu einer Verjüngung der Biene – sie lebt dann länger als die üblichen 30 bis 60 Tage.[4] Gebraucht zu werden, sich gebraucht zu fühlen, ist ein Jungbrunnen nicht nur für Bienen.

Anmerkungen

1 Die nachfolgenden Angaben stammen aus folgenden Publikationen: Heidrichs, H. und Hohorst, B.: Botinnen der Götter. Natur- und Kulturgeschichte der Honigbiene. Rheinland Verlag, Köln 1988, S. 76–94; Menzel, R. und Eckoldt, M.: Die Intelligenz der Bienen. Wie sie denken, planen, fühlen und was wir daraus lernen können. Penguin Verlag, München 2019; Tautz, J.: Phänomen Honigbiene. Springer, Berlin 2007/2012

2 zu den genetischen Fragen s. Tautz, J. 2007/2012, S. 235ff

3 Menzel, R. und Eckoldt, M. 2019, S. 28

4 Menzel, R. und Eckoldt, M. 2019, S. 27

Joseph Beuys: wie man dem toten Hasen die Bilder erklärt (1965)

Aktion zur Eröffnung der Beuys-Ausstellung „...irgend ein Strang" in der Galerie Schmela, Düsseldorf, Hunsrückenstr. 16–18, am Freitag, den 26. November 1965, 20 Uhr

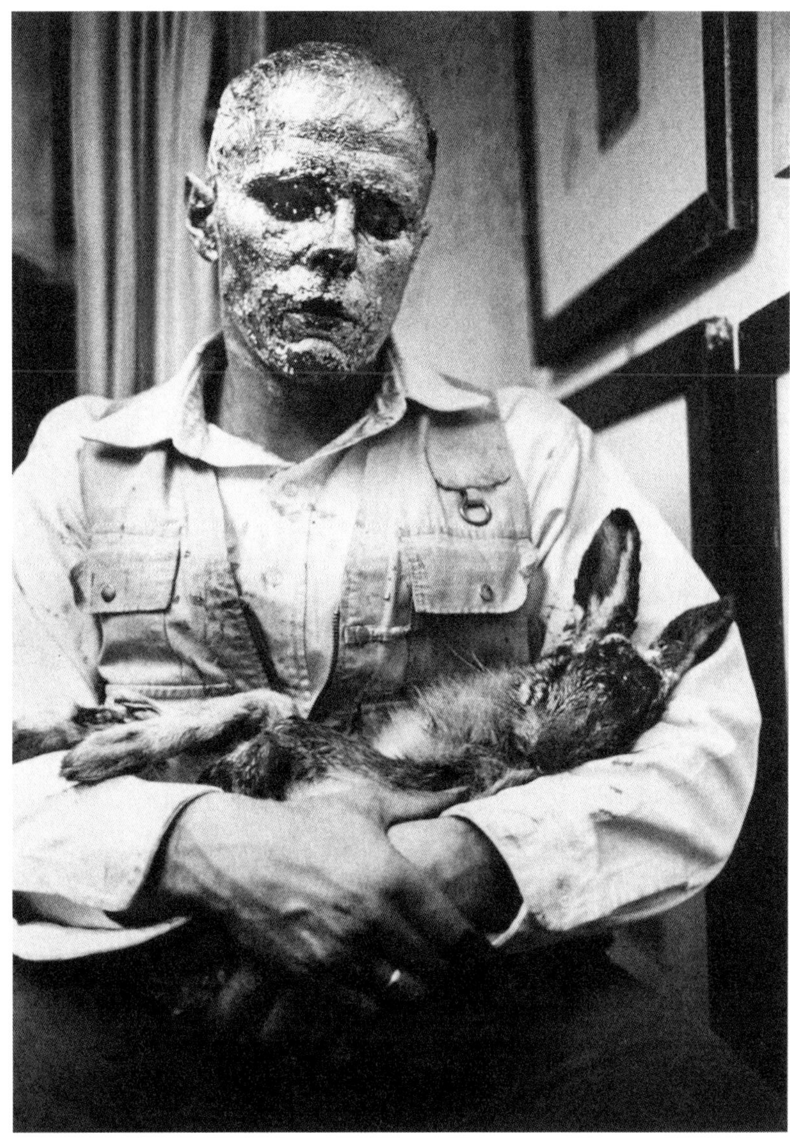

Walter Vogel: Foto der Aktion „wie man dem toten Hasen die Bilder erklärt" von Joseph Beuys in der Galerie Schmela, Düsseldorf 1965

Die Aktion „wie man dem toten Hasen die Bilder erklärt" fand anlässlich der ersten Einzelausstellung von Joseph Beuys in der Galerie von Alfred Schmela in Düsseldorf am Freitag, den 26. November 1965 statt. Das Faltblatt zur Einladung enthielt keinen Hinweis, dass eine Aktion des Künstlers geplant sei.[1] Die Ausstellungsbesucher dürften dementsprechend überrascht gewesen sein, die Galerie verschlossen vorzufinden. Selbst der Vorhang vor dem Fenster zur Straßenfront war geschlossen.
Der heute bekannte Titel der Aktion wurde erstmalig zwei Jahre später im Katalog der Kunsthalle Bern formuliert.[2]

Die Aktion

In der Vorbereitung der unangekündigten Aktion hatte Eva Beuys ihrem Mann den Kopf mit Honig bestrichen. Der Honig diente als Haftmittel für das darauf aufgelegte Blattgold. Beuys trug keinen Hut, war sonst aber – wie für ihn üblich – mit Jeans, Hemd und Anglerweste bekleidet. Unter dem rechten Fuß hatte er eine Sohle aus Eisen geschnallt, die auf einer Filzplatte ruhte. Der Künstler saß erhöht auf einem Schemel, der auf dem Grafikschrank der Galerie stand. In seinen Armen hielt er einen toten Hasen, wie die bekannten Fotografien von Walter Vogel und Ute Klophaus zeigen.

Wie bei einem Theaterstück öffnete der Galerist gegen 20 Uhr von innen den Vorhang und verließ danach den Raum, der weiterhin verschlossen blieb. Die anwesenden Besucher konnten nun von außen in die hell erleuchtete Galerie sehen, einen schmalen Raum von nur drei Metern Breite und acht Metern Länge.
Beuys saß links vom Fenster mit seinem Hasen auf dem Galerieschrank und wandte den Zuschauern den Rücken zu. Die Aktion dauerte ein, zwei oder auch drei Stunden. Die Angaben des Künstlers und einiger Zuschauer hierzu gehen deutlich auseinander und geben offensichtlich mehr eine gefühlte Zeitspanne als etwa eine gemessene Zeit an. Real dürfte die Aktion ungefähr eine Stunde gedauert haben.

Nach einiger Zeit erhob Beuys sich von seinem Schemel, stieg von seiner erhöhten Position herab und begann langsam, konzentriert und mit ruhigen Bewegungen mit dem Hasen durch den Raum zu gehen. Beuys erklärte dem Hasen „alles, was zu sehen war. Ich ließ ihn die Bilder mit den Pfoten berühren und sprach derweil zu ihm über sie… Ich erklärte sie ihm, weil ich sie nicht den

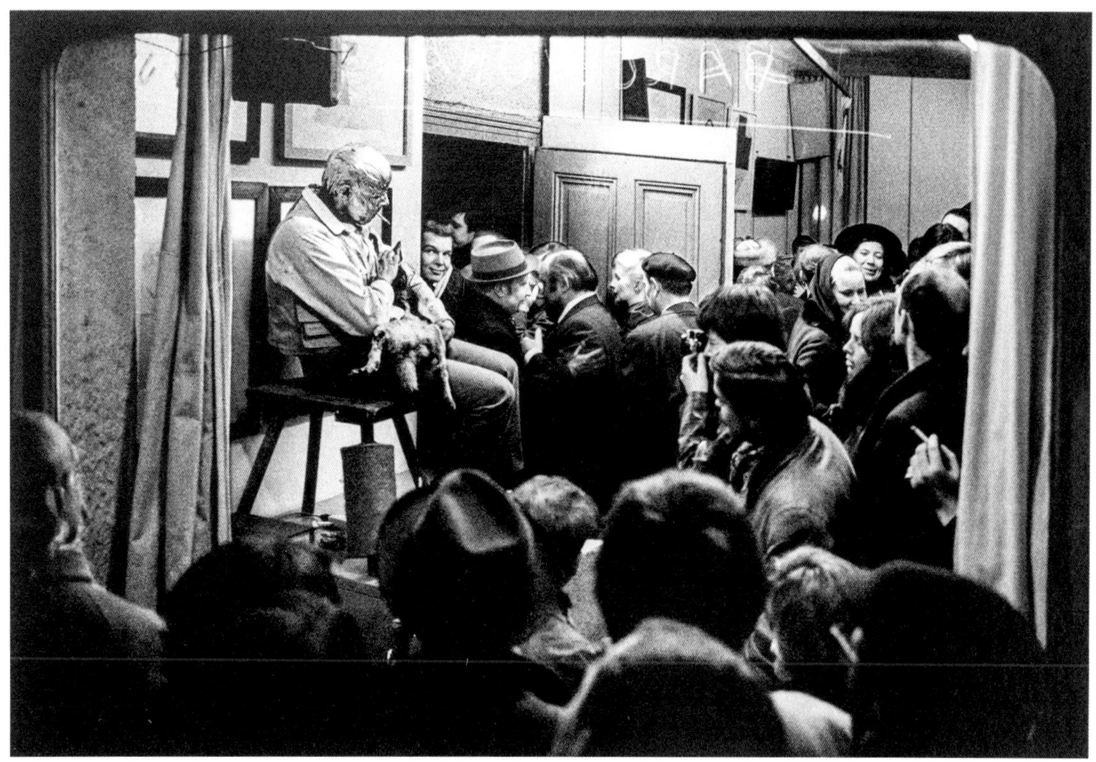

Walter Vogel: Foto der Aktion „wie man dem toten Hasen die Bilder erklärt" von Joseph Beuys in der Galerie Schmela, Düsseldorf 1965

Leuten erklären mag… Ein Hase versteht mehr als viele menschliche Wesen mit ihrem sturen Rationalismus… Ich sagte ihm, dass er die Bilder nur gerade ansehen müsse, um zu verstehen, was wirklich wichtig an ihnen sei. Der Hase weiß vermutlich besser als der Mensch, dass Richtungen wichtig sind."[3]

Durch die Eisensohle, die Beuys seinem rechten Schuh untergeschnallt hatte, durchbrach bei jedem seiner Schritte ein lautes, klackendes Geräusch die Stille. Wie ein für den Westdeutschen Rundfunk aufgenommener kleiner Film zeigt, der Teil der von Eva und Wenzel Beuys herausgegebenen Dokumentation[4] ist, veränderte Beuys während seiner Aktion die Position einiger Ausstellungsstücke.

Nach einiger Zeit kehrte der Künstler zu seinem Hocker und der erhöhten Position auf dem Grafikschrank zurück, Alfred Schmela öffnete die Galerietür, und das Publikum drängte in den Galerieraum. Nicht alle Interessenten passten gleichzeitig in den kleinen Raum, wie eine Fotografie von Walter Vogel zeigt (s. Abbildung).

Ein Kommentar von Joseph Beuys und die Reaktionen der Zuschauer

In einem Gespräch mit Caroline Tisdall schildert Beuys im Rückblick seine Intention zu dieser Aktion: „ Dies war wohl die Aktion, die die Imagination der Leute am stärksten in Anspruch genommen hat. Auf der einen Seite muss das daran liegen, dass jeder bewusst oder unbewusst das Problem, Dinge zu erklären, erkannt hat, besonders was Kunst und schöpferische Arbeit angeht oder alles, was ein gewisses Mysterium oder Fragliches enthält. Die Idee, einem Tier etwas zu erklären, fördert den Sinn für das Geheimnis der Welt und der Existenz, der die Imagination anspricht. Wie gesagt, noch ein totes Tier bewahrt stärkere Kräfte der Intuition als manche menschlichen Wesen mit ihrem unerbittlichen Rationalismus. Das Problem liegt im Wort „Verstehen" und seinen vielen Schichten, die nicht auf die rationale Analyse beschränkt werden können. Imagination, Inspiration, Intuition und Sehnsucht lassen die Leute spüren, dass diese anderen Schichten auch eine Rolle beim Verstehen spielen. Das muss die Wurzel der Reaktionen auf diese Aktion sein... Ich versuche, die Komplexität der schöpferischen Bereiche ans Licht zu bringen."[5]

Zweifellos wurde das Publikum – wir blicken zurück auf das Jahr 1965 – durch diese Aktion in seinen Sehgewohnheiten und seinen Erwartungen an Kunst massiv herausgefordert. Es war die Zeit der informellen Kunst und von ZERO, als einer mehr geplanten, Licht und serielle Strukturen in den Vordergrund rückenden Kunstbewegung. Erste Ausläufer der englischen und amerikanischen Pop Art erreichten die Bundesrepublik. Der erste Kunstmarkt der Welt, der „Kölner Kunstmarkt", wurde 1967, also zwei Jahre nach dieser Aktion, aus der Taufe gehoben. Monika Schmela, die Ehefrau des Galeristen, erinnert sich an die Aktion: „Auch wenn niemand verstand, was es bedeutete – es war atemberaubend."[6]
Gerhard Richter, damals 33 Jahre alt, war bei dieser Aktion ebenfalls anwesend und berichtete viele Jahre später, er habe „einen Ernst, eine Energie, eine Passion" gespürt, die ihn tief beeindruckt habe – das sei damals „mit großem Abstand das Interessanteste gewesen, was überhaupt geschah: Alles andere konnte man verstehen, und das war das Unangenehme."[7]

Jenseits des Kunstmarkts befand sich die Bundesrepublik Deutschland noch vor den Erschütterungen durch die 68er Generation, die den Muff unter den Talaren und insbesondere auch die Verdrängungen der nationalsozialistischen

Vergangenheit anprangerten. Und in der Medizin, die damals noch ganz organmedizinisch ausgerichtet war, steckten ein psychosomatisches Verständnis und entsprechende Ansätze einer psychotherapeutischen Behandlung noch in den Kinderschuhen. Es gab genug Gründe für Beuys, einen „unerbittlichen Rationalismus" anzuprangern. Vor diesem Hintergrund kann man die Aktion von Beuys als eine produktive Provokation auffassen: Über mehr als eine Stunde hinweg wurde das Publikum aus der Galerie ausgeschlossen, verharrte in der Kälte und bekam vorgeführt, dass selbst ein toter Hase noch mehr Verständnis und Sensibilität habe als die Besucher der Aktion und Ausstellung.

Mit meinen gerade mal 16 Jahren war ich selber bei dieser Aktion leider nicht anwesend, erfuhr davon aber – wenn meine Erinnerung nach mehr als einem halben Jahrhundert mich nicht täuscht – durch die Zeitung. Ob ich damals etwas verstand, wage ich zu bezweifeln. Unzweifelhaft aber blieb mein Interesse an dieser Aktion bestehen, das sich sonst in gleicher Ausprägung nur noch auf die beiden Aktionen „Freitagsobjekt „1a gebratene Fischgräte" (Düsseldorf 1970) und die Aktion mit dem Coyoten „I like America and America likes Me" (New York 1974)[8] bezieht. Erst ein Jahr später stand ich anlässlich einer Kerzen-Installation von Heinz Mack („Hommage à Georges de la Tour", 14.12.1966) vor dem Schaufenster der mir bekannten Galerie in der Düsseldorfer Altstadt. Die Galerie Schmela schloss am darauffolgenden Tag diese kunsthistorisch bedeutsamen Räume und eröffnete ihre neuen, größeren Räume kaum hundert Meter entfernt in einem eigens für die Galerie geplanten Neubau.

Möglicher Weise hat die Beuys-Aktion „wie man dem toten Hasen die Bilder erklärt" in mir fortgewirkt. Jahre später veröffentlichte ich mehrere Texte über Kunst und Künstler, in denen ich mehrfach von der Notwendigkeit einer „Re-Integration des kollektiv Verdrängten"[9] schrieb. Was ich hier theoretisch-abstrakt formulierte, fokussiert auf die Kritik am „unerbittlichen Rationalismus" und die von Beuys so genannten „anderen Schichten", die beim Verstehen eine Rolle spielen. Aber welch ein Unterschied: hier eine abstrakte Begrifflichkeit (so zutreffend sie auch sein mag) – dort eine noch nie gesehene, nie erlebte, wegen ihrer Neuheit zunächst noch vollkommen unverständliche Aktion, die ihre Zuschauer so nachhaltig in ihren Bann zog, dass sie sich noch nach Jahrzehnten zurückerinnern können. An dieser und anderen Aktionen von Joseph Beuys wurde mir so deutlich wie nie zuvor, worin der Unterschied besteht zwischen einer theoretischen Reflexion einerseits und einer Kunst andererseits, die Gefühle und Erinnerungen anspricht und dadurch Imaginationen und Intuition freizusetzen vermag.

Eine Maske aus Honig und Gold

Es gibt zahlreiche Interpretationsmöglichkeiten zu dieser Aktion. Hier soll lediglich der Aspekt der Maske aus Honig und Gold herausgehoben werden.

Der Begriff der Maske bedarf einer Erklärung. Gemeint ist hier nicht die bekannte Vorhalte-Maske oder auch Stülpmaske, wie wir sie aus vielen Kulturen aus Afrika oder der Südsee kennen. In Deutschland und auch sonst in Europa sind Masken nur noch im Karneval präsent. Die Maskierung von Beuys entspricht aber nicht diesen typischen Masken, sondern erinnert eher an eine Bemalung des Gesichts, wie wir sie zum Beispiel von Kulturen im Hochland von Papua-Neuguinea kennen. Ob Maske, Bemalung oder Belegung des Kopfes mit Blattgold – allen Formen ist gemeinsam, den Träger der Maske oder Bemalung aus dem Alltag, aus seiner Individualität herauszuheben. Durch die Maskierung wird aus der konkreten Person ein in der jeweiligen Kultur bekanntes Geistwesen, ein Dämon oder eine Gottheit. Die Maske dient der Anonymisierung des Maskenträgers. Daraus ergibt sich zwangsläufig, dass das Anlegen der Maske stets im Verborgenen stattfindet. Die Teilhabe des Publikums an der Verwandlung würde die Imagination, die Illusion stören, gar zerstören. So hat auch Eva Beuys den Kopf ihres Mannes mit Honig bestrichen und mit Blattgold belegt, bevor der Vorhang der Galerie geöffnet wurde. Abgesondert vom Alltag agierte Beuys nun als eine Art geistiges, spirituelles Wesen. Da er mit dieser Gold-Maske keine bekannte Maske einer anderen Kultur zitierte – sie war seine Erfindung – ist eine Einordnung in bereits bekannte kulturelle Zusammenhänge nicht möglich. Honig und Gold eröffnen aber Ansatzpunkte zu einem Verständnis.

Honig

Honig war lange Zeit der einzige Süßmittel in unserer Kultur, ihm wurden positive Eigenschaften zugeschrieben. Er galt nicht nur als real nahrhaft, sondern auch als geistige Speise und als ein Elixier des Lebens. Das Land, wo Milch und Honig fließen, gilt in der Bibel als Synonym für das von Gott seinem auserwählten Volk verheißene Land.

Joseph Beuys hat mit der Platzierung des Honigs auf seinem Kopf eine für ihn typische neue, ungewöhnliche Bedeutungsebene eröffnet: „Wenn ich Honig auf meinen Kopf auftrage, dann verdeutliche ich etwas, das mit Denken zu tun hat. Es liegt nicht in der menschlichen Fähigkeit, Honig zu produzieren, wohl aber zu denken, Gedanken zu produzieren. Auf diese Weise wird der Todescharakter des Denkens wieder lebensnah. Denn ohne Zweifel ist Honig eine lebendige Substanz. Das Denken des Menschen kann ebenfalls lebendig sein. Aber es kann auch bis zu einem tödlichen Grad intellektualisiert sein und tot bleiben und seine Todesstarre in, sagen wir einmal, den politischen und pädagogischen Feldern ausdrücken. Gold und Honig weisen auf eine Transformation des Hauptes hin und deshalb natürlich und logischerweise des Gehirns und unseres Verständnisses von Denken, Bewusstsein und all der anderen Ebenen, die notwendig sind, einem Hasen Bilder zu erklären. (...) Der Gedanke, einem Tier zu erklären, fördert einen Sinn für das Geheimnis der Welt und der Existenz, der die Imagination aufruft. Denn, wie ich sagte, bewahrt selbst ein totes Tier mehr Kräfte der Intuition als einige Menschen mit ihrer sturen Rationalität."[10]
Beuys wendet sich auch hier wieder gegen den „unerbittlichen Rationalismus", der von ihm als kalt, starr und todbringend bezeichnet wird. Beuys will das Denken erweitern, „verflüssigen", mit nahrhaftem Honig, mit Imaginationen und Intuition anreichern.

Gold

Seit Homer ist Gold in unserer westlichen Kultur mit der Sphäre der Götter verbunden. Kultbilder wurden vergoldet, Heiligenscheine und die Hintergründe mittelalterlicher Altargemälde waren mit Blattgold belegt. Gold leuchtet und strahlt, es dient der Absonderung vom Alltag und signalisiert Reinheit. In unserer Welt voller Farben und künstlichem Licht können wir uns kaum noch vorstellen, wie überwältigend es im Grau-Braun und im Schmutz der mittelalterlichen Dörfer und Städte gewirkt haben muss, im Sonnenlicht einen goldenen Gegenstand aufblitzen zu sehen.
Die Absonderung vom Alltag, das Besondere der Aktion mit dem toten Hasen wird von Beuys mit seiner Honig-Gold-Maske zum Ausdruck gebracht. Sein mit Blattgold belegter Kopf stach aus dem Grau der ausgestellten Filzobjekte hervor. In dieser Position, in diesem Zustand kann Beuys mit einem Tier, sogar einem toten Hasen kommunizieren. Das erinnert an Schamanen, die in ihren Riten Kontakt zu jenseitigen Wesen, oft zu Tierwesen aufnehmen.[11]

Dieses Pendeln zwischen den Welten, der Alltagswelt einerseits und der Geistwelt andererseits, wird aber nicht nur durch das Gold der Kopfmaske gezeigt, sondern auch mit der Eisensohle unter dem rechten Schuh. Beuys ging mit einem lauten Klacken des Eisens auf dem Steinboden der Galerie umher. Er befand sich dabei mit seinen Beinen/Füßen immer auf zwei Ebenen. Die Sohle aus Eisen dürfte von ihm als leitendes Element, als Verbindung zur Erde gedacht gewesen sein. Wenn er seinen rechten Fuß hob oder ihn auf ein Filzstück stellte, unterbrach er den Kontakt, um ihn kurz darauf wieder aufzunehmen.
Das Wechseln zwischen den Ebenen, der rationalen wie auch der imaginativ emotionalen, war für Beuys ein zentrales Anliegen. Das Hakenschlagen der Hasen, ihre schnellen Richtungswechsel faszinierten ihn. Im reinen Vernunftdenken sah er das Ergebnis eines „wahnsinnigen Schrumpfungsprozesses" menschlicher Fähigkeiten, er bezeichnete es als Verlust, als Sackgasse.[12] In seinen Aktionen wie auch in seinem gesamten künstlerischen und politischen Werk kämpfte Beuys für eine Verlebendigung, eine Erweiterung unseres Denkens und unserer Existenz. Phantasien, Imaginationen und Intuition hat er dabei nicht nur verbal gefordert, sondern auch erlebbar gemacht – gerade auch in seiner Aktion „wie man dem toten Hasen die Bilder erklärt". Honig spielte nicht nur in dieser Aktion, sondern auch in der späteren Installation „Honigpumpe am Arbeitsplatz" (1977) und in Objekten und Multiples wie z. B. „gib mir Honig" (1979) eine wichtige Rolle, worauf noch eingegangen wird.

Anmerkungen

1 Beuys, E. und Beuys, W.: Joseph Beuys. Die Eröffnung 1965 … irgend ein Strang … Wie man dem toten Hasen die Bilder erklärt. Nr. IX der Schriftenreihe des JOSEPH BEUYS MEDIEN – ARCHIVS. Nationalgalerie im Hamburger Bahnhof. Druck und Vertrieb Verlag Steidl, Göttingen 2010, Abb. des Faltblattes zur Ausstellungseröffnung s. S. 9–11;

2 Beuys, E. und Beuys, W. 2010, S. 12 (vgl. Anm. 1)

3 Schneede, U.M.: Joseph Beuys. Die Aktionen. Kommentiertes Werkverzeichnis mit fotografischen Dokumentationen. Verlag Hatje Cantz, Ostfildern-Ruit 1994, Zitat S. 103

4 Beuys, E. und Beuys, W. 2010 (vgl. Anm. 1); der Film ist auch Teil der DVD-Edition aller Aktionen von Joseph Beuys, die von Peter Weibel herausgegeben worden ist; Weibel, P. (Hrsg.): Joseph Beuys. Aktionen 1963–1986. Koenig Books, Köln 2022

5 Tisdall, C.: Joseph Beuys. Ausstellungskatalog des Salomon R. Guggenheim Museum, New York 1979; vgl. Schneede 1994, S. 103

6 Monika Schmela im Gespräch mit U.M. Schneede, zitiert nach Schneede 1994, S. 107

7 Gerhard Richter im Gespräch mit U.M. Schneede, zitiert nach Schneede 1994, S. 104

8 Joseph Beuys: 1a gebratene Fischgräte. Edition Hundertmark, Berlin 1972; vgl. Schneede 1994, S. 300–305; Tisdall, C.: Joseph Beuys. Coyote. Schirmer und Mosel, München 1976; vgl. Schneede 1994, S. 330–353

9 Kraft, H.: Re-Integration des kollektiv Verdrängten – Mark Prents „Ästhetik des Häßlichen" in medizinischer und sozialpsychologischer Sicht. Confinia Psychiatrica 23, 1980, S. 35–50; Kraft, H.: Die Rituale der Initiation in den Performances von Joseph Beuys und Peter Gilles. In: Janus, L. (Hrsg.): Die kulturelle Verarbeitung pränatalen und perinatalen Erlebens. Textstudio Gross, Heidelberg 1991, S. 82–91; Kraft, H.: Grenzgänger zwischen Kunst und Psychiatrie. Deutscher Ärzte-Verlag, Köln, 3. Auflage 2005, S. 306–312

10 Joseph Beuys im Gespräch mit Caroline Tisdall, zitiert nach Beuys, E. und Beuys, W. 2010, S. 37–38 (vgl. Anm. 1)

11 Müller, M.: Wie man dem toten Hasen die Bilder erklärt. Schamanismus und Erkenntnis im Werk von Joseph Beuys. Verlag und Datenbank für Geisteswissenschaften, Alfter 1993; Kraft, H.: Über innere Grenzen. Initiation in Schamanismus, Kunst, Religion und Psychoanalyse. Diederichs, München 1995; Joseph Beuys und die Schamanen. Katalog Museum Schloss Moyland, Bedburg-Hau/Wienand Verlag, Köln 2021

12 vgl. Schneede 1994, S. 102

Über Bienen, Teil 2:
Wabenbau und Kommunikation

In früheren Jahrhunderten glaubte man, dass die Bienen das Wachs für ihren Wabenbau von Blüten sammeln würden.[1] Tatsächlich aber erzeugen die Bienen ihren Baustoff selbst. Das Wachs entsteht in insgesamt acht Drüsenfeldern an der Bauchseite der Hinterleibssegmente der Arbeitsbienen, wenn diese ca. 14 bis 18 Tage alt sind und ihre Funktion als „Baubienen" übernehmen. Anschließend bilden sich die Wachsdrüsen zurück, können aber im Bedarfsfall auch wieder reaktiviert werden. Ältere Bienen werden dann wieder „wachsdrüsenjung".[2]

Die abgesonderten Wachsplättchen werden von den Bienen mit dem Mund durchgeknetet und mit Speichel vermischt. So entsteht eine Konsistenz, mit der die Bienen gut arbeiten können. Darüber hinaus ist die Temperatur für die Verarbeitung von entscheidender Bedeutung. Wachs geht bei etwa 25 Grad Celsius in einen relativ weichen Zustand über und wird bei etwa 40 Grad Celsius noch einmal deutlich weicher.

Die Bienen bauen zunächst eng beieinander liegende zylinderförmige Röhren. Durch Muskelzittern erhöhen sie ihre Körper- und Umgebungstemperatur daraufhin auf 37 bis 40 Grad Celsius und bringen die Wände der Waben in einen sehr weichen, leicht formbaren Zustand. Wie bei Seifenblasen, die beim Zusammentreffen eine plane Wand zwischen sich ausbilden, geschieht dies nun auch beim Wachs. Die eng nebeneinander liegenden Zylinder bilden plane Flächen zueinander mit Winkeln von 120 Grad bei einer Wanddicke von ca. 0,07 mm. Die sechseckige Geometrie der Bienenwaben stellt eine optimale Lösung dar, um mit möglichst wenig Baustoff ein möglichst großes und stabiles Raumvolumen zu schaffen.

Die Waben bestehen jedoch nicht nur aus Wachs. Das von Pflanzen abgeschabte Harz („Propolis") wird zur Stabilisierung in die Wände eingebaut oder auch auf das Wachs als dünne Schicht aufgetragen.

Die oberen Ränder der Waben schließen mit einer wulstigen Auflage ab. Auf diesen Wülsten laufen („tanzen") die Bienen und kommunizieren miteinander. Im Dunkel des Bienenstocks kommt es dabei zu feinen Schwingungen, die als Informationen von anderen Bienen wahrgenommen werden. So können Informationen zur Richtung und Entfernung von Blütenfeldern mit reichlichen Nektar- und Pollenvorräten weitergegeben werden.

Für die Entdeckung der „Tanzsprache der Bienen" erhielt der Zoologe und Verhaltensforscher Karl von Frisch (1886–1982) im Jahre 1973 den Nobelpreis für Medizin und Physiologie (zusammen mit Konrad Lorenz und Nikolaas Tinbergen). In einer seiner Schilderungen der Tanzsprache der Bienen schreibt er: „Die Biene rennt einen engen Halbkreis, macht dann eine scharfe Wendung und läuft in gerader Linie zum Ausgangspunkt zurück, beschreibt nun einen zweiten Halbkreis nach der anderen Seite, der den ersten zum vollen Kreis-bogen schließt, geht wieder in gerader Linie zum Ausgangspunkt zurück, und so geht es minutenlang am selben Fleck fort, Halbkreis links herum, geradeaus zurück, Halbkreis rechts herum, geradeaus zurück, Halbkreis

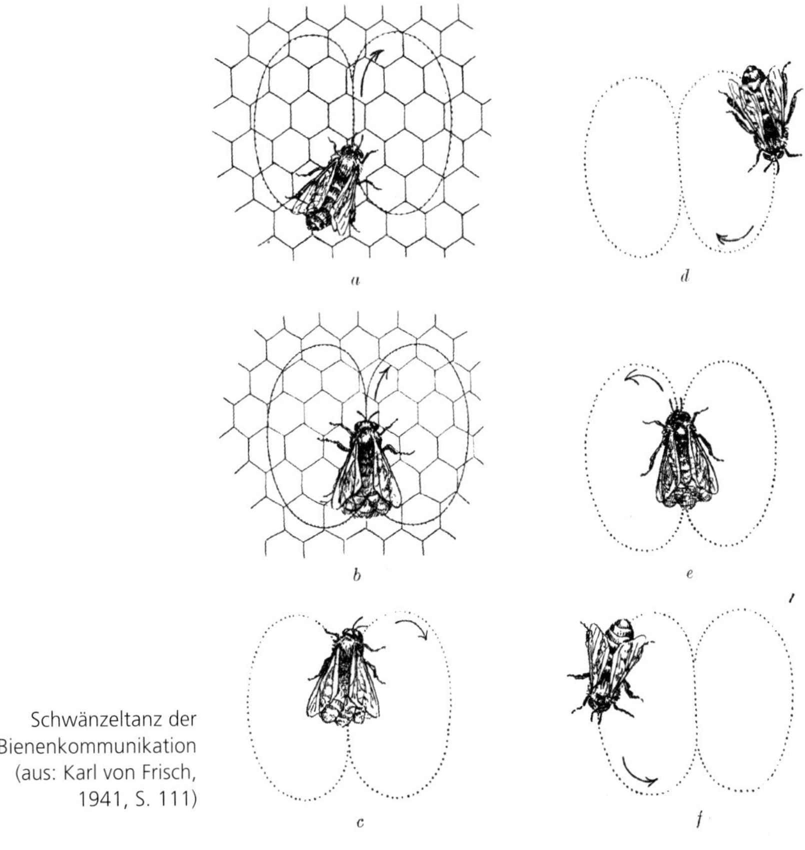

Schwänzeltanz der Bienenkommunikation (aus: Karl von Frisch, 1941, S. 111)

links herum usw. Was aber diesen Tanz der Pollensammler am auffälligsten vom Rundtanz der Nektarsammler unterscheidet, ist eine rasche Schwänzelbewegung mit dem Hinterleibe, die stets während des geradlinigen Zurücklaufens vom Ende eines Halbbogens zum Ausgangspunkt zurückführt."[3]
(s. Abbildung)
Inzwischen haben Forscher herausgefunden, dass die Schwänzeltänze der Bienen zwar angeboren sind, ihre korrekte Ausführung aber zusätzlich soziales Lernen erfordert: „Für ihre Experimente schufen die Biologen Honigbienenvölker, die ausschließlich aus frisch geschlüpften Bienen bestanden. Diese begannen im typischen Alter von ein bis zwei Wochen nach dem Schlüpfen mit dem Schwänzeltanz, machten dabei aber erhebliche Fehler in Bezug auf Entfernung und Richtung der Futterquelle. Mit zunehmender Erfahrung der Bienen verbesserten sich die Richtungsangaben, die Entfernung zur Futterquelle überschätzten sie aber ihr Leben lang. Junge Bienen, die in gemischtaltrigen, normalen Bienenvölkern groß wurden und deshalb auch die „Tanzschule" besuchen durften, also von erfahrenen Sammelbienen lernten, machten die Anfängerfehler nicht."[4] Angeborenes Verhalten einerseits und soziales Lernen andererseits sind nicht getrennt zu betrachten, sondern in ihrer Verschränkung miteinander – was generell und nicht nur für die Tanzsprache der Bienen gilt. Inzwischen haben Wissenschaftler aber auch herausgefunden, dass die Informationen der Schwänzeltänze über Richtung und Entfernung zur Futterquelle unscharf sind und weiterer Informationen bedürfen: Die erfahrenen, tanzenden Bienen tragen die Duftstoffe der Ziel-Blüten an sich, begleiten die unerfahrenen Bienen und schwärmen über dem Futterplatz („Brauseflug"), wobei sie aus ihren sog. „Nasanov-Drüsen" den Duftstoff „Geraniol" versprühen, der die suchenden Bienen nun endgültig zum Ziel führt.[5]

Anmerkungen

1 Tautz, J.: Phänomen Honigbiene. Springer, Berlin 2007/2012, S. 172; die Angaben zu Wabenbau und Kommunikation der Bienen sind weitgehend diesem Buch entnommen.
2 Tautz, J. 2007/2012, S. 158
3 Frisch, K. von: Aus dem Leben der Bienen. Verlag von Julius Springer, Berlin, 3. Aufl. 1941, S.110
4 Irmer, J. und Hass, L.: Die Bienenschule. Frankfurter Allgemeine Sonntagszeitung vom 7. Mai 2023, S. 54–55, Zitat S. 55
5 Tautz, J.: Auch Bienen haben Schweißfüße. Ulmer Verlag, Stuttgart 2024, S. 46–53

Joseph Beuys: Honigpumpe am Arbeitsplatz (1977)

Installation auf der Documenta 6 in Kassel 1977 (24. Juni – 2. Oktober 1977)

Zwei große Elektromotoren, verbunden mit einer Kupferwalze, ca. 100 kg Margarine; Pumpe, Stahlbehälter, Plastikschlauch (ca. 150 Meter), mit Zinn galvanisierte Stahlrohre, mit destilliertem Wasser verdünnter Honig; drei Bronzekrüge.[1]

Die Diskussionen der FIU („Free International University") während der gesamten Laufzeit der Documenta 6 wurden von Beuys als integraler Bestandteil der „Honigpumpe" angesehen, worauf sich der Zusatz „am Arbeitsplatz" bezieht.

> „Die Menschen sind die Honigpumpe, das war die Idee. (...) Wenn die Honigpumpe ein Bild des Menschen ist, dann ist sie auch zur gleichen Zeit ein Bild des sozialen Ganzen."[2]
> „...und ich hatte damals die Möglichkeit, die Internationale Freie Universität auf der Documenta auftreten zu lassen als Honigpumpe..."[3]

Die „Honigpumpe am Arbeitsplatz" war eine zentral platzierte Installation von Joseph Beuys auf der Documenta 6 in Kassel 1977. Sie befand sich im Haupttreppenhaus des Museums Fridericianum, dem ursprünglichen und wichtigsten Ort dieser Weltkunstausstellung. Dieser Raum war für das Publikum nicht zugänglich und nur von oben, von den Treppen her einsehbar.

In einem an das Treppenhaus angrenzendem Raum im Erdgeschoss befand sich das Diskussionsforum der FIU („Free International University").

Installation und Verbleib der Werke

Zwei Elektromotoren waren über eine Walze aus Kupfer verbunden, die Walze rotierte durch 100 Kilogramm Margarine.

In einer Ecke des Raumes standen drei kleine Bronzekrüge.[4]

Unabhängig von den Motoren, die die Walze bewegten, sorgte eine Pumpe dafür, dass Honig durch ein Schlauchsystem gepresst wurde. Der Honig (Marke Langnese) war mit destilliertem Wasser verdünnt, um ihn mit weniger Druck pumpen zu können. Die durchsichtigen Schläuche, zum Teil unterstützt durch verzinnte Edelstahlrohre, durchzogen das Treppenhaus bis zum Dach des Museums und wurden dann in den Diskussionsraum der FIU geführt, den Beuys während der hundert Tage der Documenta im Fridericianum eingerichtet hatte. In diesem Seminarraum hing der Schlauch, mehrfach aufgewickelt, an der Wand, bevor der Honig zurückgeleitet wurde zur Honigpumpe. Hier wurden Vorträge gehalten, Arbeitsgruppen gebildet, Geld- und Wirtschaftskreisläufe diskutiert – und auf diesen Ort bezog sich auch der zunächst vielen Besuchern unverständlich erscheinende Zusatz zur Honigpumpe „am Arbeitsplatz".

Beuys war die ganze Laufzeit der Documenta persönlich anwesend und diskutierte über seinen „erweiterten Kunstbegriff", die Notwendigkeit einer Veränderung von Kunst und Gesellschaft. Im Rückblick schreibt Caroline Tisdall: „Von Beuys angeregt, dank seiner Reputation finanziert und durch seine Anwesenheit bereichert, waren die Workshops organischer Teil eines Kunstwerks (Die Honigpumpe am Arbeitsplatz); aber sie waren auch ein praktisches Forum für wichtige gesellschaftspolitische Themen. Die Kunst subventionierte das Leben."[5]

Bei seinen Ausführungen beschrieb Beuys zahlreiche große schwarze Schultafeln mit Texten und Diagrammen, um seine Theorien zu erläutern. Diese schwarzen Tafeln wurden später mehrfach in Ausstellungen gezeigt, z. B. „Museum des Geldes" (Kunsthalle Düsseldorf 1978) und „Das Kapital Raum 1970–1977" (Hallen für Neue Kunst, Schaffhausen 1984). Heute ist diese Installation in Berlin im Hamburger Bahnhof, Museum für Gegenwartskunst, als Teil der Sammlung Marx zu sehen.

Beuys hörte während seiner Vorträge aber immer auch auf die Geräusche der Honigpumpe, die mal lauter mal leiser pumpte, je nachdem, wie die Außentemperatur sich verhielt oder der Honig sich an einer Stelle des langen Schlauches staute. Zeigte das anschwellende Geräusch der Pumpe eine zu große Belastung an, unterbrach Beuys seine Ausführungen, eilte zur Honigpumpe und stellte die Drehzahl der Pumpe und/oder den Luftzufluss zum Honig neu ein.

Für Beuys bildeten seine Installation und das Diskussionsforum eine Einheit. Aus diesem Grund bestimmte er, dass die „Honigpumpe am Arbeitsplatz" im Anschluss an die Nutzung auf der Documenta nicht mehr in Funktion gezeigt werden dürfe. Dementsprechend wurde die Installation in ihre Einzelteile zerlegt und von Beuys in dieser Form auf seiner großen Ausstellung

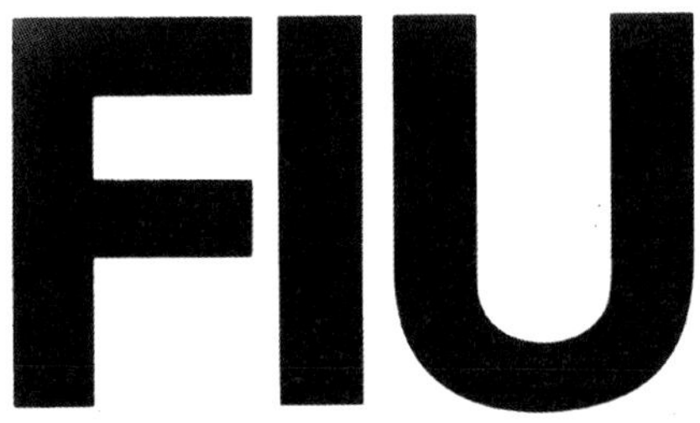

FREE INTERNATIONAL UNIVERSITY
documenta 6

Programm

24.-30. Juni:	**Prinzipien und Aufgabe der Free University**	im Kontext der gegenwärtigen politischen, ökonomischen und kulturellen Entwicklungen in den Zentren und an der Peripherie Europas.
1.-7. Juli:	**Atomenergie und alternative Energieformen**	Ökologische Gefahren der Atomenergie. Bürgerinitiativen gegen Atomkraftwerke - Beispiele aus England, Italien und der Bundesrepublik. Das JET-Projekt der EG und Beispiele für eine alternative Technologie, u.a.m.
8.-14. Juli:	**Stadt - Kommune - Gemeinschaftsbildung**	Selbstverwaltung und Staatsintervention. Frauenbewegung. Wie können elitäre und paternalistische Strukturen in der Gemeinschaftsbildung überwunden werden - Beispiele aus England. Kunst und Umwelt. Neue Städte? u.a.m.
15.-22. Juli:	**Medien und Manipulation**	Wie werden Nachrichten gemacht? Die verdrehte Information (Beispiel Fremdarbeiter und Gewerkschaften). Medientechnologie u.a.m.
23.-31. Juli:	**Medien - Alternativen zur Manipulation**	Alternative Informationsdienste. Minderheitsmeinungen in den Medien u.a.m.
30.7.-7. August:	**Der Achberger Jahreskongreß - Die Kontroverse um die Menschenrechte**	Stehen wir vor der Notwendigkeit einer Systemveränderung in Ost und West? Revolution der Begriffe (Kapital, Geld, Eigentum, Einkommen, Kultur, Staat, Wirtschaft etc.) und Neubestimmung des Verhältnisses Erde - Mensch - Gesellschaft. Ein »dritter Weg« als Alternative zur kapitalistischen Marktwirtschaft und zum parteibürokratischen Staatskommunismus, Bürgerrechtsbewegungen im Kampf um die Menschenrechte.
9.-13. August:	**Der Verfall der Städte-alternative Entwicklungen**	Die Entvölkerung der kleinen Städte. Die Unwirtlichkeit der Großstädte. Abstrakte Stadtgründungen. Bologna als Beispiel gelungener Stadtsanierung. Neue Wege der Dezentralisation, u.a.m.
14.-21. August:	**Das Problem der Fremdarbeiter**	Fremdarbeiterschaft als sozialer und politischer Faktor in Europa. Die Ungleichheit in den Bedingungen der Kindererziehung. Ethnische Minderheiten und ihre Kultur. Zusammenarbeit mit örtlichen Gastarbeitervereinigungen, u.a.m.
22.-31. August:	**Nordirland**	Dieser Workshop führt Künster, Schriftsteller, Wissenschaftler, Sänger, Musiker, Wirtschaftler und Politiker und solche Menschen zusammen, die für alternative Entwicklungen in Nordirland gearbeitet haben.
1.-7. September:	**Soziale Weltprobleme**	Imperialismus, Kolonialismus, Nationalismus, Rechts- und Linksextremismus in internationaler Sicht. Probleme des politischen Exils, u.a.m.
8.-15. September:	**Gewalt und soziales Verhalten**	Legale und illegale Gewalt. Die friedliche Macht alternativer Lebensformen, u.a.m.
16.-25. September:	**Arbeit und Arbeitslosigkeit**	Umwandlung der Produktionsstätten in Assoziationen freier Arbeitskollektive. Bedarfsorientierte Produktion statt künstliche Arbeitsbeschaffungsprogramme. Ein neues Fortschrittsmodell - das Beispiel Lucas Aerospace (30 000 Beschäftigte) United Kingdom, u.a.m.
26.9.-1. Oktober:	**Bilanz der 100 Tage**	

FREE INTERNATIONAL UNIVERSITY ★

Alle Veranstaltungen finden im Documenta-Ausstellungsgebäude FRIDERICIANUM (zwischen Haupteingang und Cafeteria) und in benachbarten Räumlichkeiten statt. Arbeitszeit täglich zwischen 9.00 und 22.00 Uhr.

FIU FREIE INTERNATIONALE HOCHSCHULE

Joseph Beuys: Plakat der FIU, documenta 6, Kassel 1977, signiert, gestempelt, 60 x 42 cm im Guggenheim-Museum in New York 1979 präsentiert. Heute befindet sich das Werk im Louisiana-Museum of Modern Art in Humlebaek, Dänemark: „Als nächstes muss ich in Dänemark die „Honigpumpe" installieren, (...). Sie muss dort einen neuen Sinn bekommen. Auf der Documenta 6 war sie das Symbol für die Menschen der FIU, die dort 100 Tage lang zusammengearbeitet haben. Das entfällt jetzt natürlich. Die Honigpumpe muss jetzt einen ganz autonomen skulpturalen Ausdruck erhalten."[6] Die Installation im Museum wurde 1982 von Joseph Beuys mit Unterstützung von René Block durchgeführt. Eine angedachte weitere skulpturale Veränderung, wie sie im Zitat von Beuys 1983 erwähnt wird, wurde nicht mehr realisiert.

Die Themen der hunderttägigen Diskussionen der FIU während der Documenta 6 umfassten z.B. „Atomenergie und alternative Energieformen", „Soziale Weltprobleme", „Arbeit und Arbeitslosigkeit" und „Medien und Manipulation". Auf Flugblättern und Plakaten wurden die Themen und die zur Verfügung stehenden Zeiträume angekündigt. Zusammenfassend schreibt C. Tisdall: „Der dreizehnte Workshop war ein Resümee und eine Analyse der während der hundert Tage gesammelten Erfahrungen. Wie angesichts der Teilnehmer aus so vielen verschiedenen Bereichen zu erwarten, war dieses bestimmte Segment einer „permanenten Konferenz" nicht ohne Konflikte. So wurde beispielsweise aus den Reihen der deutschen Teilnehmer – besonders von Beuys selbst – häufig Kritik am englischen Pragmatismus geäußert; man war der Ansicht, dass es ohne eine grundlegende Veränderung im Denken keinen dauerhaften Fortschritt geben könne. Ihre Ansicht erschien jenen, die im sozialen oder industriellen Bereich praktisch arbeiten, utopisch. Nichtsdestoweniger herrschte eine Atmosphäre von erstaunlicher Toleranz und eine wirkliche Einheit in der Vielfalt."[7]

Vorgeschichte und Produktion der Honigpumpe

Beuys war über Jahre hinweg mit dem Projekt einer Honigpumpe beschäftigt. Hierauf bezieht sich die Angabe „1974–1977" zur Entstehung des Werkes im Katalog der Documenta 6. Selbst sein Freund und Förderer Franz Joseph van der Grinten erinnerte sich noch Jahre später, Beuys abgeraten zu haben von diesem Projekt: „ Joseph, hör endlich auf. Honig lässt sich nicht pumpen. Du wirst niemanden finden, der das kann."[8]

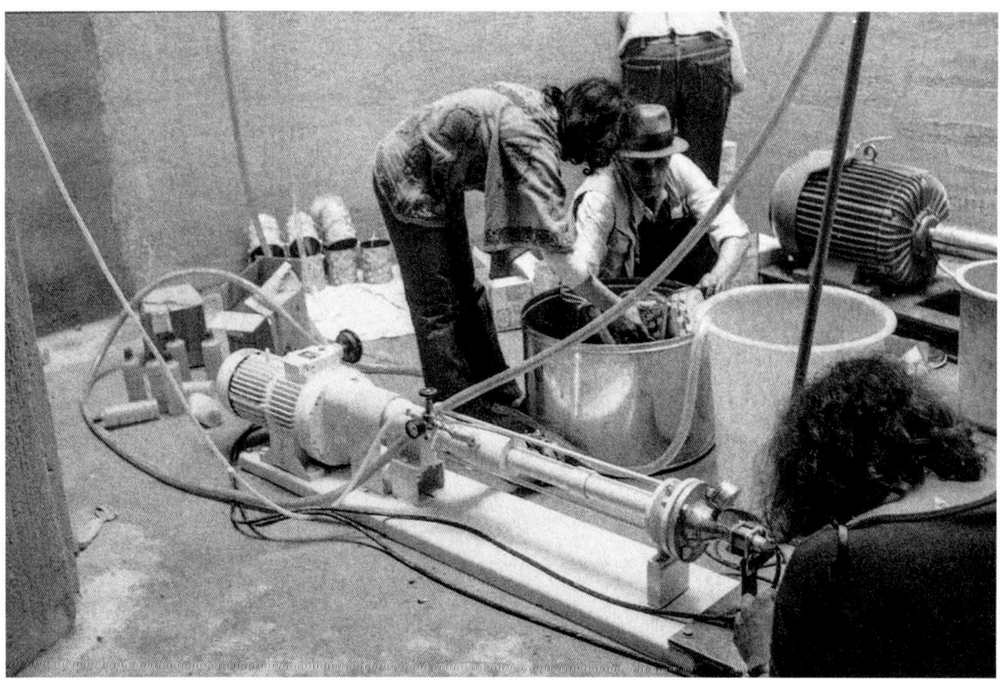

Aloys Wilmsen: Dokumentationsfotografie vom Aufbau der „Honigpumpe am Arbeitsplatz" von Joseph Beuys, Documenta 6, Kassel 1977

Der Beginn der Arbeit an der „Honigpumpe am Arbeitsplatz" lässt sich in das Jahr 1974 zurückverfolgen (persönliche Mitteilung René Block, Mai 2023). In diesem Jahr eröffnete der Berliner Galerist René Block seine Dependance in New York. Für die Eröffnungsausstellung gewann er Joseph Beuys, mit dem er seit vielen Jahren zusammenarbeitete. Die Galerie wurde mit der Aktion „I like America and America likes Me" eröffnet, die oft auch als „Aktion mit dem Coyoten" bezeichnet wird.

Der ursprüngliche Plan war jedoch ein anderer. Beuys plante zunächst, in der neuen Galerie eine Art „künstlerische Werkstatt" einzurichten. Im Rahmen dieser Überlegungen besuchte Joseph Beuys zusammen mit René Block in Weeze am Niederrhein die Werkstatt von Werner Block, dem Vaters des Galeristen. Da die Werkstatt aus Altersgründen aufgegeben werden sollte, erwarb Beuys sie komplett und ließ alle Maschinen, Werkzeuge und Material von einer Kunstspedition nach Düsseldorf schaffen. Besonders interessierte er sich für eine von Werner Block entwickelte Lackpumpe für die Imprägnierung von Motoren. Samt einem großen Edelstahlbottich für den Lack wurde diese spezielle Pumpe zum Vorbild für die Jahre später realisierte Honigpumpe, auch wenn diese dann nicht in Weeze, sondern im Allgäu gebaut wurde. Die im Fett rotierende Kupferwalze, deren Antrieb aus zwei gegenläufig rotierenden Elektromotoren bestand, wurde noch von Werner Block in Weeze entwickelt, gebaut und 1977 nach Kassel geliefert.

Die zweite Maschine der Installation, die bereits erwähnte „Honigpumpe", konnte allerdings erst drei Jahre später realisiert werden. Über ihren Herstellungsprozess existieren umfangreiche Informationen, die von Aloys Wilmsen veröffentlicht wurden.[9] Er und seine Mitarbeiter der Pumpenfabrik Wangen/Allgäu sorgten für die technische Realisierung. Den Hinweis auf die Pumpenfabrik, die das angeblich Unmögliche vielleicht doch möglich machen könnte, hatte Beuys wiederum durch René Block erhalten, dessen Bruder mit Aloys Wilmsen bekannt war und auf die Pumpenfabrik aufmerksam machte. Für ein erstes Gespräch reisten Beuys und Block im März 1977 nach Hannover, wo die Pumpenfabrik Wangen ihre Produkte auf der Industriemesse präsentierte. Am Abend eines Messetages traf man sich in einem Lokal. Mit der ersten Frage von Joseph Beuys an Aloys Wilmsen: „Können Sie Honig pumpen?" und der Antwort: „Wie möchten Sie es denn haben?" begann der Austausch zwischen den Vorstellungen des Künstlers einerseits und den Überlegungen zur technischen Realisierbarkeit andererseits. Noch in Hannover wurde die Zusammenarbeit per Handschlag besiegelt. Nach der Besprechung von Details begann der Aufbau der Honigpumpe in Kassel am 6. Juni 1977, also zweieinhalb Wochen vor Eröffnung der Documenta 6.

Damit die Besucher den Honig fließen sehen konnten, wollte Beuys die Verwendung durchsichtiger Schläuche. Aloys Wilmsen wusste aber aus seiner langjährigen Erfahrung, dass dies nur zu realisieren wäre, wenn dieses System in regelmäßigen Abständen durch Rohre und Bögen aus Edelstahl stabilisiert würde. Beuys akzeptierte diese technischen Anforderungen unter der Bedingung, dass die Stahlrohre verzinnt sein müssten. In Kassel wurde ein Handwerker gefunden, der diese Forderung von Beuys erfüllen konnte: „Bald schmiegte sich das weiche, silbrig glänzende Schwermetall an die glatte Oberfläche (der Stahlrohre) und gab ihr eine gewisse Struktur, inklusive tropfenartiger Verdichtungen. Die Rohre wurden unversehens zu Skulpturen. Am Ende, findet Wilmsen noch heute, sah das richtig gut aus, „wunderschön"."[10] Für Joseph Beuys war es wichtig, dass seine Installation nicht wie eine Industrieanlage ausschaute, sondern die Spuren menschlicher Arbeit zeigte. Selbst die geraden Haltestäbe für die Aufhängung des mehrfach gewickelten Schlauches im Seminarraum waren Beuys zu gerade, zu technisch-funktional. Aloys Wilmsen nahm einen Hammer und schlug die Stäbe krumm. Beuys war zufrieden. Ein anderes Problem beim Aufbau der Honigpumpe war das Sichtbarmachen des Honigflusses. Es reichte nicht, dass durchsichtige Schläuche verwendet wurden, der fließende Honig darin war nur als gleichförmige Masse zu erkennen. Das Problem ließ sich lösen, indem beim Pumpprozess Luft mit angesaugt wurde und nun die dahingleitenden Luftblasen im Honig beobachtet werden konnten. Gleichzeitig dienten die Luftblasen als Puffer im Pumpsystem, das durch den dickflüssigen, wenn auch verdünnten Honig großen Belastungen ausgesetzt war.

Drei Bronzekrüge in einer Ecke des Maschinenraums finden in Publikationen eher wenig Beachtung. Peter Schata, der den Aufbau der Honigpumpe begleitet und zu Fragen der „sozialen Plastik" publiziert hat, berichtet dazu: „Das sind ja Honiggefäße, Nachbildungen von Honiggefäßen, die bei Ausgrabungen gefunden worden sind, und den Toten mitgegeben wurden, damit sie auf dem Weg ins Jenseits Nahrung hatten."[11] Unauffällig und trotzdem unübersehbar wies Beuys also darauf hin, dass es ihm nicht nur um das Hier und Jetzt und die Anregung von Veränderungen in der Zukunft gehe, sondern darüber hinaus um die Weitergabe nährender Energie (Honig) über den Tod hinaus. Der Tod kann dabei nicht nur als Lebensende, sondern auch als Durchgangsstadium bei einem Wandlungsprozess gesehen werden, als das bekannte „Stirb und werde", wie Goethe es kurz und knapp formuliert hat. Auf diesem Weg des individuellen wie auch des gesellschaftlichen Wandels ist viel Energie, sind nährende, kreative Gedanken – also Honig – notwendig.

Bei einer ersten Inbetriebnahme der Honigpumpe rutschte eine Schlauchklemme ab und Honig schoss aus dem System: „Beuys hat nichts gesagt, als er die Bescherung an der Wand sah, lief hin und machte seine Fingerprobe: „Schmeckt gut." Und alle lachten."[12] Diese kleine Begebenheit schildert den für Beuys typischen Humor und gibt zugleich indirekt auch einen Einblick in die Spannungen zwischen Beuys und allen Beteiligten beim Aufbau der Honigpumpe. Beuys forderte immer wieder Änderungen, was oft auf Unverständnis der Ingenieure und Arbeiter traf und zu Unmut führte. Durch den großen persönlichen Einsatz des Künstlers, sein Verständnis für technische Schwierigkeiten und nicht zuletzt eben auch durch seinen Humor konnten alle Klippen beim Aufbau überwunden werden.

Sicherlich ist es nicht üblich, die Tagesrapporte des Aufbaus (es waren 14)[13] eines Kunstwerks zu kommunizieren. Im Falle der Honigpumpe sind sogar die Herstellungskosten veröffentlicht worden, was sogar zweimal geschehen ist.[14] Die von Beuys persönlich getragenen Kosten beliefen sich auf 66.113,13 DM. Hinzu kamen die Kosten für die Durchführung der Diskussionen im Rahmen der FIU (Reisekosten, Übernachtungen, Verpflegung), die von Beuys privat sowie auch durch Spenden finanziert werden mussten.

Zugangswege zur „Honigpumpe am Arbeitsplatz"

Der kurz gefasste Bericht über die Entstehungsgeschichte der Honigpumpe verdeutlicht die hohe Wertigkeit, die diese Installation für den Künstler hatte. Beuys verfolgte seinen Plan einer Honigpumpe gegen alle technischen Widerstände über Jahre hinweg. Auch beim Aufbau war er unermüdlich zupackend zugegen und zeigte immer wieder großes Verständnis für technische Schwierigkeiten. Wie wohl kaum ein anderer Künstler dieser Documenta war Beuys die gesamte Laufzeit der Documenta in den Diskussionen seiner „Freien internationalen Universität" (FIU) präsent. Die Pflege, die richtige Einstellung der Drehzahl der Pumpe, die Regulierung des Luftzuflusses zum Honig – all das übernahm der Künstler in dieser Zeit selbst. Die Honigpumpe, deren Realisierbarkeit über Jahre hinweg von vielen Menschen angezweifelt worden war, lief störungsfrei bis zum Ende der Ausstellung.

Es gibt sehr unterschiedliche Zugangswege zu einem Verständnis der „Honigpumpe am Arbeitsplatz". Sie gründen sich z. B. auf die von Beuys geschätzten Arbeiten von Rudolf Steiner (1861–1925), den Begründer der Anthroposophie, sowie auch auf die sozial- und wirtschaftswissenschaftlichen Arbeiten des Ingenieurs und Anthroposophen Wilhelm Schmundt (1898–1992).[15]
In Begrenzung auf das Thema „Honig" soll im Folgenden aber nur auf die Zirkulation von energiereichen, nährenden Ideen eingegangen werden. Zusätzlich soll die Entwicklung des politischen Engagements des Künstlers skizziert werden, das hier in der „Honigpumpe am Arbeitsplatz" so eng verwoben mit seiner Kunst auftrat wie sonst nirgendwo.

Honig ruft in uns Menschen Erfahrungen wach, die sich auf Ernährung, auf süßen Genuss und oft auch auf Honig als Heilmittel beziehen. Mit der Verwendung von Honig als Werkstoff weist Beuys darüber hinaus.
Im Hinblick auf seine Entstehung ist Honig das Produkt einer langen arbeits-

teiligen Gemeinschaftsarbeit des Bienenvolkes ohne Ausbeutung und Unterdrückung. Honig ist sozusagen ein soziales Produkt, von allen Mitgliedern des Bienenstockes geschaffen und von ihnen auch gemeinsam genutzt.

„Der permanente Honigstrom zwischen den Bienen versorgt jedes Mitglied der Bienenkolonie stetig mit Energie und Rohstoffen. (...) Durch die Einbeziehung aller Bienen einer Kolonie in die Verteilung des Honigs werden in Zeiten echter Not also nicht einige Bienen auf Kosten anderer überleben. Bei den Bienen ist es so: Entweder leben alle oder es verhungern alle – und das unter Umständen in allerkürzester Zeit: Es handelt sich dabei um Stunden."

Tautz, J.: Auch Bienen haben Schweißfüße. Ulmer Verlag, Stuttgart 2024, S.74

Durch Nektar als Grundlage steht Honig darüber hinaus auch für einen Verwandlungs- und Gestaltungsprozess. Dieser lässt sich nicht nur am Entstehungsprozess, sondern auch am fertigen Honig selbst demonstrieren, da dieses Nahrungsmittel – je nach Temperatur und Alter – sowohl in flüssiger als auch fester Form auftreten, seinen Aggregatzustand also immer wieder wechseln kann.
Durch ihre Tätigkeit des Nektarsammelns in den Sommermonaten assoziiert Beuys die Bienen zusätzlich auch mit Sonne und Wärme. Deshalb verwendet der Künstler den Honig als Hinweis auf seelische Wärme sowie auch auf zwischenmenschliche Wärme, die für ein gelingendes soziales Miteinander unabdingbar ist.

Eine zentrale Aussage von Beuys zur Verwendung von Honig erfolgte bereits im Zusammenhang mit seiner Aktion „wie man dem toten Hasen die Bilder erklärt" (1965): „Die menschliche Fähigkeit ist nicht, Honig abzugeben, sondern zu denken, Ideen abzugeben. Das wird hier parallel gesetzt."[16] Aus dieser Sichtweise wird verständlich, dass der Diskussionsraum der FIU von Beuys als integraler Bestandteil der Installation gesehen wurde. Hier wurden Ideen entworfen, ausgetauscht, kontrovers diskutiert – hier floss der Honig. Die Honigpumpe versinnbildlichte diesen nährenden Diskussionsprozess. So ist auch zu verstehen, dass Beuys viele Jahre später in einem Interview ausführte: „... an und für sich sollte die Honigpumpe durch den Willen laufen. Wir sind aber noch nicht so weit. Diese Ökologie aus dem Nichts heraus muss natürlich kommen, das wollen wir machen. Die Menschen sind die Honigpumpe, das war die Idee. Sie sollte ein Abbild der menschlichen Kreativitätsebenen sein. Wille, Empfindung, Denken – und dass das Ganze natürlich vollkommen eingerostet ist bei uns."[17]

Beuys nimmt hier wieder eine für sein Denken und Argumentieren typische Gleichsetzung vor: „Die Menschen sind die Honigpumpe." Und Menschen sollten natürlich keinen von Elektrizität gespeisten Elektromotor benötigen, sondern aus ihrem freien Willen, aus ihrem Denken, aus ihrer Kreativität heraus sich selbst und ihre soziale Gemeinschaft beleben und gestalten können. Aus diesem Blickwinkel wird auch die folgende erstaunliche Aussage verständlich: „Die Pumpentheorie ist ja sowieso falsch. Das Herz kann nie eine Pumpe sein. Da wäre der Mensch in einem halben Jahr tot, wenn das Herz pumpen müsste. Der Kreislauf ist autonom."[18] Diese Aussage ist aus medizinischer Sicht natürlich Unsinn und könnte – dies sei als Nebenbemerkung gestattet – auf eine massive Verleugnung der Herzprobleme einschließlich Herzinfarkt bei Beuys

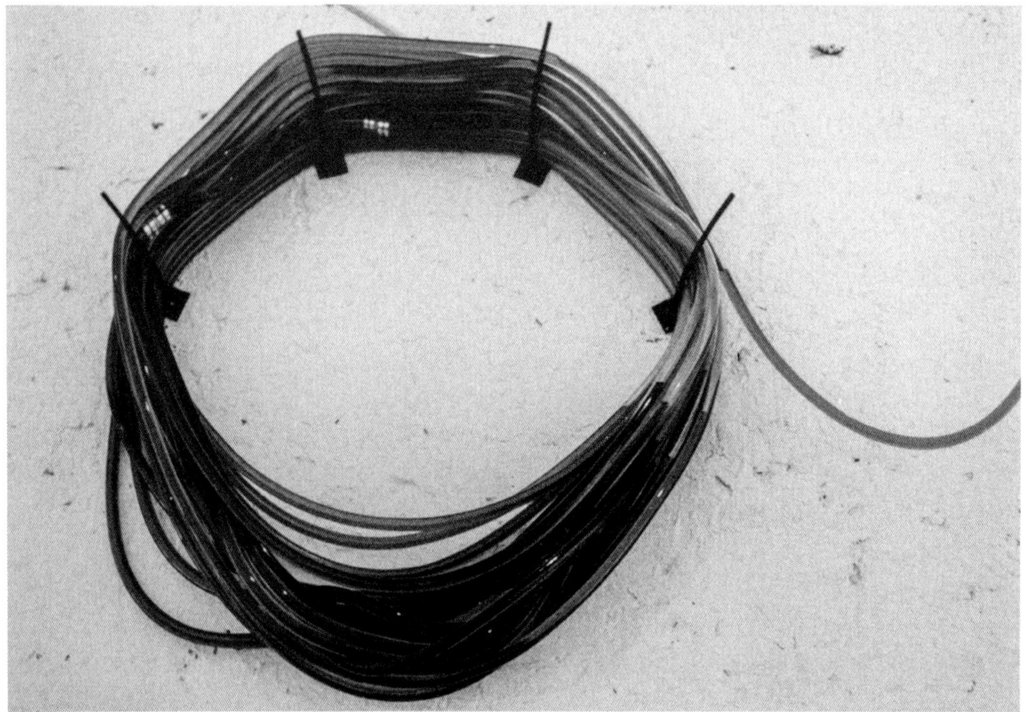

Aloys Wilmsen: Dokumentationsfotografie vom Aufbau der „Honigpumpe am Arbeitsplatz" von Joseph Beuys, Documenta 6, Kassel 1977

hinweisen. Beuys rauchte viel[19] und schonte sich in seiner Arbeit nie, wie es aus medizinischer Sicht dringend anzuraten gewesen wäre. Diese Verleugnung der eigenen körperlichen Grenzen gipfelte in Sätzen wie „Notfalls leben wir auch ohne Herz“[20] und schließlich, stark geschwächt, kurz vor seinem Tod in dem Ausspruch gegenüber seinem langjährigen Weggefährten Wolfgang Feelisch: „Feelisch, der Tod wird ignoriert.“[21]

Was aber ist der Sinn der Aussage zu Herz und Kreislaufsystem, wenn wir Beuys in seinem Denken folgen? Für Beuys geht es stets um die menschliche Kreativität, den Kreislauf der Ideen („Der Kreislauf ist autonom.“), das freie Zirkulieren der nährenden Ideen; darauf bezieht er sich mit seiner Gleichsetzung von Honig und Ideen. Es geht um den Menschen als Schöpfer und Gestalter des gemeinschaftlichen Lebensraums. In diesem Sinne verstand Beuys auch seinen berühmt gewordenen Ausspruch, dass jeder Mensch ein Künstler sei. Mit dem Begriff „Künstler“ meinte Beuys nicht, dass jeder Mensch ein zweiter Picasso sein könne; ihm ging es vielmehr um den Hinweis, dass jeder Mensch mit seiner Kreativität in seinem Beruf, in seinem Lebensumfeld einen Beitrag zum Zusammenleben, zum Gestalten und Funktionieren der sozialen Gemeinschaft („soziale Plastik“) leisten könne und solle. Diese Arbeit braucht Energie, also Honig/neue Ideen – setzt bei ihrem Gelingen aber auch neue Energien in den Menschen und für die soziale Gemeinschaft frei. Bekamen die Diskussionen über seinen berühmten Ausspruch „Jeder Mensch ist ein Künstler“ allerdings zu viel Pathos, konnte Beuys auch schon mal seinem Nebenmann auf die Schulter schlagen und lachend sagen: „Und du bist es nicht.“[22]

Viele Besucher der Documenta 6 werden nicht bemerkt haben, dass die neben der Honigpumpe im Fett rotierende Walze gar keine Verbindung zur eigentlichen Honigpumpe hatte. Es handelte sich um zwei voneinander unabhängige Maschinen. Mit der Walze wollte Beuys den ihm wichtigen Wandlungsprozess und Energiefluss zeigen: Durch das Rotieren und zusätzlich durch die sommerliche Hitze schmolz das Fett, veränderte seinen Zustand von einem festen in einen flüssigen Körper. Die sinnliche Darstellung derartiger Wandlungen der Materie zeigte Beuys immer wieder mit Materialien wie Fett und (Bienen) Wachs. Der Veränderungsprozess, der in dieser Installation am Fett gezeigt wird, hat einen Aufforderungscharakter für die Diskutierenden der FIU im Seminarraum: Es geht um Wandlung, feste/starre Strukturen müssen aufgelöst, verflüssigt, gegebenenfalls chaotisch werden, damit sich daraus neue Strukturen bilden können. Es ist der Hinweis auf einen klassischen „transformativen Prozess" mit seinen drei Schritten:

- Auflösung bestehender Strukturen („Séparation"),
- eine chaotische Übergangszeit („Marge") und schließlich
- die Bildung neuer Strukturen („Agrégation"), neuer Identitäten, gegebenenfalls einer neuen Gesellschaftsform.[23]

Beuys und die Politik

Mit seinen Aktionen und Installationen, wie den hier vorgestellten, hat Beuys wirkmächtige, nachdenklich machende, im Betrachter eigenes Denken anstoßende Bilder kreiert. Mit seinen Reden und oft stundenlangen Diskussionen hat er darüber hinaus versucht, ganz konkret auf gesellschaftliche Prozesse einzuwirken. In seinen öffentlichen, oft auf Tonband und in Filmen aufgezeichneten Diskussionsrunden und Interviews schien Beuys über eine unendliche Energie zu verfügen („Und wer hat Beuys schon mal müde gesehen?[24]) Ab den späten 1960er Jahren engagierte sich Beuys zunehmend politisch, gründete 1968 die „Deutsche Studentenpartei", 1971 die „Organisation für direkte Demokratie durch Volksabstimmung", kandierte 1976 für die AUD („Arbeitsgemeinschaft Unabhängiger Deutscher") und landete schließlich bei der Bewegung der Grünen, an deren Gründungsparteitag er 1980 beteiligt war. Beuys kandidierte bei der Bundestagswahl 1980 für die Landesliste der Grünen. In den chaotisch-kreativen Anfängen der grünen Bewegung und Partei war Beuys – gerade auch wegen seiner Ausstrahlung und seiner bereits beachtlichen Popularität – ein gern gesehener Mitstreiter. Georg Jappe (1936–2007), Journalist und später Professor für Kunsttheorie an der Hochschule für Bildende Kunst in Hamburg, befragte zahlreiche Weggefährten des Künstlers: „Für diejenigen, die sich hier äußern und ihn früh und jahrelang begleitet haben, war Beuys die größte Künstlerpersönlichkeit, die sie in ihrem Leben kennenlernten. Aber eben Künstler durch und durch; nicht Anthroposoph oder Kulturphilosoph, Politiker oder Mystiker – das alles war sekundär, waren Gedankengänge als Anregungsfelder für eine anthropologische, „menschenfreundliche" Kunst. Beuys griff vieles auf, von ganzen Thesen bis zu einzelnen Sprüchen, integrierte vieles – immer aber im Zusammenhang mit dem erweiterten Kunstbegriff: Grundprinzip blieb das Künstlerische, und künstlerisch ist er an alle Fragen herangegangen."[25]

Ob Beuys in seiner Art des Denkens und Argumentierens aber verstanden wurde, muss bezweifelt werden. Seine Theorien und seine kreative Denkweise – wie z. B. seine Gleichsetzungen von Honig und Gedanken oder die Ideen zu einer „Dreigliederung des Menschen/der Gesellschaft" – stießen damals und stoßen auch heute noch weitgehend auf Unverständnis oder klare Ablehnung. Auch war sein Diskussionsstil für ein Verständnis seiner Ideen, die er mit so viel Energie vortrug, nicht förderlich. Sehr einfühlsam hat dies G. Jappe an mehreren Stellen seiner Interviews mit dem Künstler angemerkt. „Sprechweise: warm, hell, weit ausholend, gerade Strecken und Hakenschläge wechseln in der Konzentration ab."[26] Hakenschläge erinnern natürlich sofort an den Laufstil der Hasen, die für Beuys so wichtig waren und mit denen er sich mit einem Lachen gern verglich: „Ich bin ein ganz scharfer Hase."[27] Zuhörer fühlten sich leicht wie die Verfolger eines Hasen – sie verloren die Fährte, ermüdeten und konnten dem kaum je müde werdenden Beuys/dem Hasen nicht mehr folgen. Und so schreibt G. Jappe auch noch Jahre später in den Anmerkungen zu einem seiner auf Tonband aufgenommenen Interviews: „... und wenn ich mit dem Finger klopfte, war das ein Signal, vom allzu Diskursiven zum Thema zurückzukehren."[28]

Bei der vorgezogenen Bundestagswahl 1983 wollte Beuys erneut kandidieren. Als es nun ganz konkret um die Chance ging, dass die Grünen als Partei erstmalig in den Deutschen Bundestag als Fraktion einziehen könnten, verweigerte die Landesdelegiertenkonferenz der Grünen in Geilenkirchen dem Künstler einen sicheren Listenplatz. Beuys war tief enttäuscht und fand diese Weigerung, ihm einen aussichtsreichen Listenplatz als Absicherung seiner Kandidatur zu geben, als das, was es war: Die Grünen wollten ihn nicht mehr dabei haben, als es um den Einzug in den Bundestag und die realpolitische Verfolgung grüner Ziele ging.[29]

Auch wenn das konkrete gesellschaftspolitische Anliegen von Beuys als Politiker damals gescheitert ist, so leben seine „grünen Ideen" in vielen seiner Arbeiten als geradezu visionäre Kunstwerke weiter fort. Zu denken ist hier z. B. an die „Capri-Batterie"[30], mit der er schon 1985 auf die Notwendigkeit der erneuerbaren Energien hinwies. Zu denken ist auch an das „Erdtelefon"[31] als Hinweis, dass wir die Erde nicht unendlich ausbeuten können, sondern uns mit ihr verständigen müssen, um selber zu überleben. Zu denken ist ebenfalls an die große Aktion „Stadtverwaldung"[32] auf der folgenden Documenta 7 mit der Pflanzaktion von 7.000 Eichen, was in seiner Klima-stabilisierenden Bedeutung erst Jahrzehnte später auf breiter Front gewürdigt wurde.

Das konkrete gesellschaftspolitische Anliegen von Joseph Beuys kommt aber nirgends so klar zum Ausdruck wie in seiner Installation „Honigpumpe am Arbeitsplatz". Hier integrierte Beuys seine Fähigkeit zu innovativen künstlerischen Gestaltungen mit einem 100-tägigen Diskussionsmarathon, um die Menschen zu motivieren, mit ihren kreativen Ideen an der Gestaltung ihrer Welt, der „sozialen Plastik", teilzunehmen – letztlich also politisch aktiv zu werden. Diesem Anliegen dienten auch die zahlreichen Multiples und Druckgrafiken, die Beuys im Laufe seines Lebens produzierte. Sie waren für ihn physische Vehikel zur Verbreitung seiner Ideen. Zahlreiche Multiples wurden während der Laufzeit der Documenta 6 konzipiert, produziert und auch signiert. Diesen Editionen, ergänzt um weitere Arbeiten zum Thema „Die Bienen und ihre Produkte", ist ein eigenes Kapitel gewidmet.

Joseph Beuys und Caspar David Friedrich

In der umfassenden Literatur zu Joseph Beuys bislang unbeachtet ist eine kurze, sehr eindrucksvolle Begegnung, die von Raimer Jochims (geb. 1935), dem langjährigen Rektor der Städelschule Frankfurt berichtet wird. Er schreibt über ein Gespräch mit Beuys: „Bei einem langen Gespräch in seinem Atelier fragte er mich plötzlich: „Jochims, wie lehren Sie eigentlich?" Ich überlegte, wie ich mich kurz fassen könnte und antwortete: „Ich sage den Studenten, die zu mir in die Klasse kommen, sie sollten sich zwei Lehrer wählen. Der eine bin ich, für einige Zeit. Der andere soll ein alter Meister sein, mit dem sollten sie in einen Dialog treten, das kann ein Leben lang dauern über die Studienzeit bei mir hinaus. Sie sollten ihn in allen schwierigen künstlerischen Fragen um Rat bitten." Wir saßen an Beuys' Küchentisch. Als ich das gesagt hatte, ging der Kopf mit dem Filzhut herunter, und Beuys versank in Nachdenken. Plötzlich blickte er wieder auf und sagte: „Bei mir war es Caspar David Friedrich." Er hatte meine Empfehlung sofort auf sich selbst bezogen und sich an die Arbeit gemacht. Und er fand seinen zweiten Lehrer. Der erste war Ewald Mataré gewesen. Er erhob sich nicht über meinen pädagogischen Rat und beurteilte ihn, er nutzte ihn für sich. Und sein lebensbegleitender Lehrer war ein Maler, ein Meister der Farbe."[33]

Der Künstler des erweiterten Kunstbegriffs, der unermüdliche Streiter für die Entfaltung der kreativen Kräfte des Menschen war kein Realpolitiker des Alltags, er war ein visionärer Künstler, ein in die Zukunft schauender Romantiker. Der vielschichtige Begriff „Romantiker" wird hier in Bezug auf Caspar David

Friedrich (1774–1840) verstanden, auf den Beuys sich ausdrücklich als Lehrer bezieht. Von C. D. Friedrich stammt der berühmte Ausspruch: „Der Maler sollte nicht nur malen, was er vor sich sieht, sondern was er in sich sieht. Sieht er aber nichts in sich, so unterlasse er zu malen, was er vor sich sieht." Dies entspricht der Kritik von Beuys an einem „sturen Rationalismus", an der Kälte des Denkens. Beuys ging es immer um eine ganzheitliche Sicht, die das Emotionale, das ganz Persönliche mit umfasst.

Anmerkungen

1 Joseph Beuys: Parallelprozesse. Katalog zur Ausstellung in der Kunstsammlung Nordrhein Westfalen, Düsseldorf 2010, S. 248–251, hieraus leicht ergänzte/veränderte Beschreibung der Materialien zur „Honigpumpe am Arbeitsplatz"; so handelt es sich z. B. nicht um „Schiffsmotoren", sondern vermutlich um – mit Gleichstrom betriebene – Elektromotoren, welche die Kupferwalze rotieren ließen (persönliche Mitteilung von René Block, Mai 2023). Vgl. hierzu auch Tisdall, C. (Hrsg.): Joseph Beuys. Katalog zur Ausstellung im Guggenheim Museum, New York 1979, Thames and Hudson, S. 254–264; im Katalog der Documenta 6 (1977), Band 1, S. 156–157 finden sich keine Abbildungen und näheren Angaben zur Honigpumpe, da diese erst kurz vor Eröffnung der Ausstellung fertiggestellt wurde.

2 Beuys, J.: Eine radikale Veränderung. Erläuterungen zur Honigpumpe. In: Spuren in Kunst und Gesellschaft. Nr. 9, Dez. / Jan. 84/85, S. 35–40, Zitat S. 37

3 zitiert nach Beuys, J.: Joseph Beuys. Documenta Arbeit. Katalog des Museums Fridericianum, Kassel 1993, S. 157

4 Joseph Beuys, Parallelprozesse, 2010 (s. Anm. 1), S. 249 und S.250, dort Anm. 2

5 Tisdall, C.: Die hundert Tage der Freien Internationalen Universität. In: Beuys, J. 1993, S. 187–190, Zitat S. 187 (vgl. Anm. 3)

6 Joseph Beuys im Gespräch mit Bertram Müller, in: Rheinische Post, Nr. 168, 23. Juli 1983, zitiert nach Joseph Beuys, Parallelprozesse, 2010, S. 250 (s. Anm. 1)

7 Tisdall 1993, S. 190 (vgl. Anm. 3 und Anm. 5)

8 Wilmsen, A. (Hrsg.): Bienenfleiß. Joseph Beuys und die Honigpumpe aus dem Allgäu auf der Documenta 6 1977. Verlag Galerie Wilmsen, Rheineck 2021, S. 40

9 Wilmsen, A. 2021 (s. Anm. 8)

10 Wilmsen, A. S. 45 (s. Anm. 8)

11 Wilmsen, A, S. 10 (s. Anm. 8); Peter Schata war Geschäftsführer der Achberger Verlag GmbH und Mit-Herausgeber sowie Autor des Buches „Soziale Plastik – Materialien zu Joseph Beuys".Achberger Verlag GmbH, Achberg 1976. Er war während des Aufbaus und der Laufzeit der Documenta 6 in Kassel anwesend.

12 Wilmsen, A. S. 107 (s. Anm. 8)

13 Wilmsen, A., S. 73–86 (s. Anm. 8)

14 Staeck, K. (Hrsg).: Honey is flowing in all directions. Joseph Beuys. Verlag Steidl und Edition Staeck, Göttingen/Heidelberg 1997; Staeck, K. (Hrsg.): Honey is flowing in all directions. Joseph Beuys. Verlag Steidl, Göttingen 2022, sieben Seiten mit Abrechnungen, keine Seitenzahlen; zu den Kosten der FIU s. Beuys, J. im Gespräch mit G. Jappe: „Das System nährt den Terrorismus am Busen." Kunstforum International, Band 21, 3/77, S.208–209

15 s. hierzu z.B. Beuys, J: Joseph Beuys. Documenta Arbeit. Katalog Museum Fridericianum, Kassel 1993, S. 145–220

16 vgl. Schneede, U.M.: Joseph Beuys. Die Aktionen. Kommentiertes Werkverzeichnis mit fotografischen Dokumentationen. Verlag Hatje Cantz, Ostfildern-Ruit 1994, S. 105

17 Beuys, J.: Eine radikale Veränderung. Erläuterungen zur Honigpumpe. In: Spuren in Kunst und Gesellschaft. Nr. 9, Dez./Jan. 84/85, S. 35–40, Zitat S. 37

18 Beuys, J. 84/85, S. 39 (s. Anm. 17)

19 s. hierzu Hoffmans, Chr. (Hrsg.): Der Jahrhundertkünstler Joseph Beuys. Einführung in Leben und Werk. Kultur. West Verlag, Essen 2021. Hierin das Interview mit dem Taxifahrer Karl Heß, der Beuys oft in seinem Taxi gefahren hat, S. 138

20 Titel der Ausstellung „Notfalls leben wir auch ohne Herz. Joseph Beuys. Exemplarisches aus der Sammlung Speck". Kunsthalle Wien 13.3. – 11.5.1997; dieses Zitat taucht auch in anderen Zusammenhängen auf.

21 zitiert nach Kraft, H.: Joseph Beuys. Intuition 1968. Entstehungsgeschichte, Interpretationen und Variationen eines Multiples. Verlag Kettler, Dortmund 2021, S. 79

22 Jappe, G.: Beuys packen. Dokumente 1968 – 1996. Lindinger + Schmid, Regensburg 1996, S. 23

23 vgl. hierzu Kraft, H.: Über innere Grenzen. Initiation in Schamanismus, Kunst, Religion und Psychoanalyse. Diederichs, München 1995; Kraft, H.: PlusHeilung – Die Chancen der großen Krisen. Verlag Kreuz, Stuttgart 2008

24 Jappe, G. 1996, S. 97 (vgl. Anm. 22)

25 Jappe, G. 1996, S. 18; auch ein Künstler wie Gerhard Richter äußerte, dass er von Joseph Beuys als Person fasziniert gewesen sei, s. hierzu Obrist, H.U.: Interviews mit Gerhard Richter. Kampa Verlag, Zürich 2022, S.32 – 33

26 Jappe, G. 1977, S. 201

27 s. hierzu Theewen, G.: Joseph Beuys und der Humor, oder: Darf ein Künstler (über sich selbst) lachen? Kunstforum International, Band 120, 1992

28 Jappe, G. 1996, S. 38

29 s. hierzu z. B. Zumdick, W.: Die Grünen. In: Skrandies, T. und Paust, B. (Hrsg.): Joseph Beuys Handbuch. Leben – Werk – Wirkung. J.B. Metzler Verlag, Berlin 2021, S. 310 – 314; Riegel, H.P.: Beuys. Die Biographie. Aufbau-Verlag, Berlin 2013, S. 491 – 494; Ursprung, Ph.: Joseph Beuys. Kunst Kapital Revolution. Verlag C.H. Beck, München 2021, S. 151 – 161

30 In der letzten Galerie-Ausstellung von Joseph Beuys zu Lebzeiten zeigte er in der Galerie von Lucio Amelio nur ein Objekt: Eine gläserne Vitrine mit der sogenannten Capri-Batterie. In einer Fassung steckt eine gelbe Glühbirne, der Stecker der Fassung steckt in einer Zitrone. Noch kurz vor seinem Tod entschloss sich Beuys, von diesem Objekt ein Multiple in einer Auflage von 200 Exemplaren herstellen zu lassen (WVZ Schellmann Nr. 546)

31 Beuys verband ein altes Telefon mit Wählscheibe mit einem Klumpen Erde. Das Objekt befindet sich heute im sog. „Block Beuys" im Hessischen Landesmuseum in Darmstadt. Es gibt weitere Arbeiten / Varianten zu diesem Thema, auch wurde 1973 ein Druck als Multiple herausgegeben (WVZ Schellmann Nr. 79).

32 www.7000eichen.de; 1982/2002. 20 Jahre Joseph Beuys: 7000 Eichen – Stadtverwaldung statt Stadtverwaltung. Schriftenreihe des documenta Archivs, Band 10. Herausgegeben vom Magistrat der Stadt Kassel, Kassel 2003

33 Raimer Jochims in Wilmsen, A. 2021, S. 161 – 162 (vgl. Anm. 8)

Über Bienen, Teil 3:
Wie entsteht Honig?

Das Wissen um den Produktionsprozess des Honigs bestand im Altertum noch nicht. Selbst der große griechische Philosoph Aristoteles (384–322 v. Chr.) glaubte, der fertige Honig tropfe als göttliches Geschenk vom Himmel und würde, ebenso wie das Wachs, von den Bienen nur eingesammelt.[1] In dieser Sichtweise wird die Biene zu einer Mittlerin zwischen den Menschen und den Gaben der Götter. Hierauf sind Erzählungen zurückzuführen, in denen davon berichtet wird, dass Bienen Honig auf die Lippen von Dichtern träufeln (oder dort sogar Waben bauen) – und ihnen so zu honigsüßer, göttlich inspirierter Rede verhelfen.[2]

Tatsächlich aber sind Bienen keine Honigsammler, sondern ernähren sich von Nektar, Pollen und Honigtau sowie im Winter vom selbst produzierten Honig und von „Bienenbrot", den mit Honig und Speichel vermischten Pollen. Im Unterschied zu Menschen und den meisten anderen Tierarten müssen Bienen keine Pflanzen oder Tiere zerstören, um sich zu ernähren. Ganz im Gegenteil tragen sie beim Sammeln des Nektars die männlichen Samen der Pflanzen, die Pollen, von Blüte zu Blüte, bestäuben diese und leisten so den entscheidenden Beitrag zur Vermehrung der Pflanzen und damit zur Ernährung von Tieren und Menschen.

Das süße Pflanzensekret Nektar, das die Arbeitsbienen mit einem ca. 6 mm langen Rüssel aus den Blüten saugen, wird in einem speziellen „Honigmagen" gesammelt, der sich im Hinterleib der Biene befindet. Neben Nektar gelangt in kleineren Mengen auch „Honigtau" in diesen Magen. Es handelt sich um die von Blattläusen abgesonderte zuckerhaltige Substanz, welche die Bienen von Blättern und Nadeln absammeln.

Der Honigmagen ist durch einen Verschluss, den die Biene willentlich öffnen und schließen kann, vom übrigen Darm getrennt. Für die eigene Ernährung während der anstrengenden Sammeltätigkeit lässt die Biene etwas von dem gesammelten Nektar aus dem Honigmagen in ihren privaten Magen-Darm-Bereich fließen.

Kehrt die Biene zum Stock zurück, leert sie ihren Honigmagen und die wertvolle Fracht wird von Lagerarbeiterinnen am Einflugloch übernommen. Nektar

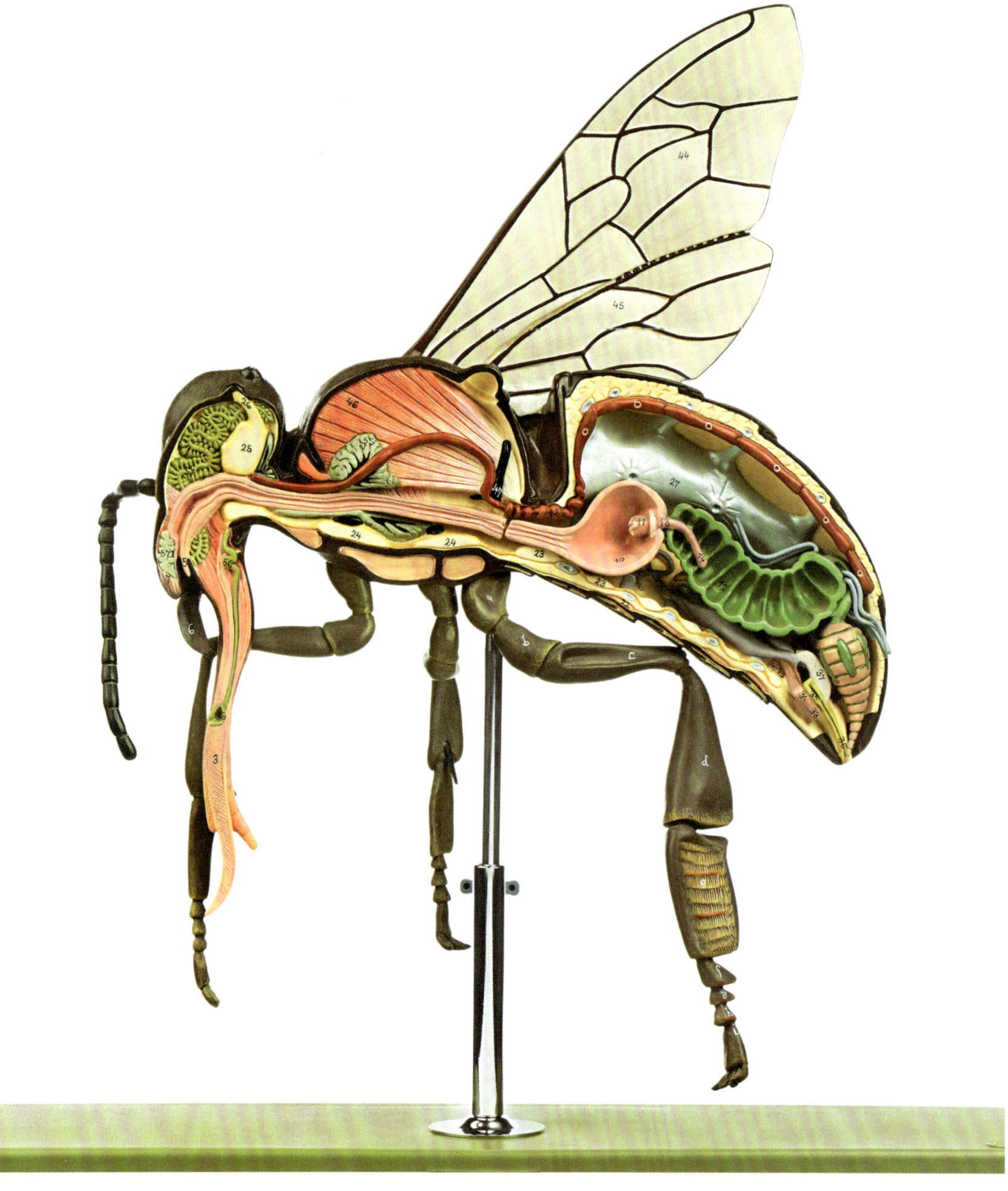
44
45
46
25
27
24
24
23
10
3
6
b
c
d

und Honigtau müssen noch mehrfach hervorgewürgt und an andere Bienen übergeben werden, wo sie durch die Enzyme des Honigmagens in Frucht- und Traubenzucker aufgespalten werden. Allmählich erreicht der Saft die entsprechende Dickflüssigkeit, um in Waben gefüllt zu werden. Hier wird durch Wärme weitere Flüssigkeit entzogen. Ist die richtige Konsistenz erreicht, wird die Wabe mit einem Wachsdeckel verschlossen. Der Honig liegt nun als Vorrat für den Winter sicher verwahrt bereit – oder wird vom Imker entnommen.

Es gibt zwei typische Zeiten, zu denen der Imker Honig ernten kann. Zum Ende des Winters kann der Honig entnommen werden, den die Bienen zum Überleben nicht gebraucht haben. Der andere Erntezeitpunkt für den Honig wird durch das Ende der Brutzeit für die Bienenlarven bestimmt. Sie sind gegen Ende Juli geschlüpft, und die Waben mit dem Wintervorrat an Honig können entnommen werden. Dabei sollte vom Imker nur so viel Honig von einem Bienenvolk entnommen werden, dass die Bienen genügend Vorrat für den Winter haben. Wird mehr Honig entnommen, kann Zuckerwasser

(li.)
Modell der Arbeitsbiene
Apis mellifera.
Somso Bienenmodell

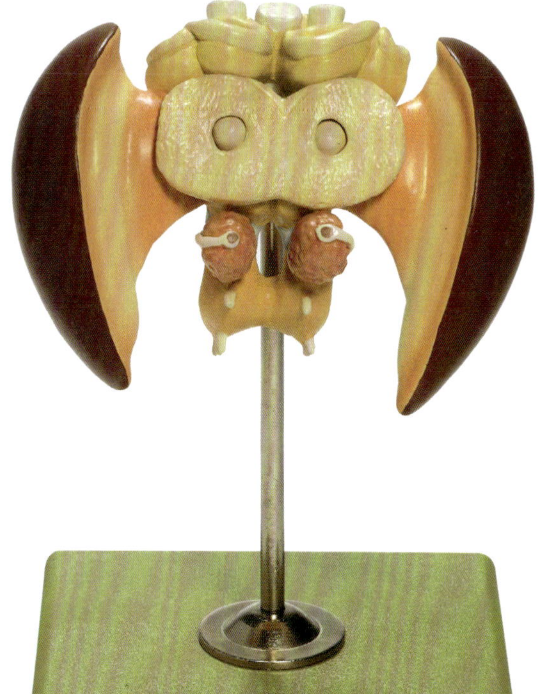

Modell des Gehirns
der Arbeitsbiene.
Somso Bienenmodelll

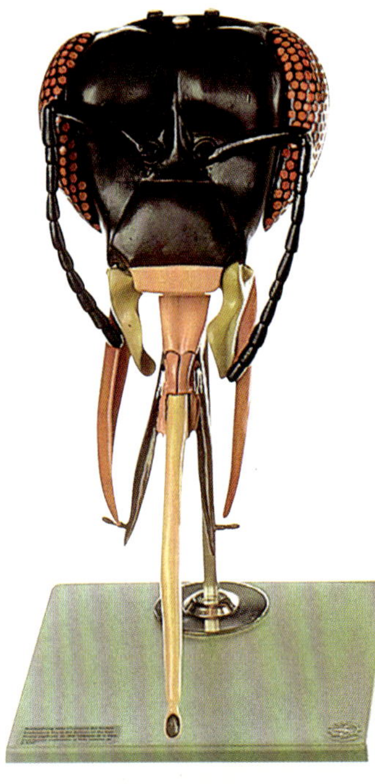

Modell des Kopfes der Arbeitsbiene. Somso Bienenmodell

oder Sirup im Winter an die Bienen verfüttert werden. Ob dies ein adäquater Ersatz für den selbst produzierten Honig darstellt, ist umstritten.
Die bei Entnahme der Waben noch anhaftenden Bienen werden entfernt, die Wachsdeckel der Waben abgestreift und die Waben in eine Schleuder gegeben. Der frisch geschleuderte Honig enthält noch viele Bestandteile wie Pollen oder Reste von Propolis. Er wird als „Honigseim" bezeichnet. Vor dem Verkauf wird dieser dickflüssige, „ungeläuterte" Honigseim filtriert.

Pro Bienenvolk können 20 bis 30 kg Honig geerntet werden. Die geleerten Waben können in den Bienenstock zurückgegeben werden.

Anmerkungen

1 Eine ausführliche Beschreibung der Produktion von Honig findet sich in Heindrichs, H. und Hohorst, B.: Botinnen der Götter. Natur- und Kulturgeschichte der Honigbiene. Rheinland Verlag, Köln 1988, S. 83–85. Die hier vorliegenden Angaben sind weitgehend dieser Publikation entnommen.

2 vgl. hierzu auch Berrens, D.: Soziale Insekten in der Antike. Vandenhoeck & Ruprecht, Göttingen 2018, S. 351–354, S. 397; Schrott, G.: Mönche, Bienen, Bücher. Eos Verlag, St. Ottilien 2011, S.31–32

Joseph Beuys: Bienen und ihre Produkte in den Druckgraphiken und Multiples

Nur wenige Künstler haben eine derartig große Anzahl von Druckgraphiken und vor allem auch Multiples (dreidimensionale Auflagenobjekte) hinterlassen wie Joseph Beuys. Sein Anliegen hat der Künstler klar benannt: „Ich bin interessiert an der Verbreitung von physischen Vehikeln in Form von Editionen, weil ich an der Verbreitung von Ideen interessiert bin. Die Objekte sind nur verständlich im Zusammenhang mit meinen Ideen. Was in meiner politischen Arbeit geschieht, hat dadurch, dass ein solches Produkt vorliegt, bei den Menschen eine andere Wirkung, als wenn es nur mittels geschriebener Worte ankäme. (...) Sehen Sie, all die Leute, die so ein Objekt haben, werden sich weiterhin dafür interessieren, was an dem Ausgangspunkt, von dem die Vehikel ausgelaufen sind, sich weiter entwickelt, sie werden immer wieder beobachten, was macht derjenige jetzt, der die Dinge produziert hat. Ich bleibe auch dadurch mit Menschen in Verbindung."[1]

Unter den insgesamt 557 Multiples und Druckgraphiken, die im „Werkverzeichnis der Auflagenobjekte und Druckgraphik" von Jörg Schellmann[2] (WVZ Schellmann) aufgelistet sind, befinden sich zahlreiche Arbeiten, die sich direkt auf die Installation „Honigpumpe am Arbeitsplatz" auf der Documenta 6 (1977) in Kassel beziehen oder im Umfeld dieser Arbeit entstanden sind. Die Auflistung dieser Druckgraphiken und Multiples wird im Folgenden ergänzt um einige weitere Arbeiten zum Gesamtkomplex „Bienen und ihre Produkte". So kann auch mit Blick auf die für Joseph Beuys so wichtigen Editionen sichtbar werden, welche große Bedeutung Bienen, Honig und Wachs als Motive und Werkstoffe für den Künstler hatten.

Zur besseren Übersicht werden die Multiples und Druckgraphiken im Folgenden in fünf thematische Gruppen eingeteilt:

- Gruppe 1: Multiples, die sich unmittelbar auf die Installation „Honigpumpe am Arbeitsplatz" beziehen
- Gruppe 2: Multiples, die sich auf die Arbeit der FIU (Free International University) als Bestandteil der „Honigpumpe am Arbeitsplatz" beziehen
- Gruppe 3: Multiples zum Thema Honig vor und nach der Documenta 6 (1977)
- Gruppe 4: Bienenwachs als Material der Multiples
- Gruppe 5: Darstellungen von Bienen

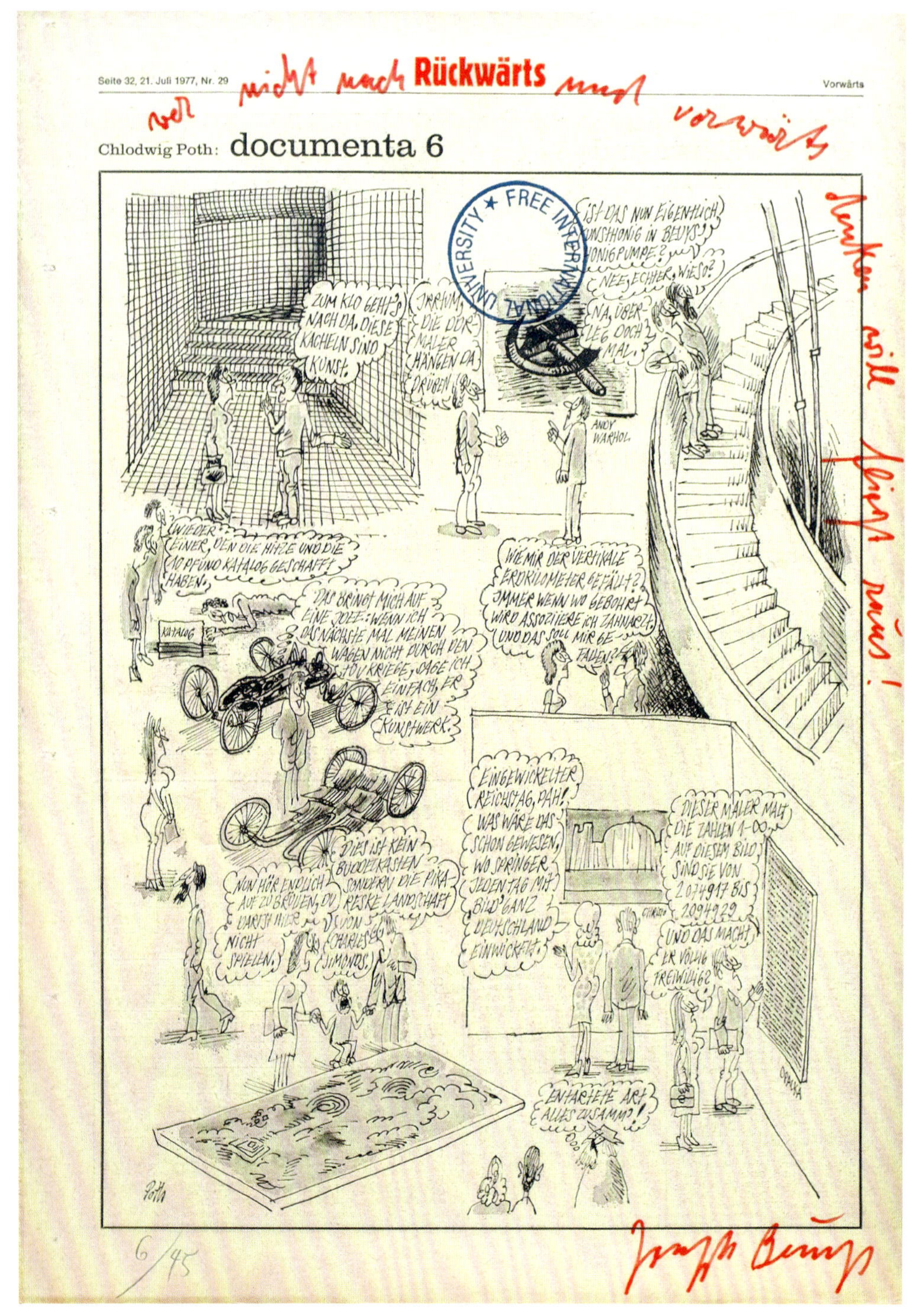

Joseph Beuys: Rückwärts (1977). Handschriftlich überarbeitete letzte Seite der Zeitung „Vorwärts" vom 21. Juli 1977, signiert und nummeriert, 40,5 x 28,7 cm

Gruppe 1: Multiples, die sich unmittelbar auf die Installation „Honigpumpe am Arbeitsplatz“ beziehen (WVZ Schellmann P34 – P 43, Nr. 208, 215, 216, 232, 290, 292, 317, 544)

Im Documenta-Katalog nennt Beuys für seine Installation den Zeitraum „1974–1977" und verweist mit dieser Zeitangabe auf Zusammenhänge, die sich nicht auf den ersten Blick erschließen (vgl. hierzu das Kapitel zur „Honigpumpe am Arbeitsplatz"). Der Blick muss sich also auf Arbeiten richten, die bereits ab 1974 entstanden sind, auch wenn die meisten Multiples erst 1977, zum Teil auch erst nach Ablauf der Documenta 6 entstanden sind.

Die Installation ist durch eine Serie von zehn Postkarten (P34–P43) dokumentiert. Die Fotos zeigen die Honigpumpe selbst, die Fettwalze und eine Diskussionsrunde der FIU. Von den noch zusammenhängenden Postkarten sowie von einem Fehldruck wurde eine Edition herausgegeben (Nr. 232).

Im „Vorwärts", der Zeitung der Deutschen Sozialdemokratie, erschien am 21. Juli 1977 auf der letzten Zeitungsseite („Rückwärts" betitelt) eine Karikatur von Chlodwig Poth (1930–2004) zu verschiedenen Arbeiten auf der Documenta. Die Zeichnung vermittelt vor allem Unverständnis für die gezeigte Kunst. Auch ein Teil der „Honigpumpe am Arbeitsplatz" ist zu erkennen. Der Dialog dazu lautet: „Ist das nun eigentlich Kunsthonig in Beuys' Honigpumpe?" – „Nee, echter. Wieso?" – „Na, überleg doch mal." Verglichen mit anderen Kommentaren auf dieser Karikatur ist das relativ harmlos formuliert. An anderer Stelle heißt es: „Zum Klo geht's nach da. Diese Kacheln sind Kunst." Die Kommentare gipfeln in der Denkblase einer Figur am unteren Bildrand: „Entartete Art alles zusamm'!"
Offensichtlich hat diese Karikatur Beuys so sehr missfallen, dass er als Antwort gleich zwei Editionen gestaltete. Er verarbeitete das Packpapier, in welchem die Zeitung versendet wurde, zu einem Multiple mit dem Titel „Vorwärts" (Nr. 215). Den Cartoon selber ergänzte er mit dem handschriftlichen Satz „Wer nicht nach Rückwärts und vorwärts denken will fliegt raus!". Diese kritische Reflexion des Cartoons, versehen mit einem Stempel der „Free International University", erschien als eigene kleine Edition mit dem Titel „Rückwärts" (Nr. 216).

Ein Jahr nach der Documenta 6 edierte der Berliner Galerist und Verleger René Block das Multiple „aus dem Maschinenraum" (Nr. 292). Es besteht aus einem

Weckglas mit Resten der Margarine der Fettwalze und einer Konservendose mit Honig aus dem Pumpsystem der Honigpumpe. Wie die Installation selbst, die auf Anweisung von Beuys nicht mehr in Funktion, sondern nur in demontierter Form gezeigt werden darf, geht es auch hier um Erinnerungsstücke und Diskussionsanreger.

Während der Laufzeit der Documenta 6 begann Beuys mit seiner Serie der sogenannten „Wirtschaftswerte". Zumeist handelt es sich um Produkte aus der seinerzeit noch existierenden DDR, die von dem in Bitterfeld/DDR lebenden Rolf Staeck, dem Bruder des Galeristen und Verlegers Klaus Staeck, zu Beuys geschickt wurden. Beuys signierte, stempelte die Lebensmittel (z. B. Erbsen, Honig) und andere Objekte (z. B. Schultafel, Wundpflaster) und versah sie mit dem handschriftlichen Zusatz „1 Wirtschaftswert". Der erste dieser Wirtschaftswerte, auf die im nächsten Kapitel noch eingegangen wird, war „Wirtschaftswert APOLLO" (Nr. 208). Ob Margarine dieses Anbieters für die Fettwalze verwendet wurde, ist fraglich. Dem Margarinebecher war die Postkarte „wer nicht denken will fliegt raus" beigegeben.

Zusätzlich zu den genannten Arbeiten erschienen ab 1978 Fotoeditionen verschiedener Fotografen:

- Werner Krüger 1978 (Nr. 290)
- Wolfgang Püschel 1979 (Nr. 317)
- Jochen Hiltmann 1985 (Nr. 544)

Die Editionen Nr. 290 und 317 enthalten zum Teil Fotos der Honigpumpe, die Edition Nr. 544 ist ein umfangreicher Rückblick und eine Reflexion von Beuys selbst zur „Honigpumpe am Arbeitsplatz". Diese Edition enthält neben den Fotos eine Tonbandkassette und eine Graphik, mit deren Hilfe Beuys das Prinzip der Honigpumpe erläutert.

Gruppe 2: Multiples, die sich auf die Arbeit der FIU (Free International University) als Bestandteil der „Honigpumpe am Arbeitsplatz" beziehen (WVZ Schellmann P44, Nr. 193, 206, 208, 212, 213, 214, 216, 284, 408)

Beuys bezeichnete die Diskussionen der FIU, die während der 100 Tage der Documenta 6 in Kassel im Raum neben der Honigpumpe stattfanden, als Bestandteil seiner Installation.

Die Diskussionen der FIU haben Spuren hinterlassen, die sich in mehreren

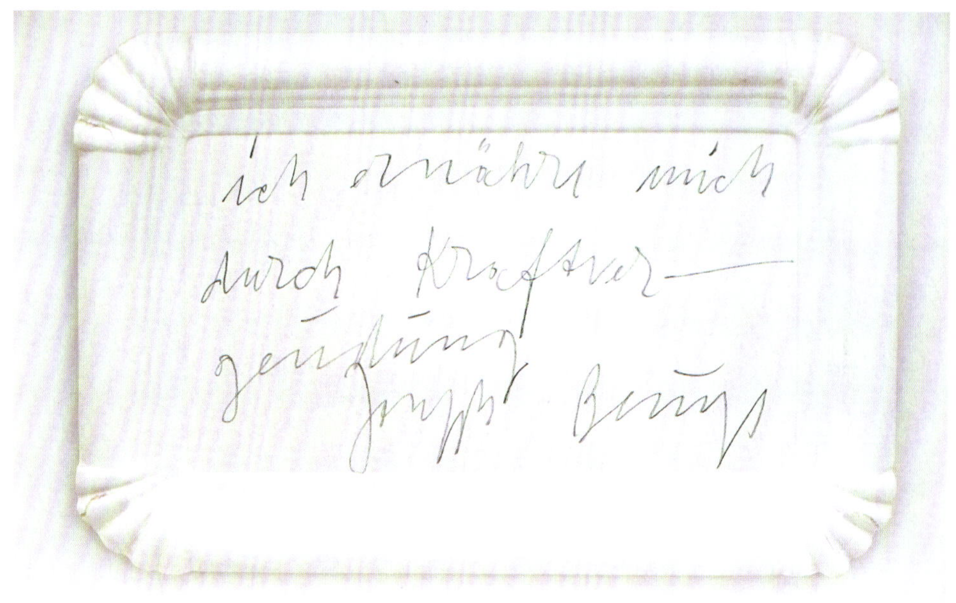

Joseph Beuys: Ich ernähre mich durch Kraftvergeudung (1978). Pappteller, von Beuys beschriftet und signiert, 12 x 18 cm

Multiples nachweisen lassen. So mussten z. B. für die Teilnehmer der Diskussionen Unterkünfte und Verpflegung bezahlt werden. Einen Teil dieser Kosten übernahm Beuys selber, z. B. durch den Verkauf seiner Editionen, deren Bezug auf die Documenta 6 allerdings nicht immer auf den ersten Blick erkennbar ist. Entsprechende Hinweise, die oft nur in kurzen Bemerkungen einzelner Publikationen niedergelegt sind, sollen hier nun vorgestellt werden.

„Food for Thought" (Nr. 206) ist in diesem Zusammenhang die bekannteste Edition. Ihr Verkaufserlös finanzierte einen Teil die Verpflegung der Mitarbeiter. Die Gesamtauflage dieses nicht nummerierten Multiples betrug einige hundert Exemplare, wobei einige dieser Blätter von Beuys signiert, gestempelt und mit einem Fettfleck versehen wurden.
Der Text auf diesem langen und schmalen Blatt (88 x 16,5 cm) gliedert sich in drei Bereiche. Der erste Teil enthält eine Auflistung von Speisen, wobei sich Vorspeisen (z. B. „Cream of Chicken soup"), Hauptgerichte (z.B: „Beefburger"), Nachspeisen (z. B. „Strawberry Dairy Desert"), Getränke (z. B. „Orange Juice") und Digestiv („Destilled Malt Vinegar") ohne erkennbare Ordnung abwechseln.

Der mittlere Teil des langen Textes könnte auf dem Mittschnitt eines Telefongesprächs basieren, worin Beuys sich über die vorangegangene Auflistung der Fastfood-Gerichte zu beklagen scheint und eigene Gerichte vorschlägt: „I must cook you my tripe: dann wirst Du verrückt." Mit „tripe" sind Kaldaunen oder Kutteln und Eingeweide gemeint, die zwar nicht jedem munden – aber nicht untypisch sein dürften für die Beuys'sche Küche. Der letzte Satz des mittleren Textteils ist wiederum auf Deutsch formuliert: „Ich bin so ausgelaugt. Ich falle flau." Dieser Hinweis auf die starke Belastung durch die Diskussionen der FIU während der 100tägigen Documenta 6 findet sich auch auf anderen noch zu besprechenden Multiples (s. u. Nr. 193 und Nr. 284).
Ein altes irisches Gedicht mit dem Titel „The Vision of Mac Conglinne", in welchem Nahrungsmittel eine metaphorische Rolle spielen („Honeyed Butterroll"), beschließt den Text.

Die drei sehr unterschiedlichen Textteile sind durch das Thema „Nahrung" und „Denken" miteinander verbunden und werden als „Montage-Gedicht" oder auch „Partitur" bezeichnet. Für Beuys dienten Nahrungsmittel immer auch als Hinweis auf die für uns notwendige geistige Nahrung – ganz analog zu der biblischen Aussage, dass der Mensch nicht vom Brot allein lebe. Dieser Gedanke findet sich schon in frühen Multiples wie „Zwei Fräulein mit leuchtendem Brot" (Nr. 2), der 1970 herausgegebenen Edition „Freitagsobjekt „1a gebratene Fischgräte" (Nr. 29) oder auch in der 1973 herausgegebenen „Fettzeitung" (Nr. 67). Bei der mit Margarine (?) gefüllten „Fettzeitung" war ein Heft der Zeitschrift „Essen und Trinken" von einem halbdurchsichtigen Umschlag eingefasst, auf dem der lesbare Zeitschriftentitel durch „GEISTIG VERHUNGERN" ergänzt war.

Wie nicht anders zu erwarten, waren die Diskussionen in den 100 Tagen oft strapaziös, eine erhebliche geistig-seelische wie auch körperliche Anstrengung für Beuys selber (s. o.: „Ich bin so ausgelaugt. Ich falle flau."). Selbst er als langmütiger und nimmermüder Diskutant, für den Diskutieren eine Arbeit an der „Sozialen Plastik" (des gestalteten sozialen Miteinanders) darstellte, sagte einmal resigniert: „Soziale Plastik – da kann ich nur lachen! Wer nicht denken will fliegt raus!"[3] Der gerade anwesende Klaus Staeck reichte dem Künstler eine gelbe Karteikarte, auf die Beuys aber nur den zweiten Satz „Wer nicht denken will fliegt raus" schrieb. Als diese Karteikarte noch im selben Jahr als Postkarte erschien (P44 und Nr. 193), setzte Beuys in gedruckter Schrift ganz klein hinzu „sich selbst". Aus einem angedrohten Rauswurf für Verweigerer eines eigenständigen Denkens wurde durch den Zusatz eine Warnung: Wer nicht denken will, fliegt – aus sich selbst – raus, verliert sein kreatives Potenzial. Der Betreffende verwirklicht weder seine persönlichen Möglichkeiten noch nimmt er Teil an der Gestaltung der Gemeinschaft, der „Sozialen Plastik". Der „Nicht-Denkende" widerspricht damit auch dem berühmten Beuys-Ausspruch „Jeder Mensch ist ein Künstler".

Dieser Satz, der zuerst als Postkarte erschien, war Beuys so wichtig, dass die entsprechende Postkarte als Beilage zur Edition „Wirtschaftswert APOLLO" (Nr. 208) erschien und zusätzlich auch Teil des Multiples „Rückwärts" (Nr. 216) wurde. Das gedruckte Wort „Rückwärts" ergänzte Beuys handschriftlich zu: „Wer nicht nach Rückwärts und vorwärts denken will, fliegt raus." Den einen Rausschmiss relativierenden bzw. auch präzisierenden Zusatz „sich selbst" hat Beuys bei diesem Multiple aber nicht verwendet – das in der Karikatur von Chlodwig Poth aufscheinende Unverständnis für künstlerische Fragen scheint ihn wirklich genervt zu haben.

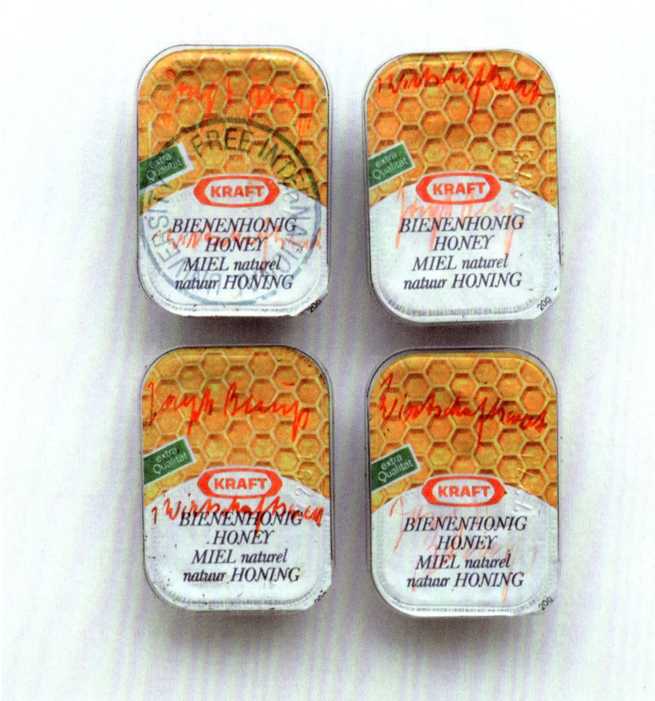

Joseph Beuys: Wirtschaftswert KRAFT-Bienenhonig (1976/1984). Vier Portionspackungen Bienenhonig der Marke KRAFT, signiert, beschriftet, gestempelt, 32,8 x 32,8 cm

Darüber hinaus gibt es Viererblocks von Fehldrucken dieser Postkarte, die von Beuys signiert wurden (Unikate) sowie eine Edition (Nr. 214), bei der er die einzelnen Exemplare handschriftlich mit Zusätzen wie „Kunsthonig" versah.

Die Anstrengungen durch die täglichen Diskussionen fanden ihren Niederschlag aber nicht nur in dem Satz „Wer nicht denken will fliegt raus". Während der kräftezehrenden Zeit beschriftete Beuys einen Pappteller für Würstchen mit dem Satz „Ich ernähre mich durch Kraftvergeudung. Joseph Beuys". Erhard Klein, Bonner Galerist und Verleger mehrerer Beuys-Multiples, erwarb diesen Pappteller und schlug Beuys vor, daraus eine Edition zu gestalten. Klein wollte den Schriftzug des Künstlers auf Pappteller drucken lassen[4], Beuys aber wollte jeden Teller per Hand beschriften, weil ihm dieser Satz, so darf man vermuten, persönlich wichtig war. So entstand 1978 die gleichnamige Edition von 120 signierten und nummerierten Exemplaren (Nr. 284). Eine italienische Version „mi nutro sciupando energia" (Nr. 408) entstand 1982 für den Galeristen Lucio Amelio in Neapel.
Das Thema der großen Belastung, wohl auch eine stets drohende Selbstüberlastung, fand seinen Ausdruck bereits zu Beginn der 1970er Jahre, als Beuys einen Stempel „Ich kenne kein Weekend" für die gleichnamige Edition (Nr. 51) anfertigen ließ.

Während der Laufzeit der Documenta 6 begann Beuys 1977 mit der Produktion seiner „Wirtschaftswerte", worauf beim „Wirtschaftswert APOLLO" bereits hingewiesen wurde. Der Bezug zur FIU ergibt sich aus einigen der Diskussionsthemen, die um eine neue, andere Organisation der Weltwirtschaft kreisten. Kurz zusammengefasst ging es Beuys darum, die herkömmliche Vorstellung von Geld zu kritisieren: „Die Macht des Geldes muss gebrochen werden!", rief Beuys auf einem Podium zum Thema „Was ist Geld", das 1984 in Ulm stattfand. „Das heißt aber noch nicht, dass Geld abgeschafft werden muss, sondern die Bedeutung des Geldes als Wirtschaftswert. Denn das ist die exakte Bedeutung und Antwort auf die Frage: Was ist Geld heute? Heute ist Geld ein Wirtschaftswert, es ist eine Ware, die handelbar ist. Man kann damit spekulieren, man kann damit Parteien kaufen, man kann damit alles Mögliche machen. (…) Waren sind ja vernünftige Wirtschaftswerte unter Umständen, wenn sie qualitätsvoll sind. Aber Geld ist im Wirtschaftsbereich ein Wesen, das nicht Ware sein darf! (…) .., denn Geld ist seinem Wesen nach ein Rechtsdokument."[5] Die Serie der „Wirtschaftswerte" transportiert also die Kritik von Beuys am Geld als Wirtschaftswert. Zugleich verweist er durch die von

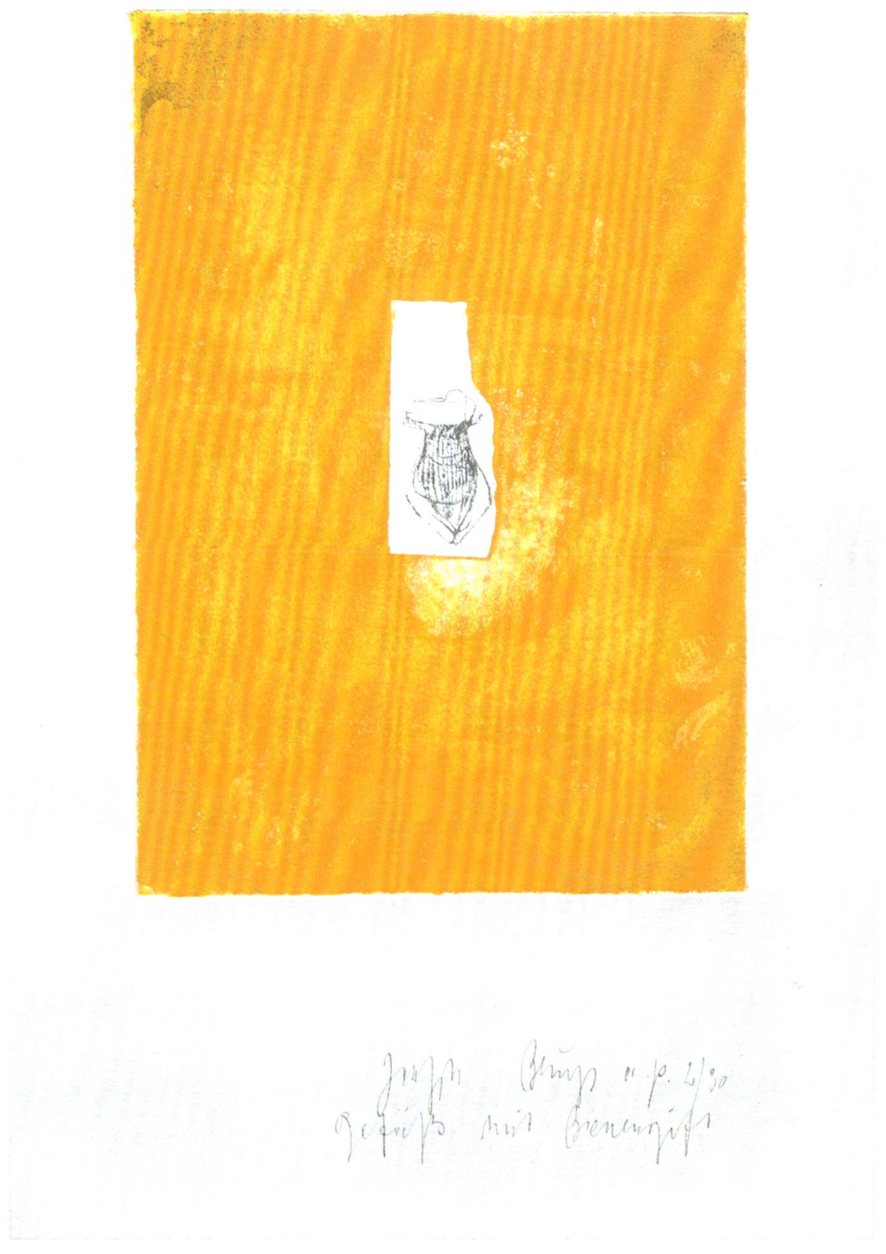

Joseph Beuys: Gefäß mit Bienengift (1982). Farbradierung, 29,1 x 20,8 cm auf 56,5 x 45 cm, signiert, betitelt und nummeriert a.p. 2/30 (nur wenige Drucke wurden so betitelt)

ihm verwendeten Waren auf den „wahren Wert", nämlich auf die Arbeit der Menschen und die von ihnen hergestellten konkreten Produkte.
Die große Zahl der mit relativ geringem Aufwand herzustellenden „Wirtschaftswerte" waren für Beuys Vehikel für die Verbreitung seiner gesellschaftspolitischen Ideen – und natürlich eine gute Quelle zur Erlangung des „Rechtsdokuments Geld", um die enormen Ausgaben für die „Honigpumpe am Arbeitsplatz" und später auch für die „Aktion 7000 Eichen" auf der Documenta 7 in Kassel 1982 zu finanzieren.

Aus der Tatsache, dass Beuys für seine Serie der „Wirtschaftswerte" fast ausschließlich Produkte aus der DDR verwendete, könnte noch ein zusätzliches Thema eine Rolle spielen: Diese Produkte waren „Grenzgänger", hatten sowohl die innerdeutsche Grenze überwunden als auch ihre übliche Funktion hinter sich gelassen, durch die recht sparsame Bearbeitung wurden Alltagsgegenstände zu Kunstwerken. Derartige Entwicklungen/Wandlungen sichtbar zu machen, war ein zentrales Anliegen des Künstlers.
Zu den wenigen Ausnahmen, bei denen Beuys keine Produkte aus der DDR verwendete, gehört der hier gezeigte „Wirtschaftswert KRAFT Bienenhonig" (1976/1984).

Auf die Diskussionsthemen und die Termine der FIU wurden die Besucher der Documenta mit Hilfe von Plakaten und Handzetteln hingewiesen. Zahlreiche dieser Plakate wurden von Beuys signiert. Zwei der Hinweiszettel „APOLLO mit Beuys" (Nr. 212) und „Denkend sehen (APOLLO) (Nr. 213) wurden zu kleinen Editionen.

Gruppe 3: Multiples zum Thema Honig vor und nach der Documenta 6 (1977) (WVZ Schellmann P9, Nr. 103, 105, 303, 306, 422)

Im Katalog zur Documenta 6 (1977) gibt Beuys als Jahreszahl für die „Honigpumpe am Arbeitsplatz" 1974 bis 1977 an. Tatsächlich beschäftigte sich Beuys bereits seit Jahren mit der Idee der Honigpumpe, worauf in dem entsprechenden Kapitel bereits ausführlich eingegangen wurde. So ist es nicht verwunderlich, dass schon 1974 eine Postkarte „Honey is flowing in all directions" (Nr. 103, 105) als Siebdruck auf PVC-Folie erschien. Farbe und Transparenz der Folie erinnern an Honig. Da dem spröden, harten PVC ein chemischer Weichmacher beigemischt wurde, kam es im Laufe von Jahren zu unschönen

Ausschwitzungen. Sie erinnern zwar – unbeabsichtigt – an Honig, gelten aber als gesundheitsschädlich und sind unangenehm schmierig-klebrig. Ein größerer Teil dieser Karten dürfte deshalb entsorgt worden sein.
Der Text der Karte diente später als Buchtitel[6], der die von Beuys gewünschte Ausbreitung seiner Ideen in einem Satz auf den Punkt brachte.
Zwei Jahre nach der Documenta 6 brachte Beuys einen Blecheimer für Honig heraus, den er mit dem handschriftlichen Zusatz versah „gib mir Honig" (Nr. 303). Im Rahmen des Beuys'schen Denkens lässt sich das Multiple leicht einordnen als Aufforderung, die kreativen, nährenden Gedanken zu teilen, auszutauschen. Eine entsprechende Postkarte mit diesem Satz (P9) ist erstaunlicher Weise sehr früh, nämlich schon 1973 erschienen.

Im gleichen Jahr wie der Honigeimer wurde ein „Wirtschaftswert Schleuderhonig" (Nr. 306) als Edition herausgegeben, wie üblich gestempelt (hier: Blaues Kreuz), signiert und mit der Aufschrift „1 Wirtschaftswert".
Mit größerem zeitlichen Abstand erschien 1982 die Grafikmappe „Suite Zirkulationszeit", in der sich die Radierung „Honiggefäß" (Nr. 422) befindet. Diese Graphik basiert auf einer Zeichnung des Künstlers aus dem Jahre 1949. Einzelne Drucke sind als „Gefäß mit Bienengift" bezeichnet. Es ist zu vermuten, dass Beuys hierbei auf Honig wie auch auf Bienengift als Grundlage für Heilmittel hinweist.

Gruppe 4: Bienenwachsobjekte (WVZ Schellmann Nr. 323, 556)

Wachs wie auch Bienenwachs wurde von Beuys für Objekte gern verwendet, da diese Substanzen sowohl in flüssiger als auch in fester Form auftreten können, also Hinweise auf eine Transformation, einen Wandlungsprozess geben können. Eines der beiden Fotos, die Beuys für seinen Beitrag zur „Rheinischen Bienenzeitung 12/1975" ausgewählt hat, zeigt die Verwendung von Wachs bei einer Skulptur aus dem „Block Beuys". Diese Arbeit wurde im entsprechenden Kapitel über die „Rheinische Bienenzeitung" bereits ausführlich besprochen.
In seinen Multiples hat der Künstler Bienenwachs allerdings nur zweimal verwendet. Das Objekt „Aufruf zur Alternative" (Nr. 323) aus dem Jahr 1980 besteht aus einer Zeitungsseite der Frankfurter Rundschau und zwei darauf liegenden plastischen Objekten. Die Zeitungsseite vom 23. Dezember 1978 enthält einen ausführlichen Text von Beuys, eben den „Aufruf zur Alternative". Darauf liegen ein ast-ähnliches kleines Bronzeobjekt und ein Ast. Der

Ast ist in der Mitte angebrochen, ein kleiner Keil aus Bienenwachs hält ihn in gebogener Form, also in seiner Richtungsänderung. Kürzer und präziser lässt sich der Text, der „Aufruf zur Alternative", dieser Aufruf zu einer Änderung des Denkens und der gesellschaftlichen Strukturen kaum skulptural verdeutlichen. Die kleine Bronze fungiert als starres, unflexibles Gegenteil.

Über einen längeren Zeitraum (1978–1986) beschäftigte sich Beuys mit einer Edition für ein Buchprojekt „Joseph Beuys und die Medizin" von Axel Hinrich Murken[7]. Das Objekt „Cuprum 0,3 % unguentum metallicum praeparatum" (Nr. 556 – die vorletzte Nummer im Werkverzeichnis der Multiples) besteht aus Bienenwachs mit fein verteiltem Kupfer. Das Objekt wurde nicht rechtzeitig zum Erscheinen des Buches 1979 fertig, die Güsse aus Bienenwachs erfolgten zum Teil erst nach dem Tod des Künstlers 1986. Interpretationen zu diesem Objekt sind mir nicht bekannt – es erscheint geheimnisvoll.

Gruppe 5: Darstellungen von Bienen (WVZ Schellmann Nr. 115, 116, 117, 285, 287, 363)

Das Motiv der Biene taucht im Frühwerk von Joseph Beuys in den 1950er und frühen 1960er Jahren auf. In dieser Zeit finden sich zahlreiche Zeichnungen und Wasserfarbenblätter mit Themen wie „Kontrollzeichnung für Bienenkönigin" (1952), „aus dem Leben der Bienen" (1954), oder „Bienenmonument" (1955). Im Jahre 2022 hat das Museum Schloss Moyland aus seinem Bestand zu diesem Thema die Ausstellung „Beuys' Bienen" gezeigt. Im Katalog zur Ausstellung heißt es: „In seiner „Tierwelt" haben Bienen wohl das größte Bedeutungsspektrum inne: Beuys sah sie als Gestalterinnen, ja als „Plastikerinnen" an, die Wärme erzeugen und regulieren können. Sie produzieren den fließenden, amorphen Honig sowie Wachs, das sie zu sechseckigen, kristallinen Waben formen. (...) Beuys konnte also anhand der Bienen, ihrer Erzeugnisse und der Vorgänge im Bienenstock die für seine Plastische Theorie grundlegenden Gegensatzpaare beobachten: warm/kalt, amorph/kristallin, flüssig/fest."[8] Bei seiner ersten Teilnahme an einer Documenta in Kassel im Jahre 1964 widmete sich Beuys dem Thema „Bienen". Er stellte drei Plastiken mit den Titeln „Bienenkönigin I–III" aus, die er 1952 vollendet hatte.[9]

In den folgenden Jahren richtete sich das Interesse von Beuys nicht auf die Darstellung von Bienen, sondern auf die Biene als ein Tier, das eine komplexe Form der Zusammenarbeit und des wärmenden Zusammenlebens entwickelt hat. Honig als arbeitsteilig und gemeinschaftlich produziertes Nahrungsmittel und Wachs als ebenso amorphes wie zu Waben kristallin gestaltetes Material rückten in den Mittelpunkt seines Interesses.

In den Multiples bzw. Druckgraphiken findet sich das Thema Bienen – kaum verwunderlich – ab dem Jahr 1974, das Beuys als erstes Jahr für die Arbeit an seiner Installation „Honigpumpe am Arbeitsplatz" (1974–1977) angibt. Er greift auf seine frühen Papierarbeiten zurück. In der Graphik-Mappe „Spur I" befinden sich neun Arbeiten, drei der Blätter beziehen sich auf Bienen: „Bienenkönigin" (Nr. 115), „Biene" (Nr. 116) und „Aus dem Leben der Bienen" (Nr. 117). Die Druckgraphiken basieren auf frühen Zeichnungen aus den 1950/1960er Jahren, die für die Drucke zum Teil überarbeitet wurden.
Im Jahr 1978 erschien eine einzelne Lithographie mit dem Titel „Aus dem Leben der Bienen (Nr. 285, vgl. gleichen Titel Nr. 117). Es handelt sich um die Reproduktion einer Zeichnung aus dem Jahr 1959.
1980 erschien die Mappe „Suite Schwurhand", die eine Aquatinta mit Lithographie „Blitz mit Bienenkönigin" (Nr. 363) enthält.
Der Vollständigkeit halber sei die Foto-Edition „Düsseldorf, Drakeplatz 4" (Nr. 287) aus dem Jahr 1978 erwähnt. Sie zeigt das Foto eines bei der Kopulation gestorbenen Wespenpaares – ein Beitrag von Beuys zum Thema „Eros – Thanatos". Wespen gehören zu den Todfeinden der Honigbienen.

Anmerkungen

1 zitiert nach Schellmann, J. (Hrsg.): Joseph Beuys. Die Multiples. Werkverzeichnis der Auflagenobjekte und Druckgraphik. Edition Schellmann, München – New York und Schirmer/Mosel Verlag, München, 7. Aufl. 1992, S. 9 (Reihenfolge der beiden Zitate umgestellt)
2 Schellmann, J., s. Anm. 1
3 Wolfson, M.: Beuys/Ulrichs. Kunstmuseum Celle, Celle 2007, S. 26
4 Klein, E.: Erinnerungen an Joseph Beuys. In: Joseph Beuys. Werbung für die Kunst. Städtische Galerie im Park, Viersen 2012, S. 5–11
5 Ursprung, Ph.: Joseph Beuys. Kunst – Kapital, Revolution. C. H. Beck, München 2021, S. 262–265, Zitat, leicht gekürzt, S. 262–263; vgl. hierzu auch Staeck, K. und Steidl, G. (Hrsg.): Das Wirtschaftswertprinzip. Edition Staeck, Heidelberg 1990
6 Staeck, K. (Hrsg.): Joseph Beuys. Honey is flowing in all directions. Edition Staeck, Heidelberg 1997; Staeck, K. und Steidl, G. (Hrsg.): Honey is flowing in all directions. Verlag Steidl, Göttiungen 2022
7 Murken, A. H.: Joseph Beuys und die Medizin. F. Coppenrath Verlag, Münster 1979
8 Beuys' Bienen. Katalog der Ausstellung im Museum Schloss Moyland, Bedburg 2022, S. 4
9 vgl. hierzu z.B. Friedel, H. und Schirmer, L. (Hrsg.): Joseph Beuys im Lenbachhaus und Schenkung Lothar Schirmer. Schirmer/Mosel und Lenbachhaus, München 2013, S. 9–14 und 28–35

Über Bienen, Teil 4:

Stechen, kochen, mumifizieren – die Verteidigungsstrategien der Bienen

Ein mit Honig (Kohlenhydrate) und im Sommer mit Bienenlarven (Eiweiß) gut gefüllter Bienenstock ist als hochkalorisches Vorratslager vielen Angriffen ausgesetzt. Von alters her konkurrierten Menschen und ihre Vorfahren mit den Bären um diese schmackhaften Depots der Natur und nahmen die schmerzhaften Stiche der verteidigenden Bienen in Kauf. Dabei ist der braunschwarze Bär mit seinem dichten Fell für die Bienen geradezu der Inbegriff des Räubers geworden und bis heute ein genetisch verankertes Angriffsziel. Die Menschen haben als Zeidler (Honigsammler) und Imker (Bienenzüchter) aus diesem Grunde gelernt, glatte helle bis weiße Kleidung zu tragen.

Kleinere Tiere wie z. B. Mäuse werden von den Bienen vertrieben oder zu Tode gestochen. Sind die getöteten Tiere zu groß, um sie aus dem Bienenstock zu entfernen, stellen sie durch Verwesung und Parasitenbefall eine erhebliche Gefahr für die Bienen dar. Lange vor der Hochkultur der Ägypter entwickelten die Bienen deshalb die Mumifizierung dieser Eindringlinge, indem sie diese mit Propolis, den im Bienenstock gespeicherten Vorräten aus Harz, komplett einhüllten.[1]

Insekten wie Wespen oder Hornissen, denen die sammelnden Honigbienen in freier Wildbahn hilflos ausgeliefert sind, gehören ebenfalls zu den Angreifern. Hier haben die Bienen nun eine ganz andere Verteidigungsstrategie entwickelt. Eine Vielzahl von Bienen stürzt sich auf den Eindringling und hüllt ihn komplett ein. Gleichzeitig erhöhen die Bienen durch Muskelzittern ihre Temperatur. Eng umschlungen und ohne ausreichend Luft zum Atmen wird der Eindringling schlichtweg gekocht – und anschließend aus dem Nest geworfen.[2]

Es sind aber nicht nur artfremde Tiere, derer sich die Bienen erwehren müssen. Werden im Herbst die Sammelmöglichkeiten knapp und sind die eigenen gesammelten Vorräte nicht groß genug, kommt es zu Überfällen der Bienenvölker untereinander. Die Wächterbienen beriechen und befühlen jeden Neuankömmling, um zu klären, ob die ankommende Biene „stockeigen“ oder „stockfremd“ ist, also Duftstoffe einer fremden Bienenkönigin trägt. Stockfremde Bienen werden vertrieben.

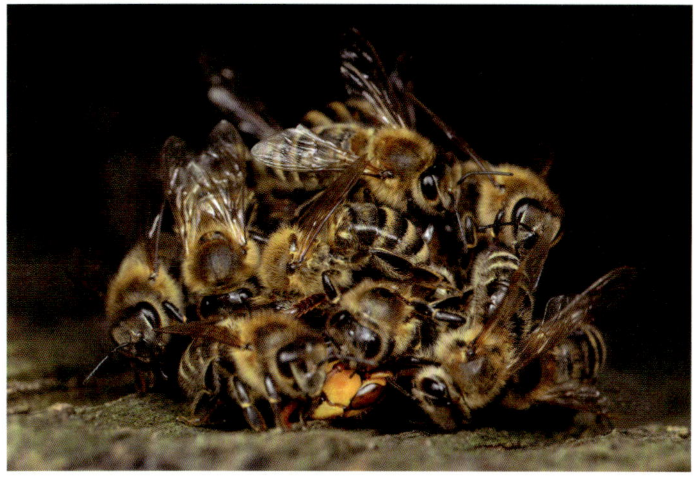

Ingo Arndt: Bienen umhüllen eine eingedrungene Wespe und „kochen“ sie zu Tode, Farbfotografie

Wie immer gibt es Ausnahmen von dieser Regel. So hat eine stockfremde Biene durchaus eine Chance, eingelassen zu werden, wenn sie der Wächterbiene am Einflugloch einen Nektartropfen anbietet.[3] Vergleiche zwischen menschlichen und tierischen Verhaltensweisen sind zwar immer nur mit größter Vorsicht zu ziehen, hier aber kann man sich der Parallele zu den sogenannten „goldenen Pässen“ in der Europäischen Union kaum erwehren. Staaten wie z.B. Malta oder Zypern stellten (stellen?) Pässe der EU gegen Zahlung größerer Geldsummen an Nicht-EU-Bürger aus.

Anmerkungen

1 Tautz, J.: Phänomen Honigbiene. Springer, Berlin 2007/2012, S. 196

2 Arndt, I. und Tautz, J.: Honigbienen. Geheimnisvolle Waldbewohner. Knesebeck, München 2020, S. 66–85

3 Tautz, J. 2007/2012, S. 240

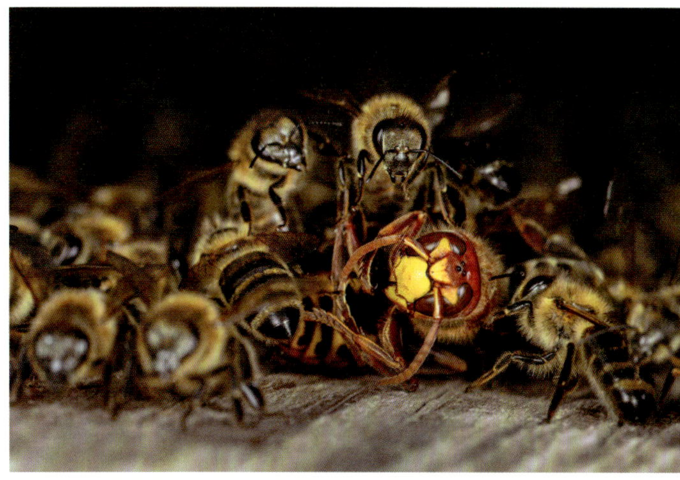

Ingo Arndt: Bienen umhüllen eine eingedrungene Wespe und „kochen“ sie zu Tode, Farbfotografie

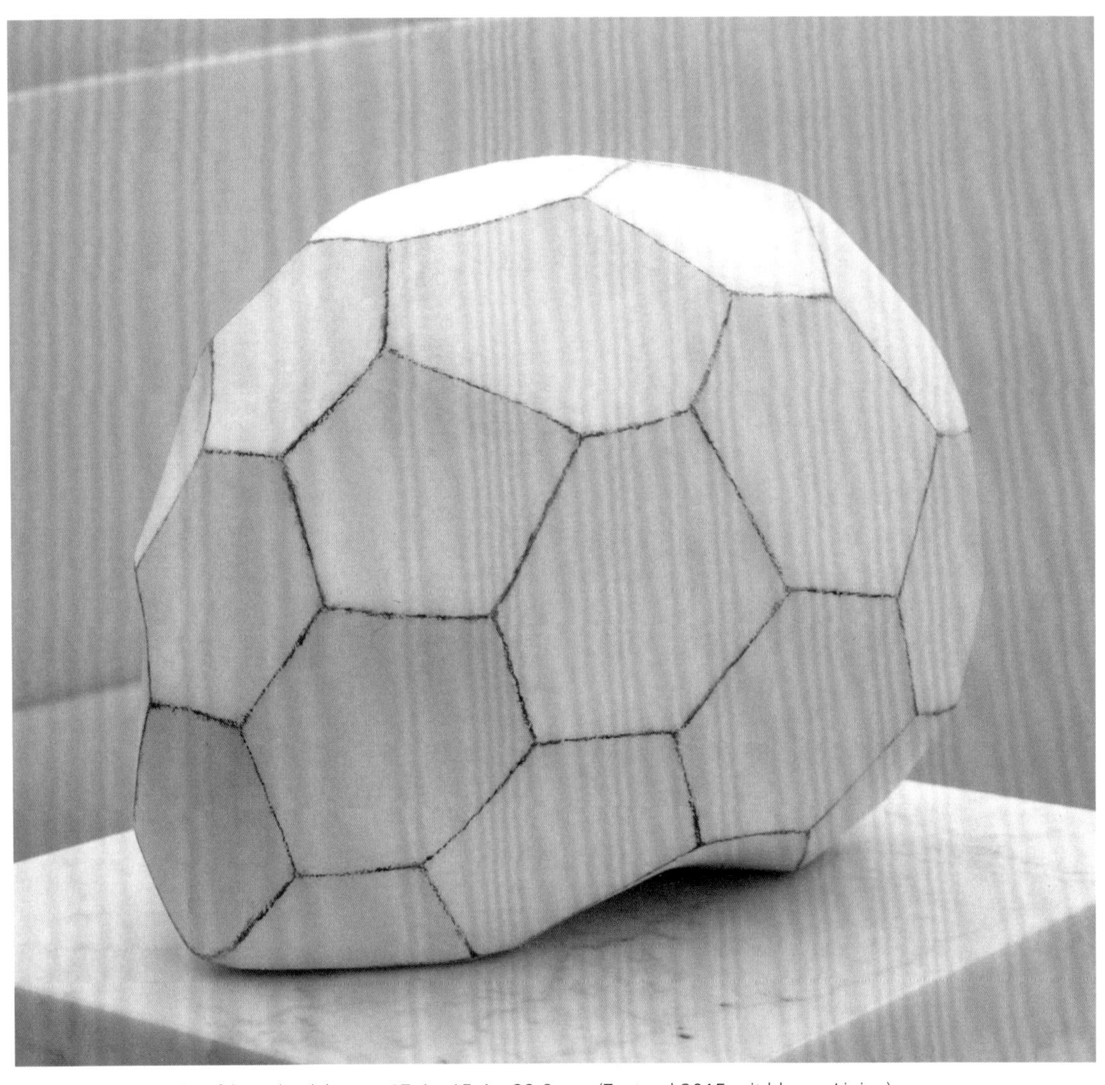

Hede Bühl: Wabenkopf (2015), Alabaster, 17,4 x 15,4 x 22,8 cm. (Zustand 2015 mit blauen Linien)

Interview mit Hede Bühl zu ihren „Wabenköpfen“

Das Werk von Hede Bühl (geb. 1940) ist durch klar benennbare Werkgruppen charakterisiert, die – fast ausschließlich – die menschliche Figur zum Thema haben. Dabei geht es der Künstlerin nicht um individuellen Ausdruck, sondern um grundsätzliche skulpturale Fragen. Zahlenmäßig die größte Gruppe im Gesamtwerk sind die Kopfskulpturen. Sie sind einerseits auf einfachste Grundformen reduziert, andererseits aber durch Dehnungen, Wölbungen, Bänder und Klammern akzentuiert. Die Betrachter fühlen sich zu Interpretationen herausgefordert, ohne dass diese Arbeiten sich einer einzelnen Lesart schlüssig öffnen. Sie bewahren ihr Geheimnis und ihre Mehrdeutigkeit.

Im Jahr 2015 entstand eine im Gesamtwerk der Künstlerin eher ungewöhnliche neue Kopfskulptur, die von Hede Bühl zunächst als „Hexagonkopf", später als „Wabenkopf" bezeichnet wurde. Diese Kopfskulptur ist fast vollständig aus Sechsecken geformt. Sie wurde zum Ausgangspunkt für das vorliegende Projekt „Honig für Kunst und Gesellschaft".

Erst in der gemeinsamen Beschäftigung mit diesem neuen Wabenkopf entdeckten Hede Bühl und ich im Atelier mehrere Werke in unterschiedlichen Fertigungsstadien, die alle – zumindest angedeutet – Sechseckformen zeigten. Dieses Thema beschäftigt die Künstlerin untergründig offenbar seit Jahren und Jahrzehnten, denn auf der Rückseite einer Zeichnung mit einem Sechseckkopf fand sich die Jahreszahl 1987.

Die Künstlerin, die von 1958 bis 1963 bei Sepp Mages und Joseph Beuys an der Kunstakademie Düsseldorf studierte, ist für ihr über Jahrzehnte konsequent entwickeltes Werk mit vielen Preisen geehrt worden, zuletzt 2007 mit dem Käthe-Kollwitz-Preis der Akademie der Künste in Berlin. Zahlreiche Ihrer Skulpturen befinden sich in privaten und öffentlichen Sammlungen.

Hede Bühl lebt und arbeitet in Düsseldorf. Das Verzeichnis ihrer Skulpturen und Zeichnungen erschien im März 2019 im Salon Verlag, Köln. Nachdem dieses Buch beim Verlag vergriffen ist, steht es in aktualisierter Form auf der Website der Künstlerin zur Verfügung (www.hede-buehl.de). Da zu den Wabenköpfen noch keine Literatur existiert, wurde am 27. Januar 2023 das nachfolgend abgedruckte Interview geführt.

Hartmut Kraft: Wir wollen in unserem Gespräch auf die kleine Werkgruppe der „Wabenköpfe" schauen. Zuvor aber ein kurzer Blick zurück auf Deine künstlerische Entwicklung seit Ende der 1960er Jahre. Hier fällt die große Zahl von Kopfskulpturen auf. Viele dieser Arbeiten sind als stark abstrahierte Köpfe zu charakterisieren, die von Bändern oder Klammern umgeben, oft geradezu eingeschnürt werden.

Hede Bühl: Es gibt auf der einen Seite das Einengende, dem sich andererseits aber etwas entgegenstellt. Da wölbt sich das Material vor, es wird eine von innen, aus der Figur selber wirkende Kraft deutlich. Das sehe ich als ein Kräftespiel zwischen Expansion und Grenzsetzung. Insofern haben die Bänder auch etwas Ordnendes. Genau an dieser Stelle findet lebenslang eine Auseinandersetzung statt: zwischen Wollen und Versagung, zwischen ungebremsten Aktivitätsdrang und von außen einwirkenden Regeln.
Von Torquato Tasso, dem großen Dichter der Spätrenaissance, schätze ich den Ausspruch: „Nur Fesseln sind es, die mich halten können." Dieser Ausspruch berührt mich, darin erkenne ich in ganz knapper Form wieder, was mich bewegt, was in mir nach Gestaltung drängt.

H.K.: Ab Ende der 1990er Jahre fällt mir eine zunehmende Abstraktion bei Deinen Kopfskulpturen auf.

H.B.: Ja, es geht mir um Reduktion, aber auch um Erweiterung des Kopfthemas. Bei aller Abstraktion ist mir wichtig, dass die organische Ausgangsform immer noch erkennbar bleibt.

H.K.: Dabei scheinen Dich seit der Jahrtausendwende in zumindest zwei Fällen Themen zu beschäftigen, die jenseits des Kräftespiels zwischen Expansion und Grenzsetzung liegen. Zunächst tauchen „florale Köpfe" auf, die an eine Knospe erinnern können. Jahre später wurde der „Wabenkopf" fertig, der von Dir zunächst noch als „Hexagonkopf" bezeichnet wurde. Er besteht fast ganz aus Sechsecken.

H.B.: In beiden Fällen handelt es sich um Erweiterungen des Kopfthemas, die mich nun auch schon seit über zwanzig Jahren beschäftigen. In meinen Zeichnungen gibt es auch noch andere Themen wie zum Beispiel ein „Kopfknäuel" – was mich auch zu einer skulpturalen Umsetzung veranlasst hat. Ich arbeite noch daran.

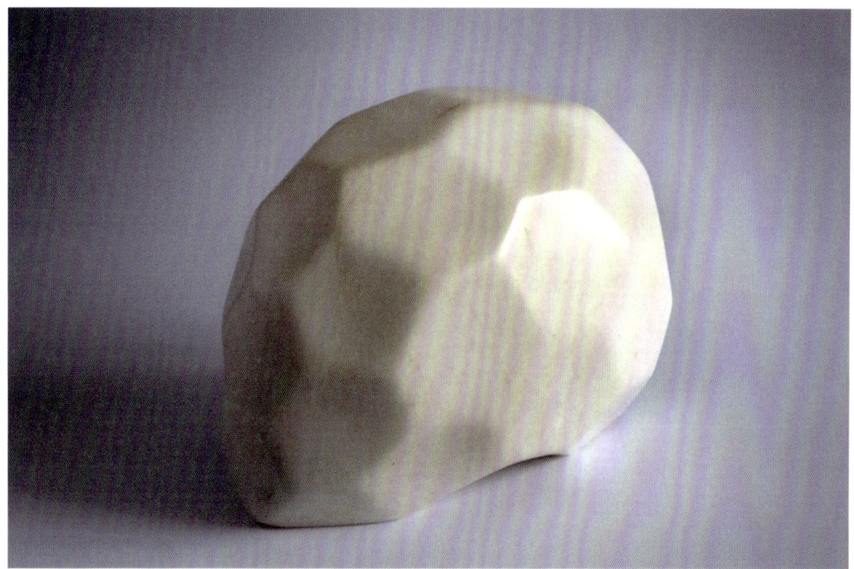

Hede Bühl: Wabenkopf (2015 / 2019), Alabaster, 17,4 x 15,4 x 22,8 cm, endgültiger Zustand 2019

H.K.: Im „Verzeichnis der Skulpturen und Zeichnungen"[1], das 2019 veröffentlicht wurde, ist der „Hexagonkopf" für das Jahr 2015 aufgeführt. Wenn ich die Abbildung im Verzeichnis mit dem jetzigen Zustand der Skulptur vergleiche, gibt es doch erhebliche Unterschiede.

H.B.: Ja, ich habe weiter an dieser Skulptur gearbeitet. Bei der Fertigstellung des Verzeichnisses waren die Sechsecke noch durch Linien begrenzt, so wie ich es immer im Arbeitsprozess mache. Ich zeichne auf den Stein, schlage Teile des Steins weiter ab, schleife die Flächen, zeichne erneut und immer so weiter. So verläuft der Arbeitsprozess. Abgebildet wurde also ein Entwicklungsschritt dieser Skulptur. Sie war in ihren Grundzügen fertig, aber der Alabaster war eben noch nicht endgültig geglättet und poliert. In diesem letzten Arbeitsschritt, den ich erst nach Jahren in Angriff genommen habe, sind dann die blauen Linien verschwunden. Wie man an diesem Beispiel sieht, arbeite ich an den meisten Skulpturen, selbst auch an Zeichnungen, über Jahre hinweg immer wieder.

H.K.: Diese Kopfskulptur ist von Sechsecken geprägt, es finden sich vereinzelt aber auch Fünfecke.

H.B.: Es ist ein mathematisches Phänomen, dass eine Kugelform nicht allein aus Sechsecken gestaltet werden kann. Auch ein aus sechseckigen Lederteilen zusammengenähter Fußball muss Fünfecke enthalten, was meist übersehen wird. Das wusste ich nicht, als ich an diesem Stein arbeitete – aber ich habe es erlebt. Das ist aufregend, wenn ich eine bestimmte Vorstellung im Kopf habe und ich bei der Arbeit bemerke, dass diese Konzeption sich beim besten Willen nicht umsetzen lässt. Ich habe vier Fünfecke gebraucht, um die Rundungen gestalten zu können.

H.K.: Im Verzeichnis ist diese Skulptur rein formal und beschreibend als „Hexagonkopf" aufgeführt. Heute bezeichnest Du diese Skulptur aber als „Wabenkopf". Wie kam es zu dieser Umbenennung?

H.B.: Von meinen Steinskulpturen lasse ich oft Abformungen in Gips herstellen, die ich als Grundlage für Güsse in verschiedenen Materialien wie Bronze, Eisen, Aluminium oder auch Kunststoff verwende. So geschah es auch mit dieser, von mir zunächst als „Hexagonkopf" bezeichneten Skulptur. Im Verlauf der Arbeit erschien mir dieser Titel aber zu technisch. Vom Sechseck kam ich zur Wabenform und änderte den Titel in „Wabenkopf". Das gefällt mir nun sehr viel besser und eröffnet ein wunderbares Spektrum an Assoziationen.

H.K.: Dabei ist es eher ungewöhnlich und selten, dass Du Deinen Skulpturen und Zeichnungen einen speziellen Titel mit auf den Weg gibst. Meist sprichst Du rein beschreibend von „Stehender Figur", oder „Kopf mit Bändern" oder eben von einem „Hexagonkopf".

H.B.: Mit Titeln lege ich mich fest, löst meine Arbeit im Betrachter bestimmte Assoziationen aus. Eine derartige Festlegung wollte ich lange Zeit meiner künstlerischen Arbeit nicht. So habe ich mich gegen Titel entschieden und habe es auch nicht geschätzt, zu meinen Arbeiten befragt zu werden. Ich wollte die Werke nicht einengen durch Titel, Begriffe oder Definitionen.
Später habe ich festgestellt, wie wichtig und auch hilfreich Titel sein können. Sie können eine zusätzliche Ebene der Wahrnehmung und des Verständnisses eröffnen. Das muss ja keine Festlegung und Einengung sein, eher eine Erweiterung. Gegenwärtig arbeite ich zum Beispiel an einer großen stehenden Figur, die ich mir nach vielen Jahren wieder einmal ins Atelier geholt habe und jetzt gern fertigstellen möchte. Wegen der blütenartigen Blätter, aus denen diese Figur erwächst, habe ich sie jetzt schon für mich als „Floragant" getauft.

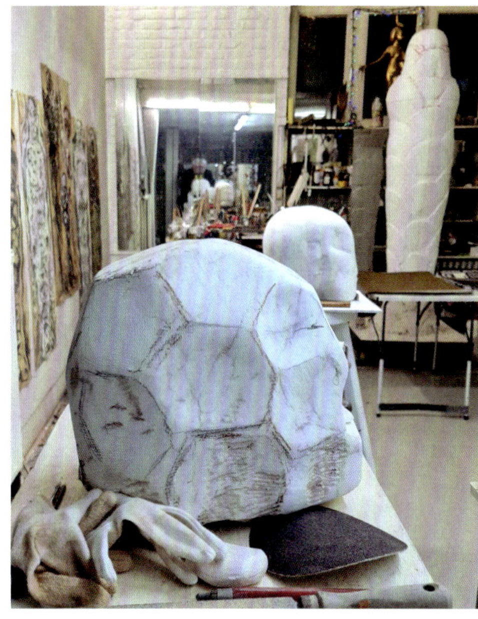

Hede Bühl: Atelierfoto, im Vordergrund „Wabenkopf mit Zunge" (2024), in Arbeit

Ich weiß natürlich nicht, ob ich diesen Titel wirklich beibehalte, aber gegenwärtig gefällt mir, wie in dieser Bezeichnung der florale Aspekt und auch die stattliche Größe dieser Plastik anklingen.

H.K.: In den Arbeitsprozessen, die sich meist über Jahre, gar Jahrzehnte hinziehen, kann sich vieles, oft Entscheidendes ändern, oder?

H.B.: Wenn ich eine Arbeit beginne, habe ich kein festes Konzept, kein Endergebnis vor Augen. Ich weiß nur sehr grob, ob es ein Kopf, eine stehende oder sitzende Figur werden soll. Ich schaue, wie sich etwas entwickelt. Das hängt vom Material ab, auch von Zufällen. In einem Steinblock können zum Beispiel Färbungen sein, die von außen nicht sichtbar waren, auf die ich aber reagieren muss, wenn ich bei der Arbeit darauf stoße. So entscheide ich mich immer wieder neu. Das finde ich auch lebendiger als einem vorgefassten Weg zu folgen. Es kann vorkommen, dass ich eine Entscheidung, die ich gestern getroffen habe, heute revidiere, einen anderen Weg einschlage. Anders kann ich mir meine künstlerische Arbeit gar nicht vorstellen. Dabei sind meine Zeichnungen natürlich viel offener für Veränderungen und Überarbeitungen als ein Stein, der Veränderungen schon vom Material her viel mehr Widerstand entgegensetzt.
Und es gehört auch zum Arbeitsprozess, dass ich immer zweifle, ob eine Skulptur oder Zeichnung fertig ist. Wenn ich eine meiner Arbeiten nach Tagen oder

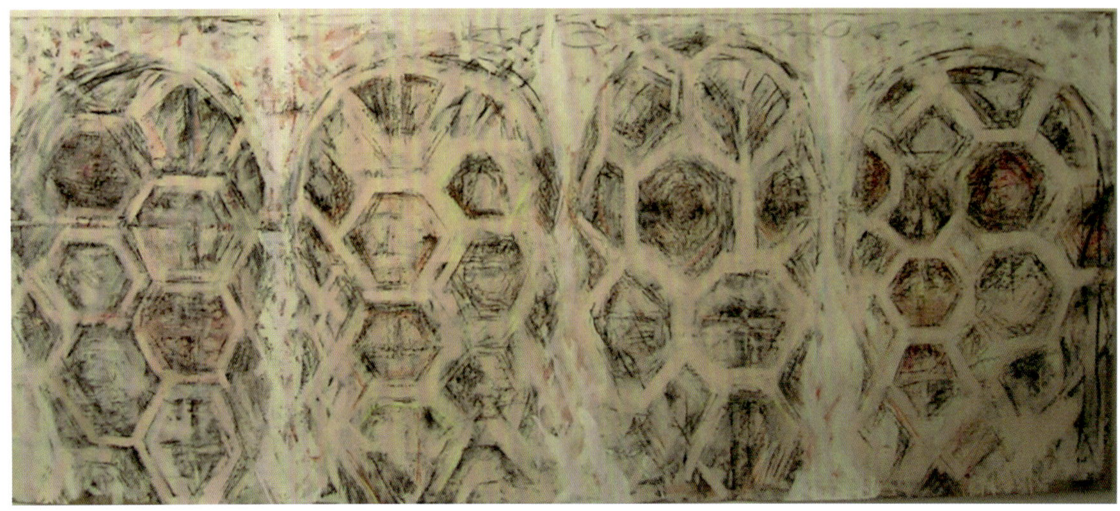

Hede Bühl: Hexagonköpfe (2000). Kohle, Pastell auf Papier, ca. 100 x 220 cm (von der Künstlerin zerstört)

auch nach Jahren wiedersehe, kommt es häufig vor, dass ich es ändere, weiter an einem Stein schleife, eine Rundung weiter herausarbeite, eine Zeichnung überarbeite oder auch zerschneide, um mit den Teilen weiter zu arbeiten.

H.K.: Es geht immer um Verbesserung, weitere Ausarbeitung Deiner Ideen?

H.B.: Im Prinzip schon – aber manche Schritte können auch in eine Sackgasse führen. Aber so, genau so ist das Leben. Entscheidungen können falsch sein, können korrigiert werden – manchmal aber auch nicht. Meine künstlerische Arbeit ist ein lebendiger Prozess mit Weiterentwicklungen, Störungen, Irrtümern und immer auch wieder wunderbaren Momenten, in denen ich selber überrascht bin von dem, was sich ergeben hat oder erfreut bin, dass ein zunächst noch unklarer Weg zu einem Ziel, zu einer guten Skulptur oder stimmigen Zeichnung geführt hat.

H.K.: Wenn Du glaubst, in eine Sackgasse geraten zu sein, kann es dann auch geschehen, dass Du eine Zeichnung oder sogar eine Skulptur zerstörst?

H.B.: Ja, im Laufe meiner künstlerischen Arbeit habe ich manche Skulpturen und Zeichnungen zerstört, zerschnitten und in einigen Fällen mit den Teilen weiter gearbeitet. Ein solches Fragment einer Zeichnung liegt eventuell viele Jahre in einer Mappe, bevor ich es hervorhole und nach einem neuen Weg suche. Vielleicht wird die Zeichnung fertig – oder sie verschwindet für immer.

H.K.: Im Verzeichnis Deiner Arbeiten findet sich für das Jahr 2000 eine sehr große Zeichnung mit vier Wabenköpfen nebeneinander[2]. Das ist eine der Zeichnungen, die Du zerstört hast – aber später doch ins Verzeichnis aufgenommen hast.

H.B.: Einige Zeit nach der Fertigstellung gefiel mir diese Zeichnung nicht mehr. Die vier Köpfe erschienen mir zu gleichförmig, es fehlte mir die Spannung im Bild. Wenn ich heute das Foto der zerstörten Zeichnung betrachte, finde ich meine damalige Arbeit durchaus gelungen und bedaure, sie zerstört zu haben. So ist sie zumindest als Foto im Verzeichnis der Zeichnungen gelandet.

H.K.: Während von dieser Zeichnung aus dem Jahre 2000 nichts erhalten geblieben ist, hast Du eine andere, etwas später entstandene Zeichnung[3] zwar in Dein Verzeichnis aufgenommen, dann aber zerschnitten und einen Teil weiter bearbeitet.

H.B.: Ja, den mittleren Teil habe ich herausgeschnitten und über einen längeren Zeitraum überarbeitet. Das Papier hat sich dabei gewellt, und ich musste es aufschneiden, die Spannungen im Papier ausgleichen und neu zusammenkleben. Dabei fand ich auf der Rückseite der Zeichnung als erste Jahreszahl „1987“. Die Fertigstellung des Fragments erfolgte dann erst 2022, also nach 35 Jahren. Und wenn die Zeichnung mein Atelier nicht verlassen hätte, dann würde ich vielleicht immer noch weiter daran arbeiten. Ich bin eigentlich immer unzufrieden mit den gefundenen formalen Lösungen. Am liebsten sage ich, nichts sei fertig, alles sei noch im Prozess.

H.K.: Was interessiert Dich überhaupt an dem Thema der Wabenköpfe über Jahrzehnte hinweg, zumindest seit 1987, wie die Datierung auf der Rückseite der genannten Zeichnung zeigt?

H.B.: Geometrische Formen, Gesetzmäßigkeiten sind für mich ein Faszinosum. Jedes Dreieck, jeder Würfel, eine Kristallform – das alles fasziniert mich. Auf meinem Arbeitstisch steht ein geschliffener Bergkristall, der nur aus Fünfecken besteht, eine kleine Form, die ich immer gern anschaue und in die Hand nehme.
Für die künstlerische Arbeit habe ich die Orientierung an der Geometrie sicherlich von Ewald Mataré gelernt, in dessen Atelier ich nach meinem Studium an der Kunstakademie Düsseldorf für ein Jahr mitgearbeitet habe.

Er hat seinen Arbeiten oft eine Geometrie unterlegt. Das hat mich beeindruckt, als ich ihn bei der Arbeit beobachten konnte. Er hat sich erst eine Art Raster gemacht – und das hat er dann belebt, zum Leben erweckt, so dass man das Raster nicht mehr erkennen kann.

> H.K.: In dem Moment, als Du den aus geometrischen Formen gestalteten Hexagonkopf in „Wabenkopf" umbenannt hast, tauchte spontan die Assoziation zu Bienenwaben auf – und damit auch zu Deinem früheren Lehrer an der Kunstakademie, zu Joseph Beuys.

H.B.: Natürlich ist das so. Auch wenn in der Natur vielfach Sechsecke auftauchen, zum Beispiel bei den Basaltsäulen, so führt der Weg von der Wabe über die Bienen hin zu Joseph Beuys, für den Bienen eine besondere Bedeutung hatten. Es gibt von Beuys zahlreiche Zeichnungen und Druckgrafiken zum Thema Bienen und Bienenkönigin. Das Museum Schloss Moyland hat diesem Thema bei Beuys im Jahre 2022 sogar eine eigene Ausstellung[4] gewidmet. Daneben spielt Honig als Inhalt der Waben eine entscheidende Rolle in einer seiner berühmten Installationen, der „Honigpumpe am Arbeitsplatz", die er 1977 auf der Documenta 6 gezeigt hat.
Aber das war bei mir in der Erarbeitung meiner Zeichnungen und meiner Skulptur „Wabenkopf" keine bewusste Beziehung oder gar Anspielung auf die Arbeiten von Joseph Beuys. Ich habe ihn immer sehr geschätzt als Lehrer und bewundere seine Arbeiten bis heute, aber ich habe mich auch immer wieder abgegrenzt gegen ihn. Lange Jahre wollte ich – im Gegensatz zu manchen Kolleginnen und Kollegen – nicht als „Beuys-Schülerin" bezeichnet werden, obwohl gerade ich doch die erste Frau in seiner Klasse gewesen bin und Beuys mich später zur Meisterschülerin gemacht hat. Meine Eigenständigkeit als Künstlerin war mir von jeher sehr wichtig. Inzwischen bin ich allerdings der Meinung, dass ich mich durchaus als Beuys-Schülerin bezeichnen kann, sogar der Auffassung bin, ich hätte mich mehr noch auf ihn als Lehrer an der Akademie einlassen können. Seine künstlerische Arbeit faszinierte mich von Anfang an und tut es bis heute.

> H.K.: Auf einer Karteikarte, die Beuys später durch seine Signatur als kleines eigenständiges kleines Werk bezeichnet hat, schreibt er „unsichtbare Kooperatöre" – ja, mit „ö" geschrieben – und von einer „unsichtbaren Plastik"[5].

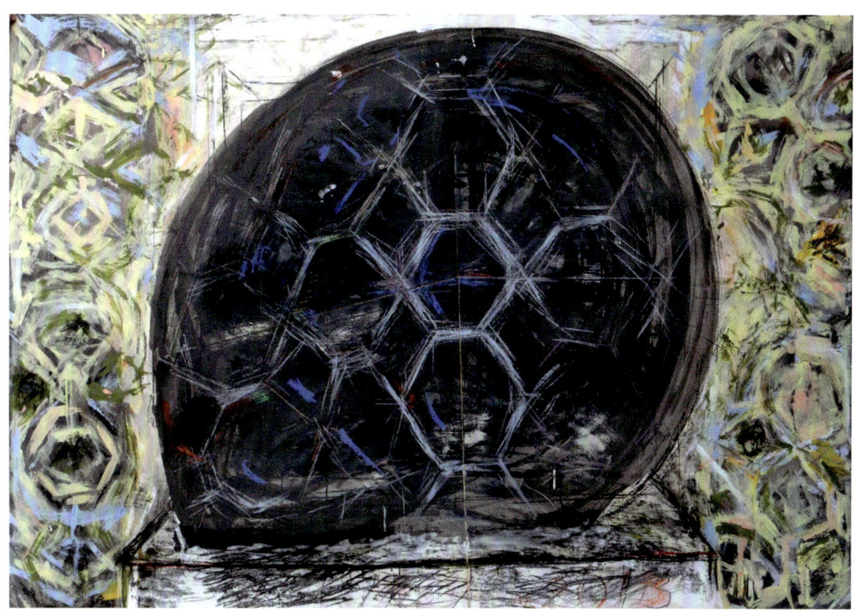

Hede Bühl: Wabenkopf (1987–2022). Mischtechnik auf Papier, 100 x 150 cm

H.B.: Bei allen Unterschieden und allen Abgrenzungen gibt es sicherlich eine unterschwellige, auf den ersten Blick gar nicht sichtbare Verbindung zwischen Lehrer und Schüler, eine „unsichtbare Kooperation". Lehrer und Schüler stehen ja immer in einem Austausch, auch wenn dieser nicht offensichtlich ist. Insofern finde ich es gerechtfertigt und sogar spannend, eine Verbindung von meinen über Jahrzehnte entwickelten Wabenköpfen zum Thema Bienen, Wachs und Honig bei Joseph Beuys zu ziehen. Es geht ja nicht um eine bewusste Übernahme oder um eine Kommentierung zum Bienen- und Honigthema bei Beuys, eher eben um eine unsichtbare, aber doch wirksame Verbindung.

H.K.: Ist Dir bei der Ausstellung und im Katalog zu „Beuys' Bienen" im Museum Schloss Moyland aufgefallen, dass Beuys in seiner umfangreichen Beschäftigung mit diesem Thema nie, oder allenfalls nur angedeutet, eine Wabenform gezeichnet hat?[6] Das gleiche gilt übrigens auch für seine Druckgrafiken und Multiples.

H.B.: Nein, das ist mir gar nicht aufgefallen. Ich finde es bemerkenswert.

H.K.: Es gibt einen anderen, meines Erachtens sehr beeindruckenden Bezug einer Aktion von Joseph Beuys zu Deinen Wabenköpfen. Ich meine seine berühmte Aktion „Wie man dem toten Hasen die Bilder erklärt",

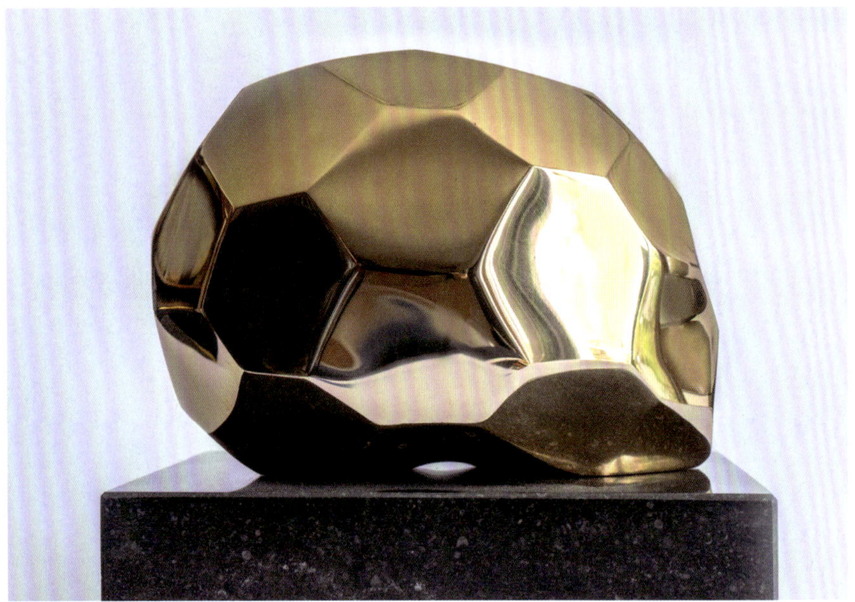

Hede Bühl: Wabenkopf (2015, Guss 2022), Guss in Bronze, poliert, 17 x 16 x 22,8 cm

die am 26. November 1965 hier in Düsseldorf in der Galerie Schmela stattfand. Beuys hatte sich dafür von seiner Frau den Kopf mit Honig bestreichen und anschließend mit Blattgold belegen lassen. So saß er mit dem Hasen auf dem Schoß in der Ausstellung, wovon berühmt gewordene Fotografien von Walter Vogel und Ute Klophaus existieren. Abgesehen von vielen Aspekten, die es bei dieser Aktion zu besprechen gibt, denke ich an eine Aussage von Beuys selber. Er sagte: „Mit Honig auf dem Kopf tue ich natürlich etwas, was mit Denken zu tun hat. Die menschliche Fähigkeit ist nicht, Honig abzugeben, sondern zu denken, Ideen abzugeben. Das wird jetzt parallel gesetzt. Dadurch wird der Todescharakter des Gedankens wieder lebendig gemacht. Denn Honig ist zweifelsohne eine lebendige Substanz."[7] Im Zusammenhang mit dieser Aussage erscheinen mir Deine – sozusagen mit Honig gefüllten – Wabenköpfe von besonderem Interesse. Angesichts der bereits erwähnten Tatsache, dass Beuys kaum je Waben gezeichnet hat, könnte man von einem Verbindungsglied, geradezu von einem „missing link" zwischen seinem und Deinem Werk sprechen.

H.B.: Wie schon gesagt, eine solche Beziehung zum Werk von Beuys, erst recht zu seiner Aktion in der Galerie Schmela, war nie von mir intendiert oder ein gedanklicher Aspekt bei der Arbeit, zumindest kein bewusster. Aber es stimmt auch, dass sich im Nachhinein eine solche Verbindung ziehen lässt – wie immer

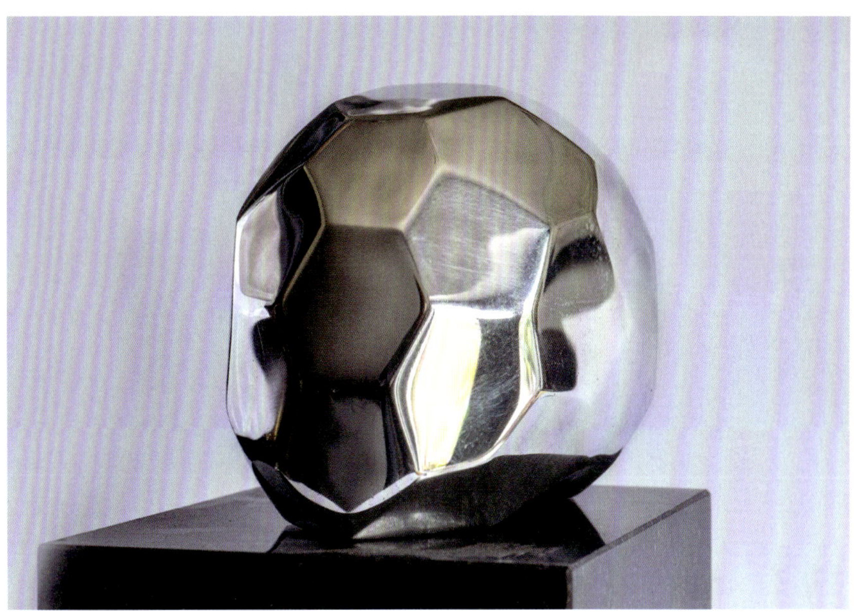

Hede Bühl: Wabenkopf (2015, Guss 2023) Guss in Aluminium, poliert, 17 x 16 x 22,8 cm

auch sie zustande gekommen sein sollte. Es ist sozusagen der Honig, den das Aufzeigen von Bezügen freisetzen kann.

> H.K.: Ja, und es ist vielleicht auch die „unsichtbare Plastik", die erst sichtbar wird, wenn gedanklich solche Beziehungen hergestellt werden.
> Von hier aus, von den bewussten und unbewussten kreativen Prozessen, komme ich zu der Frage, wie Du arbeitest. Es gibt Künstler, denen es nichts ausmacht, im Beisein anderer Menschen zu arbeiten. Andere schotten sich ab, suchen die Stille und Einsamkeit ihres nächtlichen Ateliers. Kannst Du arbeiten, wenn Du im Austausch bist – oder eher, wenn Du allein für Dich bist?

H.B.: Wenn es um eine eher rein mechanische Arbeit geht wie das Schleifen einer bestimmten, vorher festgelegten Fläche, dann stört mich die Anwesenheit anderer Menschen nicht. Oft sind Mitarbeiter anwesend im Arbeitsprozess. Ohne Helfer ist vieles für einen Bildhauer gar nicht zu bewältigen, erst recht nicht für mich, wenn ich an meinen großen Skulpturen arbeite.
Neues, neue Formen, neue Ideen oder auch nur die Weiterentwicklung einer Form geschieht aber eher, wenn ich allein bin. Ich brauche Ruhe, um ungestört zu arbeiten. Ich brauche die Stille um mich herum. Ich will dann nicht gestört werden durch Anwesende, auch nicht durch Telefonate oder das Klingeln an

der Tür. Ich mache in solchen Situationen sogar die Musik aus, die ich ansonsten gern höre.

H.K.: Von deinem Wabenkopf aus Alabaster hast Du nach Jahren einige Güsse in Bronze und auch in Aluminium anfertigen lassen.

H.B.: Grundlage für meine Güsse sind in der Regel Gipsabgüsse des Originals. Vom Originalstein wird in der Gießerei ein Gips gemacht, der dann zusammen mit dem Stein zurück zu mir ins Atelier kommt. Gerade bei diesem Alabasterstück, das vom Material her doch recht empfindlich ist, hatte ich Sorge, dass Kratzer oder gar Abplatzungen geschehen könnten. Aber der Wabenkopf kam heil zurück und steht seitdem hier im Atelier, ein für mich wichtiges Stück aus den letzten Jahren, von dem ich mich als Unikat auch noch nicht trennen möchte. Bei den Güssen ist das anders. Wenn der Gips von mir noch mal überarbeitet ist, wodurch er sich gegenüber der Steinskulptur noch mehr oder weniger umfangreich verändern kann, geht er zur Abformung zurück in die Gießerei. Beim Wabenkopf habe ich um das Jahr 2020 den Wunsch gehabt, von diesem Stein doch auch Güsse machen zu lassen, zu sehen, wie diese Form als polierte Bronze oder als polierter Aluminiumguss wirkt. Die Betrachter spiegeln sich in den Sechsecken, das Spiegelbild wird gebrochen. Das hat dann schon eine ganz andere Wirkung als der weiße Stein. Aber es gibt keine Serienproduktion, keine größere Auflage. Mir ist es wichtig, jeden Guss individuell selber zu bearbeiten und fertig zu stellen. Insofern gleicht kein Guss vollständig dem anderen.

Anmerkungen

1 Kraft, H. (Hrsg.): Hede Bühl – Verzeichnis der Skulpturen und Zeichnungen. Salon Verlag, Köln 2019. Seit 2024 ist dieses beim Verlag vergriffene Buch in aktualisierter Form auf der Website der Künstlerin einsehbar (www.hede-buehl.de).

2 Kraft, H. a.a.O., Kraft Z2000.4

3 Kraft, H. a.a.O., Kraft Z2000er.1

4 Beuys'Bienen. Katalog zur Ausstellung im Museum Schloss Moyland, Bedburg-Hau 2022

5 Joseph Beuys: „Unsichtbare Kooperatöre – unsichtbare Plastik". Handschriftlicher Text auf Karteikarte mit Hauptstromstempel, datiert 1953. Verso signiert und datiert 1968. 14,5 x 20,5 cm, Sammlung Kraft, Köln

6 Eine Abb. der von Beuys offensichtlich nur selten gezeichneten Sechseck-/Wabenformen befindet sich in: Joseph Beuys: „Parallelprozesse", Katalog der Kunstsammlung Nordrhein-Westfalen, Düsseldorf 2011, S. 247

7 Schneede, U.M.: Joseph Beuys – Die Aktionen. Kommentiertes Werkverzeichnis mit fotografischen Dokumentationen. Verlag Gerd Hatje , Ostfildern-Ruit 1994, Zitat S. 105

Über Bienen, Teil 5:
Bugonie – Die Stiergeburt der Bienen

Auf den ersten Blick scheinen Honigbienen und Rinder kaum in einer Verbindung zu stehen. Tatsächlich aber gibt es zumindest drei erstaunliche Berührungspunkte. So lautet das lateinische Wort für Biene „apis", unsere westliche Honigbiene wird als „Apis mellifera" bezeichnet. Sie teilt ihren Namen mit „Apis", dem heiligen Stier, in dem sich der ägyptische Gott Osiris verkörperte. In seinen Heiligtümern wurden „Gottesstiere" mumifiziert beigesetzt. Die Namensgleichheit dürfte sich einem Zufall verdanken.
Hingegen ergibt sich eine bedeutende, viel zitierte Verbindung zwischen Bienen und Rindern über ihre Produkte Honig und Milch. Schon in der Bibel wird an mehreren Stellen vom verheißenen Land gesprochen, wo „Milch und Honig fließen". In einer bildhaften Sprache werden fruchtbares Weideland für Rinder und blühende Wiesen und Felder für die Nektar sammelnden Honigbienen benannt – das Paradies auf Erden für die um ihre Existenz kämpfenden Nomaden und frühen Ackerbauern. Selbst in den späteren griechischen und lateinischen Schriften werden beide Lebensmittel oft zusammen aufgeführt, was besonders in heilkundlichen Schriften der Fall ist.[1]

Ungläubiges Kopfschütteln aber ruft heutzutage die dritte hier zu nennende Verbindung zwischen beiden Tierspezies hervor. Nach einer ägyptischen Bienenschöpfungssage entwickelten sich die Honigbienen aus den Kadavern getöteter Opferstiere. Die Bienenköniginnen sollten aus dem Gehirn und dem Rückenmark entstehen, die Arbeitsbienen aus dem Fleisch der Tiere. Diese uns heute eigentümlich skurril anmutende Behauptung zur Entstehung und Vermehrung der Bienen ist unter dem griechischen Begriff „Bugonie" bekannt, einer Zusammensetzung aus den beiden griechischen Bezeichnungen für „Rind" („bus") und „Erzeugung" („goneia"). In der Antike war die Bugonie ein Sinnbild für die immerwährende Zeugung von neuem Leben aus dem Abgestorbenen, ein Gleichnis für die sich aus sich selbst heraus erneuernde Natur.
Die altägyptische Legende gelangte über die griechische in die römische Kultur und verbreitete sich darüber hinaus im gesamten Mittelmeerraum.[2]

Eine eindrucksvolle Beschreibung des Opfers und der Entstehungsgeschichte zur Bugonie findet sich im 4. Buch der „Georgica" des römischen Schriftstellers Vergil (70–19 v. Chr.). Er greift nicht auf ägyptische Quellen zurück, sondern berichtet vom Mythos um den griechischen Hirten Aristaeus, einen Sohn des Gottes Apollon und der Nymphe Kyrene. Aristaeus verliebt sich in Eurydike, die Frau des griechischen Sängers Orpheus. Als sie vor seinen Nachstellungen flieht, tritt sie versehentlich auf eine Schlange, an deren Biss sie stirbt. Zur Strafe lassen ihre Schwestern alle Bienen des Täters sterben. Auf Anraten seiner Mutter Kyrene befragt Aristaeus daraufhin Proteus, einen frühen Meeresgott der griechischen Mythologie und erfährt von ihm den Grund des Sterbens seiner Bienenvölker. Zur Sühne opfert er vier Stiere und vier Färsen am Grab Eurydikes – und wundersamer Weise entschlüpfen den verwesenden Stieren ganze Bienenschwärme. So lautet in Kurzform der griechische Entstehungsmythos der Bugonie. Vergil beschreibt dazu die genaue Handlungsabfolge des Stieropfers: „Dann wird ein Stierkalb gesucht, dem zweijährig schon an der Stirn die Hörner sich krümmen; ihm stopft man das schnaubende Maul und die Nüstern, auch wenn's sich noch so sträubt, ganz zu, schlägt's tot und zerstampft durchs Fell, das unversehrt bleibt, die Gedärme, bis sie zersetzt sind. So lässt unter Verschluss man es liegen (...). Unterdessen siedet der Saft, erwärmt in den zarten Knochen, und Wesen in wundersamer Gestalt, um die Beine erst noch verkürzt, doch bald sogar mit den Flügeln schon schwirrend, wimmeln im Schwarm und streben dann mehr und mehr in die zarte Luft, bis sie so wie ein Platzregen, der aus den Wolken im Sommer fällt, hervorbrechen oder, wie, von der Sehne geschnellt, die Pfeile, wenn die behenden Parther die Kämpfe eröffnen."[3]

Der römische Dichter Ovid (43 v. Chr. – vermutlich 17. n. Chr.) gab der Stiergeburt der Bienen später eine sittlich-moralische Deutung: Da Stiere in ihrem Leben so viele Pflanzen fressen, gehe ihre Seele nach dem Tode in zahlreiche Bienenseelen über. Die Bienen nun würden die Pflanzen liebkosen, ohne sie zu verletzen.[4]

Über die römische Dichtung floss die Vorstellung von der Bugonie in die deutsche Literatur des Mittelalters ein und wurde dabei auch in Holzschnitten des 15./16. Jahrhunderts dargestellt. Da die Vermehrung der Bienen ein Rätsel blieb, wurde selbst noch im 17. Jahrhundert die Entstehung von Bienen aus den Leibern toter Stiere für möglich gehalten.

Heute ist der Begriff „Bugonie" weitestgehend unbekannt und findet sich z. B. auch nicht mehr in der großen „Brockhaus Enzyklopädie" (19. Aufl. 1987) – wohl aber in Wikipedia. Darüber hinaus findet sich eine ausführliche Dar-

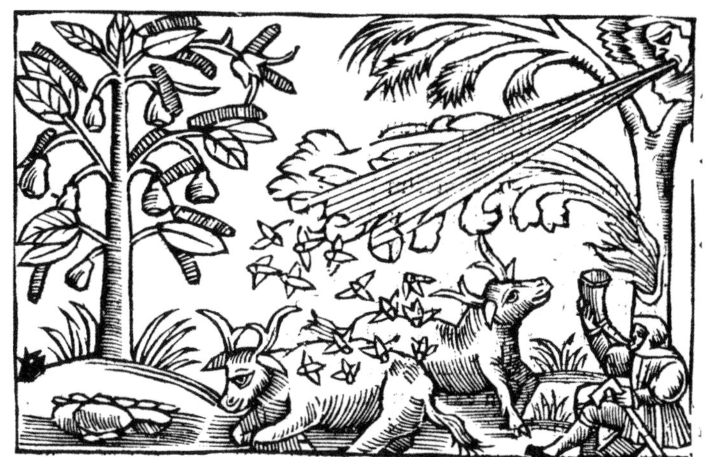

Darstellung der „Bugonie", Holzschnitt 16. Jahrhundert

stellung der ebenso spannenden wie auch widersprüchlichen historischen Quellen bei Dominik Berrens[5]. Er geht auch der Frage nach, warum sich die Bugonie als Erklärung zur Entstehung der Bienen so lange – von der Antike bis in die Neuzeit – halten konnte. Es darf wohl zu Recht vermutet werden, dass die Behauptungen der Bugonie nie überprüft worden sind. Das uns heute bekannte massenhafte Sterben von Bienenvölkern gab es noch nicht, Bienen gab es genug – und so machte es ökonomisch keinen Sinn, einen wertvollen Stier zu opfern. Was nicht lohnte, überprüft zu werden, konnte sich als Erklärung, zumindest aber als diskussionswürdige Hypothese, über mehr als zwei Jahrtausende halten.[6]

In der zeitgenössischen Kunst ist dieses alte, längst vergessene Bildthema kaum je aufgegriffen worden. Entsprechend bemerkenswerte Ausnahmen werden bei den Arbeiten von Felix Droese (geb. 1950) beschrieben.

Anmerkungen

1 vgl. hierzu Berrens, D.: Soziale Insekten in der Antike. Vandenhoeck & Ruprecht, Göttingen 2018, S. 209–212

2 Die Angaben in diesem Text stammen zum größten Teil aus Heindrichs, H. und Hohorst, B.: Botinnen der Götter. Naturgeschichte und Kulturgeschichte der Honigbiene. Rheinland Verlag, Köln 1988, S. 45–46, S. 49–50; zur kritischen Sichtung griechischer und römischer Quellentexte s. Berrens, D. 2018, S. 187–212, hier auch kritische Stellungnahme zur Herkunft der Bugonie aus Ägypten, s. S. 190

3 zitiert nach Publius Vergilius Maro: Hirtengedichte Bucolica, Landwirtschaft Georgica. Herausgegeben und übersetzt von Niklas Holzberg. De Gruyter, Berlin 2016, S.237

4 Heindrichs, H. und Hohorst, B. 1988, S. 49–50

5 Berrens, D. 2018 (s. Anm. 1)

6 Berrens, D. 2018, S. 193

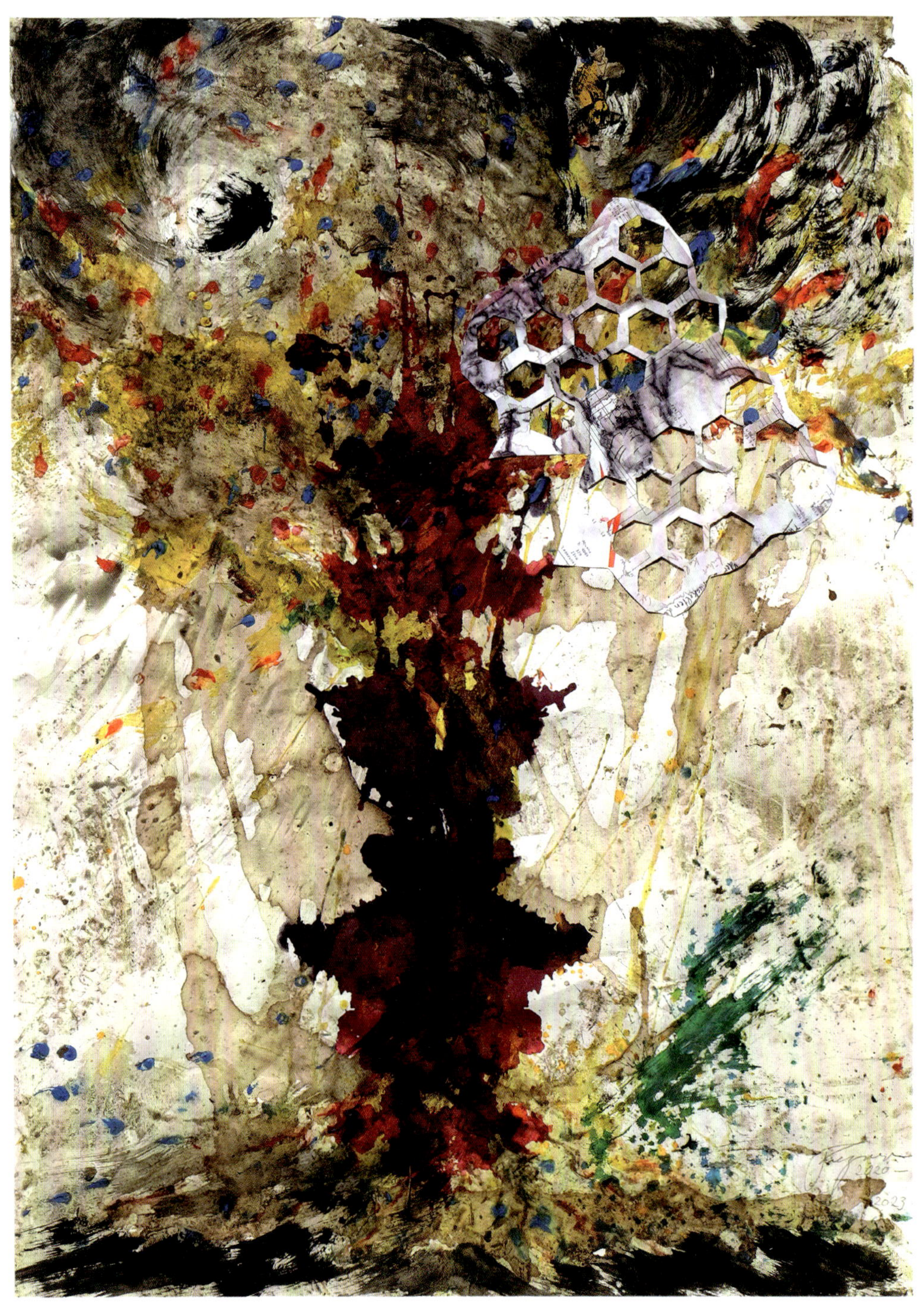

Felix Droese: Ohne Titel (Baum mit Wabencollage) (2020–2023). Mischtechnik, 87,5 x 62,8 cm

Interview mit Felix Droese

Schon als Student entwickelte Felix Droese (geb. 1950) seine großformatigen Papierschnitte, die er erstmalig 1972 ausstellte. International bekannt wurde er durch seine Beteiligung an der Documenta 7 (1982) und vor allem durch seine Gestaltung des Deutschen Pavillons auf der 43. Biennale in Venedig 1988. Während seines Studiums an der Kunstakademie in Düsseldorf arbeitete Droese u. a. auch in der Klasse von Joseph Beuys, mit dem er durch den gesellschaftspolitischen Ansatz seiner Arbeit in Kontakt blieb.
Über ein kleines Video mit Aufnahmen von Bienen, das Felix Droese zum 100. Geburtstag von Joseph Beuys im Jahre 2021 veröffentlichte, entstand mein Kontakt zum Künstler mit der Frage, ob Bienen und ihre Produkte auch andere Spuren in seinem Werk hinterlassen hätten. Über Monate hinweg förderte die Suche des Künstlers in seinem Atelier einzelne Arbeiten zu diesem Themenkreis zu Tage. In zwei Interviews am 5. Mai und am 16. August 2023 berichtete Felix Droese über seine Erfahrungen mit Joseph Beuys und die Hintergründe der Arbeiten, die sich nun in der Ausstellung „Honig für Kunst und Gesellschaft" befinden.

> Hartmut Kraft: Zum 100. Geburtstag von Joseph Beuys im Jahre 2021 haben Sie ein kleines Video von 50 Sekunden Dauer herausgebracht. Es zeigt Bienen am Einflugloch ihrer Behausung. Als letztes Bild erscheint in Großbuchstaben „JOSEPH BEUYS". Wie kam es zu diesem Video[1]?

Felix Droese: Ich hab bei mir am Fenster, wo mein Schreibtisch steht, beobachtet, dass Bienen in einen Fachwerkrahmen aus- und einfliegen. Ich habe dann gesehen, dass dort ein Loch entstanden war und dahinter sich wohl ein kleines Bienenvolk angesiedelt hat. Da habe ich mir gedacht: Das wäre eine schöne Idee zum 100. Geburtstag. Ich hatte das schon ewig im Kopf in der Erinnerung an Joseph Beuys.

> H.K.: Was war an Beuys für Sie und Ihren künstlerischen wie auch politisch engagierten Weg wichtig?

F.D.: Ja, was war der Beuys für mich – und was war vor allen Dingen diese Idee, an der er sich festgebissen hatte, die soziale Plastik? Für die gibt es ja ganz viel Häme und Spott und Ablehnung, auch und vor allen Dingen in der deutschen Kunstgeschichte. Der frühere Leiter der Kunstsammlung NRW in Düsseldorf, Herr Zweite[2], meinte mal, dass da Gestrüpp entstanden sei – und da möchte er sich nicht hineinbegeben. Also das schwebte mir im Kopf herum. Das habe ich dann Leuten vorgeschlagen aus dem Beuys-Kreis, als die sich furchtbar echauffierten über die denunziatorische Biografie von Riegel[3] über Beuys, wo er dann endgültig doch noch mal zum Nazi gemacht werden musste. Heute ist es wichtig in einer Biographie: bin ich Rassist, bin ich Nazi oder bin ich das nicht. Sie wollten irgendwas unternehmen – und da habe ich gesagt, nee komm, vergesst es doch einfach. Aber ich kann euch eine schöne Idee verkaufen: Macht doch einen Film, wo ihr eine Bienenwabe abfilmt, wie die Bienen raus- und reinfliegen – und das verbindet ihr mit der Kritik an dieser Biographie. Das fand derjenige aber nicht gut oder konnte sich nix drunter vorstellen. Wieso denn Bienen? Und ich habe gesagt: Das ist doch Beuys! Das war mir also schon länger im Kopf herumgegangen und dann habe ich eine kleine Form gesucht. Wie kann man das machen? Zeichnen, diese Bewegung der Bienen einfangen? Das war dem Beuys ja immer ganz wichtig, das sogenannte Bewegungselement. Also diese Statik auflösen und in dynamische Form bringen, also Bewegung in die Verhältnisse bringen, sie zum Tanzen bringen. Heute ist das ja das Einfachste – man besorgt sich ein Handy. Das hat unsere Tochter gemacht und die Bienen an ihrem Einflugloch kurz abgefilmt. Und wie dupliziert man das? Auch wieder die Frage: große Form oder kleine Form? Da fiel mir nichts Besseres ein als dieser kleine silberne USB-Stick, den man in einer kleinen Schachtel aufbewahren kann. Das war die ganze Sache, die war einfach zu handhaben.

Ich mache solche Sachen völlig rücksichtslos, egal, ob man dafür einen Käufer oder Interessenten findet. Artax[4] war bereit, den kleinen Film als Edition herauszugeben. Wieviele davon inzwischen verkauft sind oder überhaupt welche, vermag ich nicht zu sagen. Wichtig ist ja nur, dass das in die Welt gebracht wurde und Beuys mit den Bienen in Verbindung gebracht wird.
Natürlich ist mir auch die „Bienenzeitung"[5] immer schon im Kopf herum geschwirrt. Die tauchte ja als völlig irritierendes Element am Ende der politischen Sozialismusdiskussion plötzlich als etwas ganz Neues auf. Da entstand plötzlich dieser Zusammenhang mit der Politik oder dem Sozialismus und den Bienen. Beuys konkretisierte, dass dieser Bienenstaat eine einmalige oder eine immer wiederkehrende Sache als Gemeinschaftsaufgabe vollzieht. Die Bienen handhaben Wabenbau, Honigproduktion, Aufzucht der Nachkommen und so weiter nicht als singuläre Erfindungen, sondern ihr Werk kommt eben nur zustande aufgrund einer kollektiven Arbeit. Aber das ist nur die äußere Seite.

Dann kommt das Loch, das „Schlupfloch". Dahinter ist der andere Raum der Materie. Um den verborgenen Schaffensakt der Bienen zu erkennen, benötigen wir unsere Imagination, unsere Einbildungskraft.

H.K.: Und das war auch Ihnen sozusagen vorbildhaft?

F.D.: Ich glaube ja. Das war das Grundmodell.

H.K.: Spielen denn Bienen für Sie, in Ihrem eigenen Werk, sonst eine Rolle?

F.D.: Nee. Ich glaube nicht. Also für mich waren Vögel immer wichtig. Die Biene selber taucht bei mir nur ganz sporadisch auf. Als Sie mich auf dieses Thema ansprachen, dachte ich spontan an eine ganz singuläre Zeichnung zu Hölderlin, auf der Bienen umherschwirren. Danach fiel mir auch noch eine Radierung ein. Als ich dann aber zu suchen begann, tauchten nach und nach auch noch andere Arbeiten auf. Nicht viele, aber mehr als zunächst erwartet.

H.K.: Wir werden auf Ihre Arbeiten im Einzelnen noch eingehen. Zunächst aber die ganz banale Frage: Was ist aus den Bienen in Ihrem Fensterrahmen geworden?

F.D.: Die werden gestorben sein im Winter, durch die Unterzuckerung. Die hat ja auch keiner gefüttert. Oder sie sind wieder ausgeflogen. Ich kann mir kaum vorstellen – ich hab das nicht untersucht – wieviel Raum die eigentlich in dem ausgehöhlten Mauerwerk, im Fachwerk gefunden haben.

H.K.: Lassen Sie uns auf Ihre Beziehung zu Beuys zurückkommen. Wie haben Sie ihn als Student erlebt?

F.D.: Es gibt da eine ganz fulminante Begegnung, ganz früh, in Raum 20 in der Kunstakademie. Da sitzen wieder alle zusammen, und ich merke, dass der Beuys mich fixiert – und ich versuche, dem standzuhalten. Die Anderen reden weiter, er lässt mich aber nicht aus dem Blick. Irgendwann sagt er in das Gespräch der Anderen hinein, zu mir gerichtet: „Was machst Du hier eigentlich?" So. Dann wurde es still, und ich habe dann, frech wie ich war, gesagt: „Ja, wir kämpfen für die Diktatur des Proletariats!" Damit das mal klar war, dass ich mit dem ganzen Scheiß, der gerade diskutiert wurde, gar nix zu tun habe. Und dann hat der Beuys mich weiterhin nicht aus den Augen gelassen und gesagt:

„Gute Idee, aber ich sag Dir eins, die haben die Freiheit vergessen." Dann gab es Gelächter, natürlich, ich war der Blamierte. Hab mir das aber sozusagen hinter die Ohren geschrieben.

H.K.: Beuys hat komplexe Zusammenhänge manchmal mit einem einzigen Satz auf den Punkt gebracht.

F.D.: Ja. Das Interessante für ihn war die Begegnung, er hatte wirklich Interesse an seinem Gegenüber. Wahrscheinlich, weil er unendlich neugierig war: Wenn man schon zusammensaß, dann wollte er auch wissen, mit wem er zusammensaß. Ende der 1970er Jahre, als ich mich schon aus der politischen Betätigung gelöst hatte, hat Beuys übrigens probiert, mich zu überzeugen, dass ich nun unbedingt bei den Grünen mitmachen müsste.

H.K.: Das kam von Beuys als konkrete Aufforderung an Sie?

F.D.: Ja, man hat sich ja immer irgendwo gesehen auf Ausstellungen. „Jetzt brauchen wir solche Kämpfer wie Dich", hat er da eines Tages gesagt.
Und dann habe ich gesagt: „Nee Beuys, das ist vorbei, da ist nix mehr zu holen. Du wirst bei den Grünen erleben, dass das Rote sind und den ersten, den die schassen, das bist Du."
Und Beuys: „Nein, das ist eine ganz neue Bewegung, das machen wir alles jetzt völlig anders. Da hast Du wirklich keine Ahnung von, aber das wäre wichtig, dass Du da jetzt mitmachst."
Ich sagte: „Nee, ich kenn die Galgenvögel. Die ermorden Dich, die bringen Dich um, die beseitigen Dich, die wollen Dich nicht." Er dann wieder: „Dafür musst Du einen sehr langen Atem haben."
Dann habe ich zum Schlag ausgeholt und gesagt: „Du wärst der erste Künstler, der ohne Blutvergießen an die Macht kommt."
„Was soll das denn heißen?"
„Sag ich ja, geschichtlich, guck mal hin. Courbet[6] war der letzte Künstler, der die demokratische Revolution verwirklichen wollte. Er hat es nicht geschafft. Oder, ich sag Dir noch ein anderes Beispiel: Barnett Newmann[7].
„Was war mit Barnett Newmann?"
„Der wollte Bürgermeister in New York werden in den 1930er Jahren – und zwar mit einem ökologischen Programm."
„Was? Ein ganz toller Mann." Und ob aus dem politisch was geworden wäre, wollte Beuys wissen.

„Hast Du was gehört? Eben nicht."
„Nein", sagte Beuys, „aber wir machen das alles jetzt ganz anders."
Ich sagte: „Ja ja, dann mal los. Ich bin aber nicht dabei."

H.K.: Haben Sie denn auch erlebt, wie Beuys reagierte, als wirklich passierte, was Sie vorausgesagt haben? Haben Sie damals mit ihm sprechen können?

F.D.: Ja, nach der Unterzeichnung des Kriegsrechts in Polen haben wir eine Ausstellung gemacht. Der Jablonka[8], der später die Galerie in Köln hatte, der hat 1981 eine sehr gute Ausstellung zur Rolle der polnischen Gewerkschaft Solidarnosc in Düsseldorf organisiert, wobei auch Kunstwerke versteigert wurden. Der Literatur-Nobelpreisträger Czeslaw Milosz[9] hat sogar die Schirmherrschaft für die Ausstellung übernommen. Ich habe damals dieses Hungertuch[10] gemacht, das von Beuys, Stüttgen und mir signiert wurde. Wir haben das erfolgreich verkauft über den Bonner Galeristen Erhard Klein. Das Geld haben wir dann Solidarnosc gespendet.
Aber angesprochen habe ich Beuys auch schon 1979 nach seiner großen Retrospektive im Guggenheim-Museum in New York. In einer stillen Minute, als nicht alle Aufmerksamkeit auf Beuys gerichtet war, habe ich ihn gefragt: „Wie geht's Dir eigentlich?"
Ich habe mich von dem ganzen Rummel um seine Person nicht beeindrucken lassen und habe meine Frage wiederholt: „Wie geht es Dir denn wirklich?"
Und da nimmt er mich beim Arm, führt mich weg, quasi nimmt mich mit weg von dem Publikum und sagt: „Der Teufel ist hinter mir her....Die reißen mich auseinander."
Wir haben ein kurzes Gespräch führen können, das war diesem Moment geschuldet. Irgendwie hatte er da schon eine Ahnung gehabt. Er hat sich ja unendlich verschlissen in den Diskussionen. Er hatte wahrscheinlich auch schon längst gemerkt, dass er da gegen die Wand läuft, dass er gar nicht verstanden wird. Und dann kam auf der anderen Seite wieder der Weltkunstanspruch, überall zugleich zu sein, diesen Markt zu bedienen. Das hat ihn zerrissen. Das war zu sehen, das konnte man spüren.

H.K.: Sie haben sich, wenn ich es richtig verstanden habe, parteipolitisch bei den Grünen oder in anderen Zusammenhängen nicht mehr engagiert? Das geschah nur 1979, da waren Sie mal Kandidat der „Alternativen Liste"?

F.D.: Genau. Als die Grünen sich gebildet haben, alles zentralisiert wurde und sie mit ihrer Planwirtschaft angefangen haben, da war für mich dann Feierabend.

H.K.: Das heißt nun aber nicht, dass Sie mit Ihrer Kunst nicht gesellschaftspolitisch wirken wollen.

F.D.: Nein, natürlich will ich als Künstler Denkanstöße geben, auf Verwerfungen aufmerksam machen, in die Gesellschaft hineinwirken – aber nicht in einem parteipolitischen Korsett. Ich will als Künstler arbeiten, nicht in Gremien sitzen, für Mehrheiten werben, Beschlüsse herbeiführen, ein Parteiamt übernehmen und was es sonst noch alles gibt. Das würde mich einengen, meine künstlerische Freiheit behindern und damit auch meine Arbeit.

H. K.: Nach diesem sehr persönlichen Einblick in das politische Engagement von Beuys und Ihre Abgrenzung gegen seine Aufforderung zur Beteiligung – lassen Sie uns auf die Arbeiten schauen, die vor uns liegen. In Ihrem Bild „ohne Titel", datiert 2020 bis 2023, haben Sie sehr verschiedene Materialien verwendet. Zuerst ist mir allerdings aufgefallen, dass der Arbeitsprozess sich über drei Jahre erstreckte. Ist das typisch für Ihre Werke, dass Sie so lange daran arbeiten? Oder ist das eher eine Ausnahme?

F.D.: Das ist eigentlich typisch, weil ja nicht alles sofort irgendwie dem Kommerz unterworfen wird, also es wandert nicht alles sofort an die Öffentlichkeit. Es bleibt eben einfach liegen. Dadurch hat man die Möglichkeit, dass man Dinge wieder entdeckt und noch mal vornimmt und sich sagt, da könnte man noch mal weiter dran arbeiten. Das ist eigentlich ein ständiger Arbeitsprozess, wo vieles mitschwingt. Man muss nicht immer alles neu machen. Man kann mit dem Alten, das man schon mal irgendwie zu greifen hatte, noch mal weiterarbeiten.

H.K.: Auf diesem Bild sind Sechsecke, die man als Bienenwaben deuten könnte. Ist das eine Form, die sonst auch bei Ihnen eine Rolle spielt, die Sie auch sonst fasziniert?

F.D.: Dieses Geometrische ist bei mir eher singulär. Ich habe einen sehr spontanen und eher nicht reflektierenden Arbeitsprozess. Ich bin auch sehr schnell in meiner Arbeit.

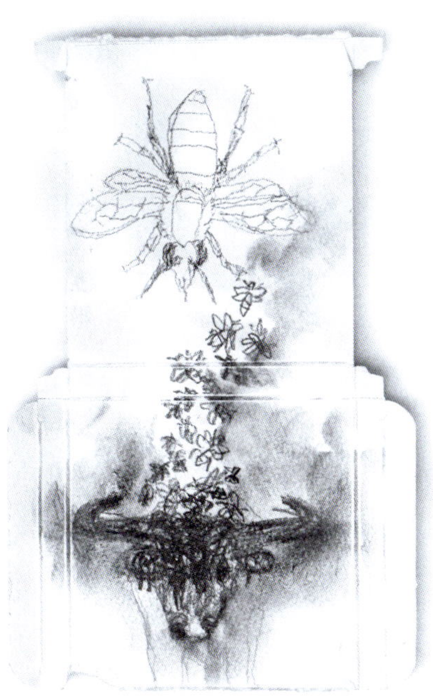

Felix Droese: Apis mellifera, Bugonie (2018).
Bleistift auf Karton, 20 x 13 cm

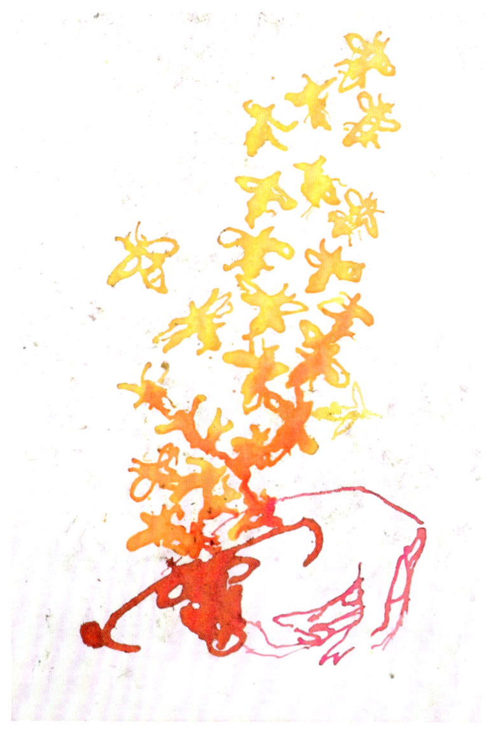

Felix Droese: Bugonie. Aristäus erschafft die Bienen aus dem toten Rind (2018). Aquarell auf Pappe, 28,7 x 20 cm

H.K.: Und Sie arbeiten an mehreren Bildern und Objekten gleichzeitig?

F.D.: Ja, ja. Also da ist dieser berühmte Ausspruch von Nietzsche: alles durcheinander, übereinander und zugleich. Also, dass man im Grunde genommen so aus dem Komposthaufen heraus arbeitet und immer wieder etwas entdeckt oder ablagert und schichtet.

H.K.: Sie haben bei diesem Bild unter anderem auch Tierblut verwendet. Wie ist es mit Blut als Malmaterial? Welche Bedeutung hat das bei diesem Bild – oder generell bei Bildern, die Sie sogar ausschließlich mit Blut gemalt haben?

F.D.: Damit war man natürlich ganz früh konfrontiert, schon in den 1960er und 1970er Jahren, als die Wiener Aktionisten – natürlich auch der Beuys – mit Blut gearbeitet haben. Und dann natürlich Steiner: das Blut ist ein besonderer Saft. Diese ganzen Dinge. Da kommt die Frage nach der Farbe einerseits und den chemischen Verwandlungsprozessen andererseits ins Spiel. Der Sauerstoff verschwindet aus dem Blut – und übrig bleibt das Eisen. Das erlebt man natürlich bei einem Graphitstift oder einer Ölfarbe nicht. Diese Farben bleiben unverändert. Man will das festhalten. Das Interessante beim Blut als Malmaterial hingegen ist, dass sie das nicht festhalten können. Das verschwindet oder verändert sich zumindest. Die Frage nach der Veränderlichkeit von Blut, Farben, Bildern, gesellschaftlichen Prozessen – das interessiert mich.

H.K.: Auf den ersten Blick lässt dieses Bild auch an einen Baum denken. Aus dieser Sichtweise könnten Bienenwaben gut dazu passen, da wilde Bienenvölker gerne in Baumhöhlen ihre Nester bauen, oder, wie Sie berichtet haben, am Fensterrahmen hier bei Ihnen ein Nest gebaut haben. Hat dieser Aspekt Sie bei dieser Arbeit beschäftigt? Ich vermute, dass diese Sechsecke erst relativ spät im Arbeitsprozess dazu gekommen sind.

F.D.: Genau. Also das ist ja im Grunde ein typisches Bild, wo vielfach drüber gearbeitet wurde. Und dann habe ich Tusche zu Hilfe genommen und diesen Rorschachtest[11] draus gemacht.

H.K.: Sie haben also erst relativ spät im Arbeitsprozess mit dunkelroter Farbe eine symmetrische Figur geschaffen, indem Sie das Blatt in der Mitte gefaltet haben?

F.D.: Ja. Das andere war da schon unterlegt, also die Sache mit dem Blut. Das ist ja eine Schichtung, das wurde aber alles nicht besser. Eine Baumfiguration war schon erkennbar, so eine vertikale Struktur. Um das nochmal hervorzuheben, habe ich diese Art Rorschachtest gemacht und auf diese Weise die Symmetrie betont. Alles, was zuvor auf dem Bild war, war spontan, chaotisch, man kann sagen ohne Sinn und Verstand. Plötzlich kommt durch eine andere Handhabung der Farbe eine ganz eindeutige Symmetrie ins Spiel. Diese Symmetrie hat mich veranlasst, dort eine geometrische Figur dazuzugeben. Da war eigentlich nichts anderes parat als Bienenwaben. Ich lebe hier ja auf dem Land, das wir auch selber bearbeiten. Da gibt es natürlich jede Menge wildes Gesumme von Hornissen, Wespen, Erdbienen, die Löcher graben. Man muss aufpassen, dass man nicht drübermäht, denn dann kommt der ganze Stamm heraus und überfällt einen. Ich hab in den 30 Jahren, wo wir hier leben, schon mehrere Attacken von Bienen und Hornissen ertragen.

H.K.: Wenn man das Bild länger betrachtet, könnte man ja auch denken, oben gucken einen zwei Augen an. So eine Doppeldeutigkeit, es könnte ein Baum sein, es könnte vielleicht auch ein Gesicht versteckt sein. Das wäre aber durchaus typisch für Ihre Arbeit, dass es nicht ganz festgelegt ist. Es gibt nicht nur für Sie als Macher eine große Freiheit im Arbeitsprozess, sondern auch eine Freiheit für den Betrachter?

F.D.: Ja klar. Das ist im Bild so das magische Element, dass Dich etwas anguckt. Das Bild schaut ja auf den Betrachter und der Betrachter schaut zurück. Und das Auge spielt natürlich immer eine ganz wichtige Rolle. Wenn man sich das nochmal genau anschaut auf diesem Bild, dann ist das eine Auge gelb und das andere ist schwarz. Und im unteren Teil der Baumfiguration ist so etwas Ähnliches wie das Ende eines dreieckigen Gesichts. Und die Augen als Organ – da beschäftigt mich, dass im Grunde genommen beim Auge nicht nur von außen etwas in dich hineinkommt, sondern vor allen Dingen kommt über das Auge auch etwas aus dir in die Welt.

H.K.: Ich könnte mir vorstellen, dass Sie manchmal selbst überrascht sind vom Ergebnis Ihrer Arbeit.

F.D.: Eben, so etwas ist ja nicht bewusst gestaltet. Wie man so schön sagt: das geschieht – oder „lass es sein", wie Meister Eckart sagte. Also einfach mal machen lassen. Die Farbe weiß schon am besten, wo sie hin will. Und so könnte ich dem Bild auch den schönen Titel „Im Paradies der Ganzheitlichkeit" geben.

H.K.: Diesen Titel übernehme ich gern. Eine undatierte Zeichnung, die hier auch vor uns liegt, zeigt Sechsecke, offensichtlich Bienenwaben, sowie nicht nur eine, sondern zwei Sonnen. In einem Ihrer Kataloge fand ich dazu eine andere Arbeit, die trägt sogar den Titel „Zwei Sonnen". Es ist eine Arbeit aus dem Jahre 1978, die im Katalog „Über die menschliche Fleischfarbe"[12] abgebildet ist. Was hat es mit dem Thema der zwei Sonnen auf sich?

F.D.: Ja, wenn ich das wüsste. Also, die Sonne war für mich eigentlich immer schon sehr bedeutsam. Wahrscheinlich sind das frühe Kindheits- und Jugenderlebnisse. Ich bin ja an der Nordsee groß geworden. Da spielt die Sonne eine herausragende Rolle. Nicht nur wegen der wunderbaren Sonnenuntergänge, sondern weil man nicht in die Sonne hineingucken kann. Das funktioniert nicht. Man kann alles, aber das Auge ist für das Sonnenlicht nicht gemacht und daraus hat sich für mich immer abgeleitet, dass die Sonne stärker ist als die Erde. Die Sonne ist durchaus oder überaus gefährlich, und heutzutage wundert es mich immer noch, dass so wenig über die Sonne bekannt ist.

H.K.: Sie haben der Sonne in Ihrer Arbeit einen besonderen Stellenwert gegeben, Sie haben sie verdoppelt und geschwärzt. Zwei schwarze Sonnen, das wirkt geradezu bedrohlich.

F.D.: Ja klar, weil natürlich die Sonne, wie wir alle wissen, verdunkelt werden kann. Das ist für die Menschen bis heute ein außerordentliches Erlebnis. Aber wo Sonne ist, da ist auch Schatten. Wie Sie schon erwähnt haben, gibt es diese kleine Malerei von 1978 mit den zwei Sonnen. Wenn ich mich recht erinnere, ist in der Mitte aber ein Wachturm von der DDR-Grenze. So ist diese Ost-West-Problematik als zwei schwarze Sonnen, als doppelte Sonne vorhanden. Da taucht dieses Ost-West als zweimal verschattet auf, wenn man so will. Das ist natürlich auch eine viel einfacher darzustellende Sonne, man kann sie schwarz malen als Punkt oder als Kreis. Die Farblichkeit der Sonne darzustellen ist dagegen schwierig. Van Gogh hat sich mit diesem Phänomen ja lange auseinandergesetzt. Was passiert mit diesem Gelb?
Wir leben ja mit der Sonne, auf Grund der Sonne. Insofern ist das Bild der schwarzen Sonne eine Metapher. Es ist jetzt gerade wieder neu erschienen von Iwan Schmeljow, dieses berühmte Buch der 1920er Jahre „Der Toten Sonne“[13]. Das wurde wahrscheinlich mal kurz publiziert, dann ist es völlig verschwunden. Thomas Mann hatte Schmeljow für den Nobelpreis vorgeschlagen und hat zu diesem Buch „Der Toten Sonne“ geschrieben, wer den Mut hat, wage es zu lesen. In dem Buch geht es ja um Vernichtung der Tataren auf der Krim, oder überhaupt um den Vernichtungswillen der Bolschewisten im Auftrag einer höheren Idee. Im Roman werden sie immer als Matrosen bezeichnet. Die Sonne spielt in diesem Roman eine ganz wichtige Rolle. Deswegen ist es bis zum heutigen Tage zu bedauern, dass die Familie Beuys bisher nicht bereit war, die Bibliothek von Beuys zu veröffentlichen. Sie haben ja zwar einzelnen Forschern, wie dem Verspohl[14] oder auch dem Zweite als Kunstwissenschaftlern Einblick gewährt. Bei Arno Schmitt, wenn ich mich recht erinnere, war es anders, seine Bibliothek ist akribisch aufgearbeitet worden. Da kann man nachlesen, was hat dieser Mann gelesen, womit hat er sich beschäftigt. Entweder kriegen sie es bei Beuys nicht mehr zusammen, was natürlich auch sein kann, aber es gibt bestimmt mehr als nur das, was bisher veröffentlicht

wurde, eben diese Sammlung anthroposophischer Schriften. Darüber hinaus muss es ja mehr geben, also zum Beispiel das berühmte Buch aus den 1950er Jahren: „Weltmacht Fett“[15], erschienen 1957. Kann mir ja keiner erklären, oder darf bei mir jetzt keiner ankommen, dass der Beuys das nicht gekannt hätte. Und zwar erscheint dieses Buch in dem Moment, wo Beuys seine Kunstproduktion radikal umstellt, weil er erklärt, er kommt da nicht weiter, er muss neu anfangen – und da erscheint dieses Buch „Weltmacht Fett“.

> H.K.: Wäre schon interessant zu wissen, ob dieses heute eher unbekannte Buch in der umfangreichen Bibliothek von Beuys zu finden ist. Beuys hatte ja umfangreiches Wissen auf den unterschiedlichsten naturwissenschaftlichen und auch philosophischen Gebieten. Selbst eher entlegene Themen wie die frühe Literatur der 1950er Jahre über den Schamanismus waren ihm bekannt.

F.D.: Ja – oder diese Schrift über die Krim. Was hat es denn nun mit dem Eurasienstab auf sich oder mit der Idee Eurasien. Was hat es mit den Tataren auf sich? Wie kommt dieser Beuys, unabhängig jetzt von seiner eigenen Absturzgeschichte[16], als Flieger, als Soldat dazu, sich so manifest mit dem Tatarentum, dem Schamanismus, mit Dschingis Khan und später mit der inneren Mongolei zu beschäftigen, zu einer Zeit, wo ja alles auf den Westmenschen ausgerichtet war, siehe „Projekt Westmensch“[17] bei Beuys. Das Interessanteste an Beuys ist im Grunde genommen diese Brücke, die er als Künstler schlagen konnte zwischen dem Vergangenen und dem Zukünftigen. Und interessiert war er nach seinen Aussagen immer an dem Zukünftigen. Nur dann wird die Vergangenheit fruchtbar.

> H.K.: Lassen Sie uns noch mal zu diesen zwei Sonnen auf Ihrer Zeichnung zurückkehren, die vor uns liegt. Sie sind nicht dunkel, sondern ganz hell. Im Zusammenhang mit Waben muss ich natürlich daran denken, dass Beuys gesagt hat, die Bienen seien „Sonnentiere“[18]. Was hat Sie beschäftigt, da zwei Sonnen zusammen mit Waben zu zeichnen?

F.D.: Also da geht kein reflexiver Gedankengang voraus. Das ist reiner Intuition geschuldet. Es sind ja Skizzen oder Zeichnungen, die – mit dem groben Wort gesprochen – einfach so entstehen. Das ist ein überraschender Moment – ohne irritierende Korrektur – und dann ist es auch gut. Dann wird’s wieder vergessen. Oder ich greife später noch einmal zu diesem Blatt und arbeite darauf weiter. Diese Zeichnung ist aber einfach in ihrem ersten Zustand geblieben. Bis zu unserem Zusammentreffen lag sie unsigniert und auch undatiert im Atelier.

H.K.: Vor uns liegen noch zwei weitere Arbeiten. Sie zeigen einen Stier bzw. Stierkopf und zahlreiche umherschwirrende Bienen. Da beziehen Sie sich offensichtlich auf die sogenannte „Bugonie“[19]. Nach dieser altägyptischen Bienenschöpfungssage entwickeln sich Bienen aus dem verwesenden Kadaver eines Opferstiers. Diese Vorstellung hat sich im Altertum weit verbreitet, findet sich bei römischen Dichtern wie Ovid und darüber hinaus auch in der deutschen Literatur des Mittelalters und der frühen Neuzeit. Heute dürfte diese uns absonderlich erscheinende Vorstellung von der Entstehung der Bienen nur noch wenigen bekannt sein. Wie sind Sie auf dieses alte Thema gestoßen?

F.D.: Ja, wenn ich das wüsste! Entweder in einem Buch über Bienen oder über Stiere.[20] Wir haben ja seit 30 Jahren Rinder - Highlander – zur Landschaftspflege auf unserem Hof. Vielleicht taucht das Buch wieder auf. Jedenfalls hat mich diese alte Vorstellung fasziniert – und so sind spontan diese beiden kleinen Arbeiten entstanden. In der Bibel habe ich später im „Buch der Richter“[21] übrigens eine vergleichbare Textstelle zu den Vorstellungen einer „Bugonie“ gefunden. Da wird berichtet, dass Bienen und Bienenwaben zwar nicht in Stieren, aber in den Leibern toter Löwen gefunden wurden. Daran habe ich schon lange nicht mehr gedacht. Erst als Sie mit Ihrer Frage nach Bienen, Waben und Honig in meiner Arbeit kamen, sind mir diese beiden Bilder wieder eingefallen. Eine kleine Wiederentdeckung.

Nachtrag zum Interview am 16. August 2023

H.K.: Bei unserem Gespräch im Mai zeigten Sie mir die Fotokopie einer Druckgraphik mit dem Titel „Honigpriesterin“. Jetzt haben Sie noch ein Exemplar dieser Radierung gefunden.

F.D.: Dieses Blatt war Teil der Graphik-Mappe „Einer muss wachen“ aus dem Jahr 1982. Sie enthielt 22 Drucke. Geplant war damals eine kleine Auflage von 30 Exemplaren. Beim Drucken der Kaltnadelradierungen stellten wir aber fest, dass die Druckplatten nur etwas mehr als 20 qualitätsvolle Drucke hergaben – dann waren viele der feineren Linien einfach nicht mehr zu sehen.

So wurden nur 24 Exemplare der Mappe fertiggestellt. Von einigen wenigen Druckplatten wie zum Beispiel der „Honigpriesterin" habe ich noch ein paar Abzüge machen können, die ich dann auch noch signiert, betitelt und nummeriert habe.

H.K.: Woher stammt der seltsame Begriff „Honigpriesterin"?

F.D.: Ich bin mir nicht sicher, aber vermutlich habe ich ihn seinerzeit von Nietzsche aus seinem „Zarathustra" übernommen. Den Begriff gibt es sonst gar nicht.

H.K.: Bei dieser „Honigpriesterin" könnte es sich auch um eine Bienenkönigin handeln. Rechts oben im Blatt ist die Silhouette eines Bienenkorbs ausgespart, die Bienenkönigin befindet sich bei dieser Sichtweise außerhalb des schützenden Bienenkorbs. Und die sechs männlichen Figuren, die von links auf sie zuzufliegen scheinen, könnten dann am ehesten männlichen Drohnen entsprechen. Die deutlich dargestellten Penisse dieser Figuren lassen an die Begattung der Bienenkönigin auf ihrem Hochzeitsflug denken.

F.D.: Ja, das sind eindeutig männliche Figuren, während gleichzeitig am Boden zumindest ein weibliches Wesen liegt. Gleichzeitig geschlüpfte Königinnen töten einander – es darf nur eine geben.

H.K.: Wie schon bei Ihren beiden Bildern zur „Bugonie" fällt mir auch hier auf, dass Sie über große Kenntnisse zur Biologie und Kulturgeschichte der Bienen verfügen. Aber auch andere, eher selten zitierte Literatur ist ja in unser vorangegangenes Gespräch eingeflossen. Angesichts Ihrer Bibliothek im Nachbarhaus und der hohen Bücherwand, vor der wir hier sitzen, scheint alles dafür zu sprechen, dass Sie zu den von Ihnen bearbeiteten Themen gern und viel lesen, sich in die Themen einlesen.

F.D.: Am Morgen lese ich meist ein oder zwei Stunden. Ich lese ausgesprochen gern und viel zu sehr unterschiedlichen Themen. Als ich zum Bespiel 2008 eine Ausstellung in der Galerie Frank Schlag in Essen vorbereitete, las ich zunächst zur Geschichte der Stadt Essen. Dabei stieß ich auf Cosmas und Damian. Da diese beiden Heiligen, die Schutzheiligen der Ärzte, in Essen als Schutzheilige der Stadt verehrt werden, dachte ich, das sei eine gute Idee, den Essenern

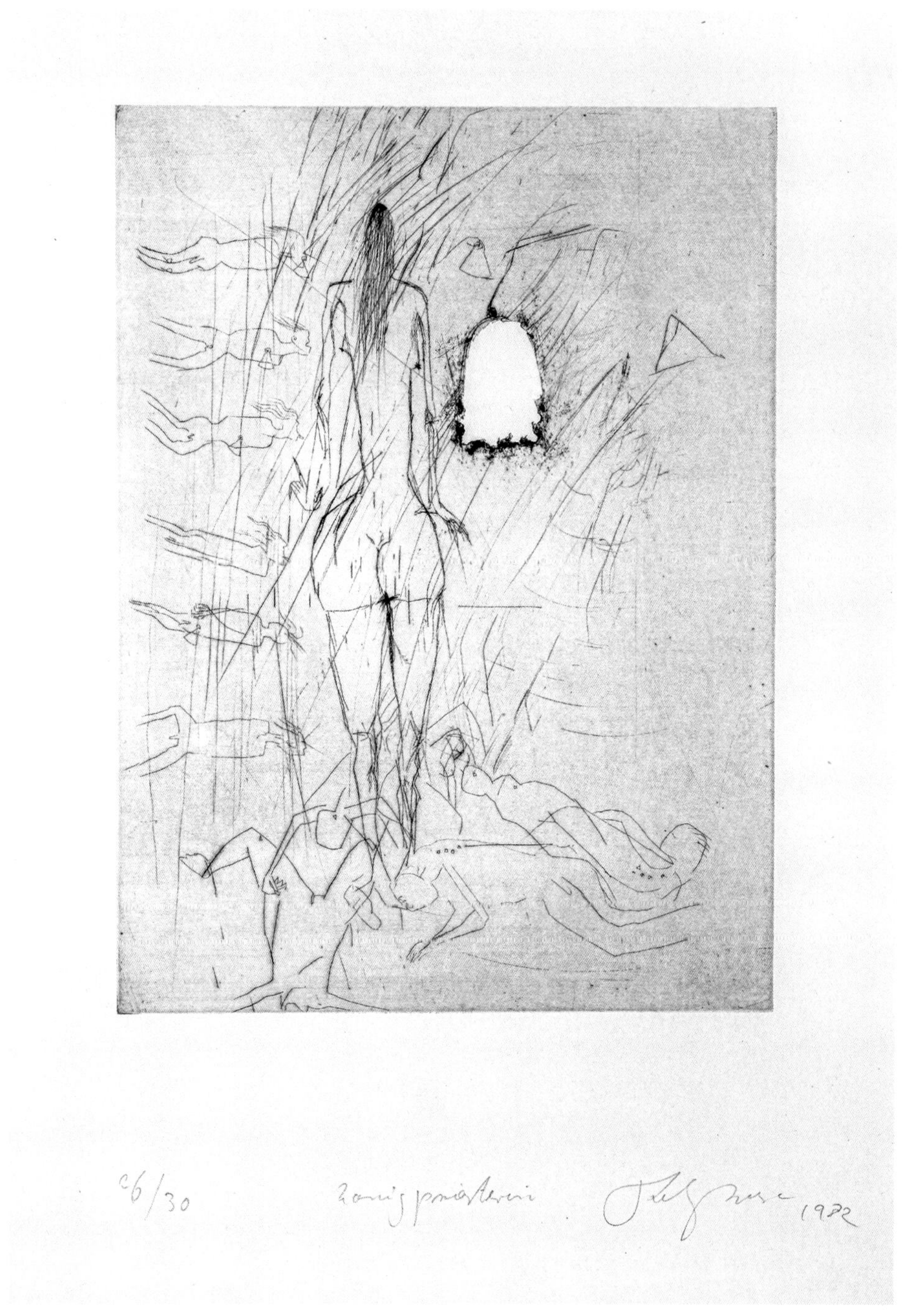

Felix Droese: Honigpriesterin (1982). Kaltnadelradierung, Auflage 30 Exemplare, hier 26/30, signiert, betitelt, nummeriert, 39,5 x 29,5 cm auf 63,8 x 47,8 cm einen Holzdruck ihrer Schutzheiligen anzubieten, die doch offensichtlich selbst bei den Katholiken in Vergessenheit geraten sind. Das fand aber so wenig Beachtung, dass nur ein einziger Druck verkauft worden ist – an einen Sammler, der sowieso alle Editionen von mir sammelt. Anderen Besuchern der Ausstellung ist der Bezug der Heiligen und dieses Holzschnittes zur Stadt Essen wohl gar nicht aufgefallen.

H.K.: Könnten Sie sich einverstanden erklären, wenn man Sie als „pictor doctus"[22] bezeichnet?

F.D.: Wenn Sie so wollen. Die fleißige Lektüre füttert das Gedächtnis, wird im Gehirn abgespeichert und die Zeichnung ist dann eine Erinnerung. So wird die Lebensleistung des Gehirns, das zuvor alles gut gesammelt hat, nach außen verlagert und somit sichtbar gemacht. Aber der Zufall und die Intuition gehören mit zur Arbeit. Das hatte ich ja bereits erwähnt, dass die Farbe schon weiß, wohin sie will. Das Wissen um die Hintergründe eines Themas fließt in meine Arbeit ein, aber der Zufall, das Spontane und Unerwartete, auf das ich als Künstler reagieren muss, sind genauso wichtig.

Anmerkungen

1 Felix Droese: Sekundenfilm 1921–2021 (2020), Edition Artax Kunsthandel, Düsseldorf. Auflage 29 Exemplare

2 Armin Zweite (geb. 1941), Kunsthistoriker, 1999–2007 Direktor der Kunstsammlung NRW in Düsseldorf

3 Riegel, H.P.: Beuys. Die Biographie. Aufbau Verlag, Berlin 2013

4 Artax Kunsthandel, Düsseldorf, vgl. Anm. 1

5 Rheinische Bienenzeitung, insgesamt 126 Jahrgänge, letztes Heft im Dezember 1975 (12/1975). Anlässlich des letzten erschienenen Heftes wurde eine Edition mit 13 künstlerischen Beiträgen in einer Auflage von 34 Exemplaren herausgegeben. Beteiligt waren u.a. Joseph Beuys, Michael Buthe, Jürgen Klauke, Rune Mields, Ulrike Rosenbach, Bernard und Ursula Schultze. Weitere Angaben siehe im entsprechenden Kapitel in diesem Buch.

6 Gustave Courbet (1819–1877), französischer Maler des Realismus. Anklage und Verurteilung wegen Beteiligung an der Zerstörung der Vendome-Säule im Rahmen der Pariser Unruhen, Flucht ins Ausland

7 Barnett Newmann (1905–1970), amerikanischer Maler und Bildhauer des abstrakten Expressionismus, Entwicklung der Farbfeldmalerei und der Hard-Edge-Malerei

8 Galerie Jablonka, Galerie für zeitgenössische Kunst in Düsseldorf, später in Köln bis 2018

9 Czeslaw Milosz (1911–2004), polnischer Schriftsteller, erhielt 1980 den Nobelpreis für Literatur

10 Salidarnosc incarnat (1981), Farboffset, Auflage 50 Exemplare, signiert von Felix Droese, Joseph Beuys und Johannes Stüttgen, herausgegeben von Felix Droese (vgl. auch Joseph Beuys, WVZ der Multiples, Schellmann, Nr. 376)

11 Rorschachtest, ein projektives Testverfahren, bei dem mit Hilfe von klappsymmetrischen Tintenklecksbildern die Assoziationen der Testpersonen für die Persönlichkeitsdiagnostik genutzt werden. Entwickelt von Hermann Rohrschach (1884–1922), Erstveröffentlichung 1921

12 Felix Droese „Über die menschliche Fleischfarbe", Katalog zur Ausstellung im Städtischen Kunstmuseum Bonn, 1985, Abb. S. 21

13 Iwan Schmeljow: Der Toten Sonne. 1923 als Fortsetzungsroman in einer Zeitung publiziert; erste Buchausgabe 1926 im Pariser Exilverlag Wosroshdenije. Im März 2023 als 459. Band der Reihe „Die andere Bibliothek" im Aufbau Verlag, Berlin erschienen

14 Franz-Joachim Verspohl (1946–2009), Kunsthistoriker und Professor für Kunstgeschichte an verschiedenen Universitäten

15 Blank, H.: Weltmacht Fett – Die Geschichte einer Erfindung. Bruckmann, München 1957

16 Zur Diskussion um den Absturz von Joseph Beuys im 2. Weltkrieg und seinen Bericht, von Tataren gefunden und gepflegt worden zu sein, existiert eine kontrovers geführte Debatte und Literatur, s. hierzu u.a. Kraft, H.: Joseph Beuys. Intuition 1968. Verlag Kettler, Dortmund 2021, S. 33–59; Kraft, H.: Beuys' Krise. In: Skrandies, T. und Paust, B. (Hrsg.): Joseph Beuys. Handbuch. Leben – Werk – Wirkung. Metzler Verlag, Berlin 2021, S. 14–19

17 Joseph Beuys: Projekt Westmensch. Verlag Edition Schellmann, München 1992; vgl. hierzu die Graphik „Stück 17", wo von „Westmensch" und „Ostmensch" die Rede ist (Joseph Beuys, WVZ der Multiples, Schellmann Nr. 10 (1969), Nr. 46 (1972), Nr. 82 (1973), Nr. 211 (1977))

18 Joseph Beuys im Interview der „Rheinischen Bienenzeitung", Heft 12/1975, S. 374

19 Botinnen der Götter. Natur- und Kulturgeschichte der Honigbiene. Rheinland-Verlag, Köln 1988, S. 49–50

20 Mehrere Wochen später fand F.D. in seiner Bibliothek das Buch, das ihn auf die „Bugonie" aufmerksam gemacht hatte: Sammlung K.A. Forster. Die Biene. Graphische Blätter aus fünf Jahrhunderten. Ohne Verlagsangabe, Küsnacht-Zürich 1975, S. 5, S. 16

21 „Buch der Richter" 14, 8

22 Als „poeta doctus" wird in der Philologie der „gelehrte Dichter" bezeichnet. Der daran angelehnte Begriff des „pictor doctus" als „gelehrter Maler" ist eher ungewöhnlich. Wieso eigentlich?

Über Bienen, Teil 6:
Bienen und ihre Produkte in der Kunst

Eine erste Abbildung von Bienen findet sich bereits lange vor Erfindung der Schrift in einer Höhlenmalerei[1] aus dem 9. Jahrtausend v. Chr.. Die nachfolgende Übersicht erfolgt nicht chronologisch, sondern orientiert sich an den Bienen und ihren Produkten, also an der Verwendung von Bienenwaben, Wachs, Honig, Bienenstachel und Bienengift sowie – als Beitrag der Menschen – auch an Bienenstöcken und Bienenkästen.

Bienen

Kaum ein Buch oder Artikel zur Geschichte der Bienen kommt ohne Hinweis auf die Felsmalerei der Cuevas de la Arana[2] in der Provinz Valencia aus. Gut zu erkennen ist ein Mensch, der einen Stamm emporklettert, um an ein Bienennest zu gelangen. Dabei wird er von mehreren Bienen attackiert. Es ist die früheste Darstellung der Waldimkerei, der Arbeit der sogenannten Zeidler. Dieser einstmals wichtige Berufsstand, der mit Privilegien ausgestattet war, suchte nach Bienenvölkern im Wald oder schuf selber Höhlungen in Bäumen, um umherschwärmenden Bienenvölkern eine Bleibe anzubieten. Wachs und Honig konnten von Zeit zu Zeit geerntet werden – und die Bienen begannen erneut mit dem Bau ihrer Waben und der Honigproduktion.
Erst als die Menschen darauf verfielen, ausgehöhlte Baumstämme, später auch Tonröhren, geflochtene Körbe oder Kästen in der Nähe ihrer Häuser als Behausung für die Bienen aufzustellen, endete die Zeidlerei, und es begann die heute bekannte Imkerei. Gegenwärtig gibt es Bestrebungen, die Bienen als Waldinsekten wieder in ihrem natürlichen Lebensraum anzusiedeln. So erlebt die Zeidlerei eine erstaunliche Renaissance.

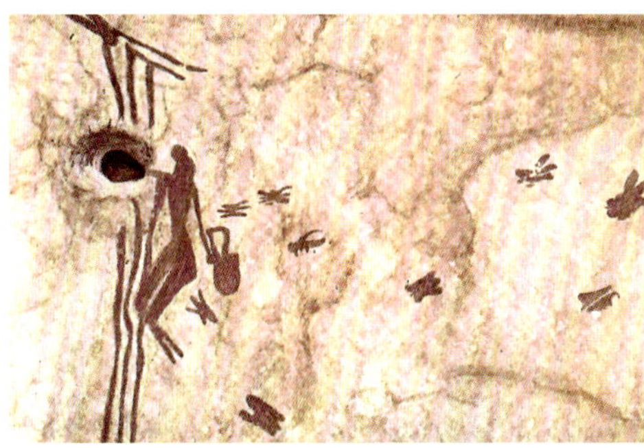

Höhlenzeichnung aus der Cuevas de la Arana, Spanien, ca. 9000 v. Chr. (aus: Rüdiger, W. 1974, S. 13)

Abgesehen von Bienen als Hieroglyphen im alten Ägypten finden sich einige Beispiele für Bienendarstellungen auch auf griechischen Gefäßen.[3]
Häufiger finden wir Abbildungen von Bienen aber erst in den Holzschnitten, Zeichnungen und Gemälden der Renaissance und des Barock. Besonders die römischen Bienen an der „Fontana delle Api" und am „Tritonenbrunnen" oder – noch viel prominenter – am zentralen Baldachin im Petersdom stechen hervor. Diese und zahlreiche weitere Bienendarstellungen wurden vom reichen Adelsgeschlecht der Barberini in Auftrag gegeben, deren Name selbst in Deutschland durch das "Museum Barberini" in Potsdam präsent ist. Die Familie stammte aus Barberino Val d'Elsa in der Toskana und hieß ursprünglich Tafani, was wörtlich übersetzt „Pferdebremse" bedeutet. Im Zuge des gesellschaftlichen Aufstiegs der Familie wurden aus den Pferdebremsen die edler beleumundeten Bienen – und unter Papst Urban VIII (1623–1644), vormals Maffeo Barberini (1568–1644), brachten es die Bienen bis zur Zierde des Petersdoms.[4]

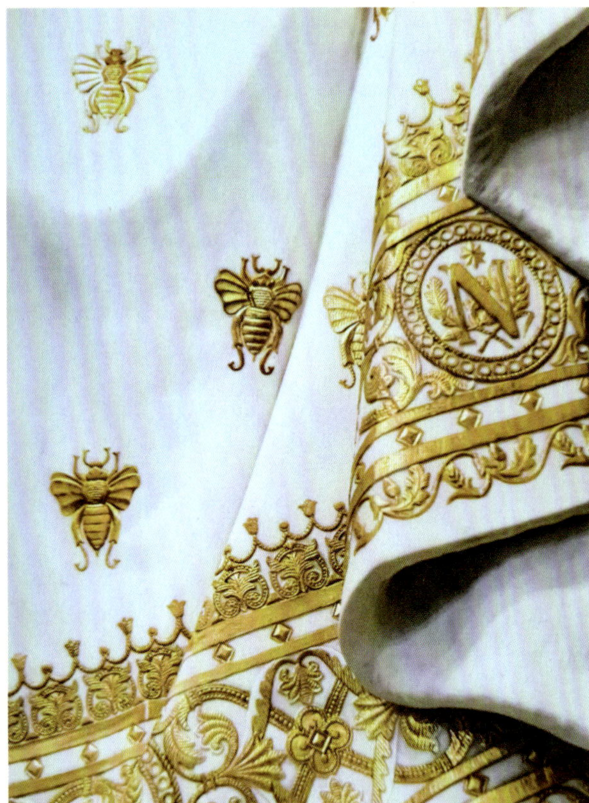

Darstellung von Bienen auf dem Mantel einer Statue von Napoleon (Detail)

Mehr als ein Jahrhundert später bediente sich auch Napoleon (1769–1821) als Kaiser von Frankreich der Symbolkraft der Bienen. Wie es heißt, fremdelte Napoleon anfänglich allerdings mit den Bienen angesichts der von Jan Swammerdam bereits im 17. Jahrhundert nachgewiesenen weiblichen Natur der Bienenkönigin.[5] Wichtiger war letztlich, dass die Lilie als Zeichen des Herrscherhauses der Bourbonen nun durch ein anderes Emblem ersetzt werden sollte. Man erinnerte sich an die Merowinger, die erste Königsdynastie im nachrömischen Frankreich. Im Grab des Merowingerkönigs Childerich (gestorben 481 n. Chr.) waren bei Bauarbeiten im Jahre 1653 hunderte von goldenen Bienen gefunden worden. Was lag näher, als hier anzuknüpfen. Bienen zierten fortan den Krönungsmantel und fanden sich auf Wappen und allen möglichen Gebrauchsgegenständen des Kaiserreichs wieder. Selbst in den von Napoleon eroberten Städten, wie z. B. Köln, wurden die drei Kronen im Stadtwappen während der Besatzungszeit durch drei Bienen ersetzt. Dass die Wissenschaft heute eher davon ausgeht, dass es sich bei den Bienen des Childerich doch eher um Zikaden handelte, stand seinerzeit noch nicht zur Diskussion.

Im 19. Jahrhundert wurden die Bildergeschichten von Wilhelm Busch (1832–1908) populär, darunter auch „Schnurrdiburr oder Die Bienen" (1872). Busch war bestens mit den Bienen und der Imkerei vertraut und veröffentlichte sogar zwei Beiträge in einer Imkerzeitung.
Von Wilhelm Busch ist es dann nur noch ein kleiner Schritt zur berühmtesten Biene der Welt, der „Biene Maja". Das Buch von Waldemar Bonsels (1880–1952) erschien im Jahre 1912 ohne Abbildungen, weltweit populär wurde die kleine Biene dann erst durch die Animationsfilme und Bilderbücher ab den 1970er Jahren.

Im 19. und 20. Jahrhundert haben mehrere Künstler sich mit Bienen beschäftigt. Berühmt wurde die kleine Biene auf dem Gemälde von Salvador Dali (1904–1989) mit dem Titel „Traum, verursacht durch den Flug einer Biene um einen Granatapfel, eine Sekunde vor dem Aufwachen" (1944). Die bereits im Titel genannte Biene summt um einen am unteren Bildrand schwebenden kleinen Granatapfel, der erneut, nun größer, auch oben im Gemälde auftaucht. Diesem angebissenen (?) Granatapfel entspringt ein Fisch, aus dessen Maul zwei Tiger mitten ins Bild in Richtung einer nackten Frau springen. In dieser kurzgefassten Übersicht zu den „Bienen in der bildenden Kunst" möchte ich aber geltend machen, dass es den Prinzipien des Surrealismus widerspricht, das Rätselhafte eines Bildes durch seine Deutung zu vernichten.[6]

Nach dem 2. Weltkrieg hat sich Joseph Beuys (1921–1986) wohl am intensivsten mit Bienen und Bienenprodukten beschäftigt und sie in sein umfangreiches Werk an vielen Stellen integriert. In Konzentration auf Honig als sein Werkmaterial ist hierzu bereits ausführlich berichtet worden. Angefügt sei hier noch, dass Beuys bereits bei seiner ersten Teilnahme an der Documenta III in Kassel (1964) drei Skulpturen präsentierte, nämlich Bienenkönigin I, II und III.[7]

Auch andere Künstler haben sich im 20. und 21. Jahrhundert mit Bienen beschäftigt. Hervorgehoben seien hier Arbeiten von Claire Morgan (geb. 1960), die präparierte Tiere, u.a. auch Bienen, für ihre Skulpturen verwendet, so z.B. in ihrer Arbeit „Die Vögel und die Bienen" (2011). Bekannt wurde auch ein liegender Frauenakt (eine Skulptur von Max Reinhold Weber), den der französische Künstler Pierre Huyghe (geb. 1962) als Betonabguss mit einem Wabenkopf voller Bienen auf der Documenta 13 (2012) präsentierte.

Bienenwaben

Die Harmonie der Natur, der Schöpfung insgesamt scheint sich in der regelmäßigen Sechseckform der Bienenwaben zu spiegeln. Eine Faszination geht von ihnen aus und entsprechend häufig haben Künstler darauf Bezug genommen. In der bereits besprochenen Edition der „Rheinischen Bienenzeitung" aus dem Jahr 1975 finden sich Sechseckformen bei George Brecht, Bernhard Blume und Rune Mields.

Waben sind stabile Bauelemente, in denen Honig und Bienenbrot, ein Gemisch aus Blütenpollen und Speichel, gelagert werden. Waben sind aber auch Brutkästen. In ihnen entwickeln sich die von der Königin gelegten Eier zu Arbeitsbienen oder Drohnen. Diesen Aspekt hat der Schweizer Künstler Rolf Iseli (geb. 1934) in einigen seiner Bilder mit dem Titel „Wabenfrau" aufgegriffen. Die so ganz unterschiedlichen Arten der Fortpflanzung von Menschen und Bienen scheinen hier zu verschmelzen. Unterschiedliche Assoziationsmöglichkeiten eröffnen sich: Thematisiert der Künstler das allen Lebewesen Gemeinsame der Fortpflanzung? Oder wird die Frau hier auf das Austragen und Gebären des Nachwuchses reduziert? Oder wird – ganz im Gegenteil – die „Wabenfrau" zur mächtigen Urmutter, die das Leben weitergibt, wobei männliche Wesen nur eine sehr untergeordnete Rolle spielen?

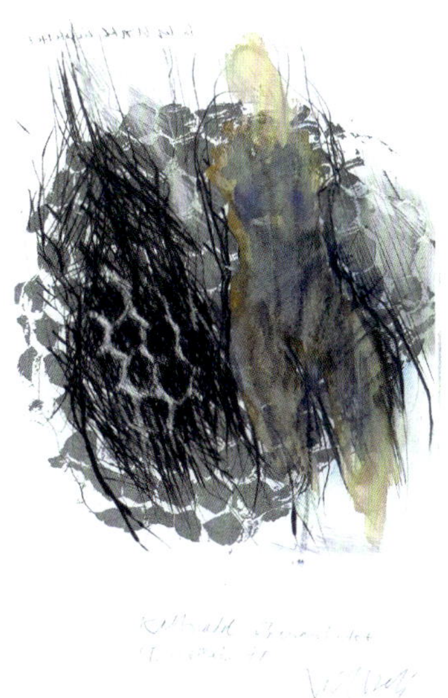

Rolf Iseli: Wabenfrau (1998). Kaltnadelradierung, überarbeitet mit Erde und Aquarell, Unikat; signiert, bezeichnet und datiert, 25 x 20 cm auf 50 x 35 cm

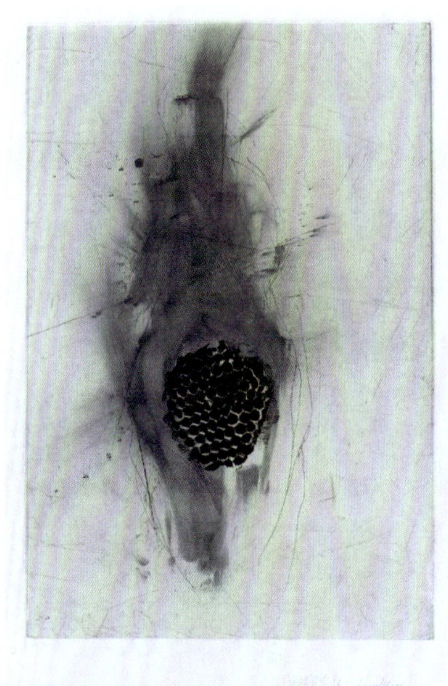

Rolf Iseli: Wabenfrau überarbeitet (1996). Kaltnadelradierung mit Pigment, Einzelblatt signiert, bezeichnet und datiert, 51 x 35 cm auf 70 x 50 cm

Es geht aber nicht nur um Abbildungen. Seit den 1960er Jahren haben die Künstlerinnen und Künstler aus dem Umfeld der „Nouveaux réalistes" ganz konkret Gegenstände in ihre Kunstwerke integriert, statt sie nur zu zeichnen, zu malen oder zu fotografieren. Ganz in diesem Sinne haben Timm Ulrichs, Herbert Zangs und Bjørn Nørgaard ihre Kunstwerke mit Hilfe realer Bienenwaben gestaltet, worüber in einem eigenen Kapitel berichtet wird.

In den letzten Jahren hat die Zahl der Künstlerinnen und Künstler, die reale Bienenwaben in ihre Kunstwerke integrieren, offensichtlich zugenommen. Erwähnt seien hier die Arbeiten der beiden kanadischen Künstlerinnen Aganetha Dyck (geb. 1937) und Ava Roth sowie in Deutschland Bärbel Rothhaar (geb. 1957).[8]

Bienenwachs

Aus Bienenwachs wurden und werden seit Jahrhunderten Skulpturen geformt. Wachs ist zudem auch ein Malmittel. Schon im alten Ägypten wurden Farbpigmente in Wachs gelöst und mit einem erhitzten Spachtel auf Malgründe wie z.B. eine Holzplatte aufgetragen. Anschließend wurde mit einem glühenden Eisen die Farbe in den Malgrund eingebrannt. Diese als

„Enkaustik" bezeichnete Technik wird gelegentlich auch heute noch angewandt.
In der zeitgenössischen Kunst ist Bienenwachs besonders von Wolfgang Laib (geb. 1950)[9] verwendet worden. Er gestaltete mit diesem stark duftenden Material formal stark reduzierte Objekte wie Boote oder gestufte Bauten, die sich auf die Zikkurattürme babylonischer Tempel beziehen. Sogar einen ganzen, in einen Felsen geschlagenen Raum in den französischen Pyrenäen hat der Künstler im Jahre 2000 mit einer dicken Schicht aus Wachs ausgekleidet. Das Material wird hier in die Natur zurückgegeben, aus der es entnommen wurde.

Bienenhonig

Verglichen mit der umfangreichen Verwendung von Wachs in den bildenden Künsten scheint die Arbeit mit Honig eher eine Ausnahme zu sein – wenn wir von den entsprechenden Arbeiten von Joseph Beuys absehen, über die bereits ausführlich berichtet worden ist.
Eine sehr ungewöhnliche Verwendung dieses hochkalorischen Nährstoffes findet sich bei dem amerikanischen Fotografen Lindsay Blake Little. Im Rahmen seiner Fotoserie „Preservation"[10] (2013) übergießt er seine Modelle mit Honig und fotografiert sie vor dunklem Hintergrund. Der goldgelbe Honig fließt in Bahnen, Schlieren und Tropfen bilden, an den Personen hinab, verwischt die Körperkonturen und entrückt die fotografierten Menschen in eine Welt, in der sie wie Insekten im Bernstein eingeschlossen erscheinen. Da „Preservation" mit „Bewahrung" oder auch „Erhaltung" zu übersetzen ist, lassen die Fotografien auch an das heute wenig bekannte Verfahren der „Mellifikation" denken. Darunter versteht man eine Konservierung von Leichen durch Honig, da dieser dem Körper Wasser entzieht und zu einer Mumifizierung führt. In dieser Weise wurde Honig in der Begräbniskultur verschiedener Kulturen wie z. B. in Burma oder China verwendet.

Bienenstachel und Bienengift

Die bekanntesten Bienenstiche der Kunstgeschichte erleidet der Liebesgott Amor. Berühmte Darstellungen von Albrecht Dürer (1471–1528) bis Lucas Cranach (1472–1553)[11] beziehen sich dabei auf das Gedicht „Der Honigdieb" des griechischen Dichters Theokritos, der im 3. Jahrhundert v. Chr. lebte. Er erzählt, wie der kleine geflügelte Liebesgott ein Bienennest ausrauben will und dabei von den verteidigenden Bienen übel zerstochen wird. Als er sich daraufhin bei seiner Mutter Venus bitterlich beklagt, verweist diese ihn auf sein eigenes Handeln: Mit seinen Liebespfeilen entfache er zwar süße Gefühle, bringe aber auch viele Verletzungen und Schmerzen in die Welt. Das Mitleid der Mutter hält sich in Grenzen.

Die Biene
Als Amor in den goldnen Zeiten
Verliebt in Schäferlustbarkeiten
Auf bunten Blumenfeldern lief,
Da stach den kleinsten von den Göttern
Ein Bienchen, das in Rosenblättern
Wo es sonst Honig holte, schlief.
Durch diesen Stich ward Amor klüger.
Der unerschöpfliche Betrüger
Sann einer neuen Kriegslist nach:
Er lauscht in Rosen und Violen;
Und kam ein Mädchen sie zu holen,
Flog er als Bien heraus, und stach.

Gotthold Ephraim Lessing (1729–1781)

Ansonsten scheint Bienengift – ähnlich dem Honig – die Künstler nur selten zur Gestaltung angeregt zu haben. Als zeitgenössisches Beispiel sei hier lediglich auf die Druckgrafik „Honiggefäß" von Joseph Beuys verwiesen; einen kleinen Teil der Auflage betitelte Beuys ausdrücklich als „Gefäß mit Bienengift"[12] (Abb. s. S. 89). Nähere Angaben zu dieser Umbenennung fehlen. Es könnte sich um einen Hinweis auf die Verwendung von Bienengift in der Medizin handeln.

Bienenkörbe und -kästen

Aus dem Jahre 1568 stammt die Zeichnung „Die Bienenzüchter"[13] von Pieter Brueghel d. Ä. (um 1525/1530–1569). In ihrer Vermummung wirken die titelgebenden Figuren geradezu wie surreale Gestalten – und ob es wirklich Züchter sind, wie der Titel angibt, oder ob es sich nicht vielleicht doch eher um Honigdiebe handeln könnte, lässt sich bei diesen gesichtslosen Gestalten und der Neigung des Künstlers zu Bilderrätseln kaum entscheiden.

Weithin bekannt geworden ist die Figur des „Honigschleckers“ (1749) in der Wallfahrtskirche Birnau am Bodensee. Mit seinem rechten Arm umfasst der propere Knabe den Bienenkorb. Im Unterschied zum Liebesgott Amor noch unbehelligt von den Wächterbienen labt er sich genussvoll am süßen Honig. Wie auch der gesamte Innenraum der barocken Kirche wurde dieser Putto von Joseph Anton Feuchtmayr (1696–1770) geschaffen, dem führenden Bildhauer, Stuckateur und Kupferstecher seiner Zeit in Süddeutschland und der Schweiz. Das Kosten des Honigs wird hier als Glaubensmetapher verwendet, als süße Seelennahrung. Schon der mittelalterlichen Mystik war es ein Anliegen, die Menschen die Süße des Glaubens geradezu sinnlich schmecken und jenseits aller Ratio in ihr Leben treten zu lassen.[14]

In der Genremalerei des 19. Jahrhundert mit ihren Szenen aus dem Alltag finden sich mehrere Darstellungen mit Bienenkörben, z.B. „Der Bienenfreund“ (1863) von Hans Thoma (1839–1924), „Die Tochter des Imkers“ (1881) von Henry Bacon (1839–1912) oder das Gemälde „Bei den Bienen“ (1896) von Curt Liebich (1868–1937).[15] Kein Wunder, denn das Imkern erfreute sich im 19. Jahrhundert und bis zum Ausbruch des 1. Weltkriegs großer Beliebtheit in breiteren Kreisen der Bevölkerung.

Während die geflochtenen Bienenkörbe längst Geschichte sind und nur noch auf den Etiketten der Honiggläser im Supermarkt auftauchen, waren Bienenkästen das Thema einer Gruppenausstellung des „Kunstraums Fuhr-

Wie würden Bienen einen Garten anlegen?

Die Londoner Künstlerin Alexandra Daisy Ginsberg (geb. 1982) schafft Gartenkunstwerke für bestäubende Insekten. Jeder Besucher ihrer interaktiven Website **www.pollinator.art** kann sich eine Gartenbepflanzung entwerfen lassen. Nach Eingabe von Größe, Lage, Bodenbeschaffenheit, Sonneneinstrahlung und weiteren Parametern wird ein ortsspezifischer Pflanzplan vorgeschlagen – ein Eldorado für bestäubende Insekten.
Einige ihrer Gärten gestaltete die Künstlerin z.B. für das Eden Project in Cornwall, für Kensington Gardens in London – und im Sommer 2023 für den Vorplatz des Museums für Naturkunde in Berlin.

werkswaage" in Köln im Jahre 2020. Unter dem Titel „KUNSTHonig" wurden 14 Künstlerinnen und Künstler eingeladen, funktionstüchtige Bienenkästen zu gestalten. Zum Ergebnis des Projekts schreibt Jochen Heufelder, der Leiter und Initiator des Projekts: „Alle sind in ihrem Arbeitsfeld geblieben, in ihrer Formensprache. Die Umsetzung der Vorgaben trägt ihre „Handschrift". So belegen die ausgestellten Arbeiten, dass die Kombination von Kunst und Ökologie nicht zulasten einer der beiden Bereiche gehen muss, sondern beides sehr gut vereinbar ist. (...) Bei aller Relevanz von Appellen und Aktionen zum Erhalt von Bienen – als für den Menschen überlebenswichtigen Partnern – sollte durch KUNSTHonig eine Kombination zweier Interessensbereiche visualisiert werden, über die reine Idee hinaus."[16] Trotz der Unterschiede in der konzeptuellen Umsetzung entspricht der hier formulierte Ansatz demjenigen des Buch- und Ausstellungskonzepts „Honig für Kunst und Gesellschaft".

Anmerkungen

1 Eine gute Übersicht zum Thema, auf die ich im Folgenden mehrfach zurückgreife, findet sich bei Weber, P.: Die Bienen und die Kunst. Betrachtungen von der Antike bis zur Gegenwart. Epubli, Berlin 2022; s. hierzu auch Lerner, F.: Blüten, Nektar, Bienenfleiß. Die Geschichte des Honigs. Ehrenwirth, München 1984; Rüdiger, W.: Ihr Name ist Apis. Kulturgeschichte der Biene. Ehrenwirth, München 1974; Ronte, D.: Kunst-Bienen. In: Rheinische Bienenzeitung, Heft 12/1975, S. 369–372; einen Überblick über die Druckgraphik zu diesem Thema findet sich bei „Sammlung Karl August Forster. Die Biene. Graphische Blätter aus fünf Jahrhunderten". Küsnacht-Zürich 1975 (ohne Angabe eines Verlags oder Hinweis auf eine Ausstellung)

2 Weber, P. 2022, S.5–7; Lerner, F. 1984, S. 19; Rüdiger, W. 1974, S. 13; Ronte , D. 1975, S. 369

3 Lerner, F. 1984, S. 49

4 s. hierzu Weber, P. 2022, S. 28–31

5 Weber, P. 2022, S. 40–42. Der niederländische Forscher Jan Swammerdam (1637–1680) hatte die Eierstöcke der Bienenkönigin zu Zeiten Napoleons längst nachgewiesen.

6 In Anlehnung an einen Satz von Karlheinz Lüdeking in der „Frankfurter Allgemeine Zeitung" vom 3. Januar 2023 in seinem Artikel „Gruppenbild im Einheitsanzug".

7 s. hierzu z.B. Friedel, H. und Schirmer, L. (Hrsg.): Joseph Beuys im Lenbachhaus und Schenkung Lothar Schirmer. Verlag Schirmer/Mosel, München 2013; vgl. auch Weber, P. 2022, S. 81–83

8 s. hierzu Weber, P. 2022

9 Wolfgang Laib: The Beginning of Something Else. Katalog zur Ausstellung im Kunstmuseum Stuttgart, Hirmer Verlag, München 2023

10 Lindsay Blake Little s. Weber, P. 2022, S. 102–104

11 s. hierzu Weber, P. 2022, S. 18–21

12 s. hierzu Schellmann, WVZ der Multiples von Joseph Beuys, 7. Aufl. 1992, Nr. 422, Anm. S. 483

13 vgl. hierzu Ronte, D. 1975, S. 371

14 vgl. hierzu die Ausführungen von Weber, P. 2022, S. 36–39, hier besonders S. 39

15 Weber, P. 2022, S.46ff

16 KUNSTHonig. Von Beuten, Skulpturen und Vorstadtgärten. Katalog des Kunstraums Fuhrwerkswaage, Verlag Stefan Schülke Fine Books, Köln 2020, S. 7

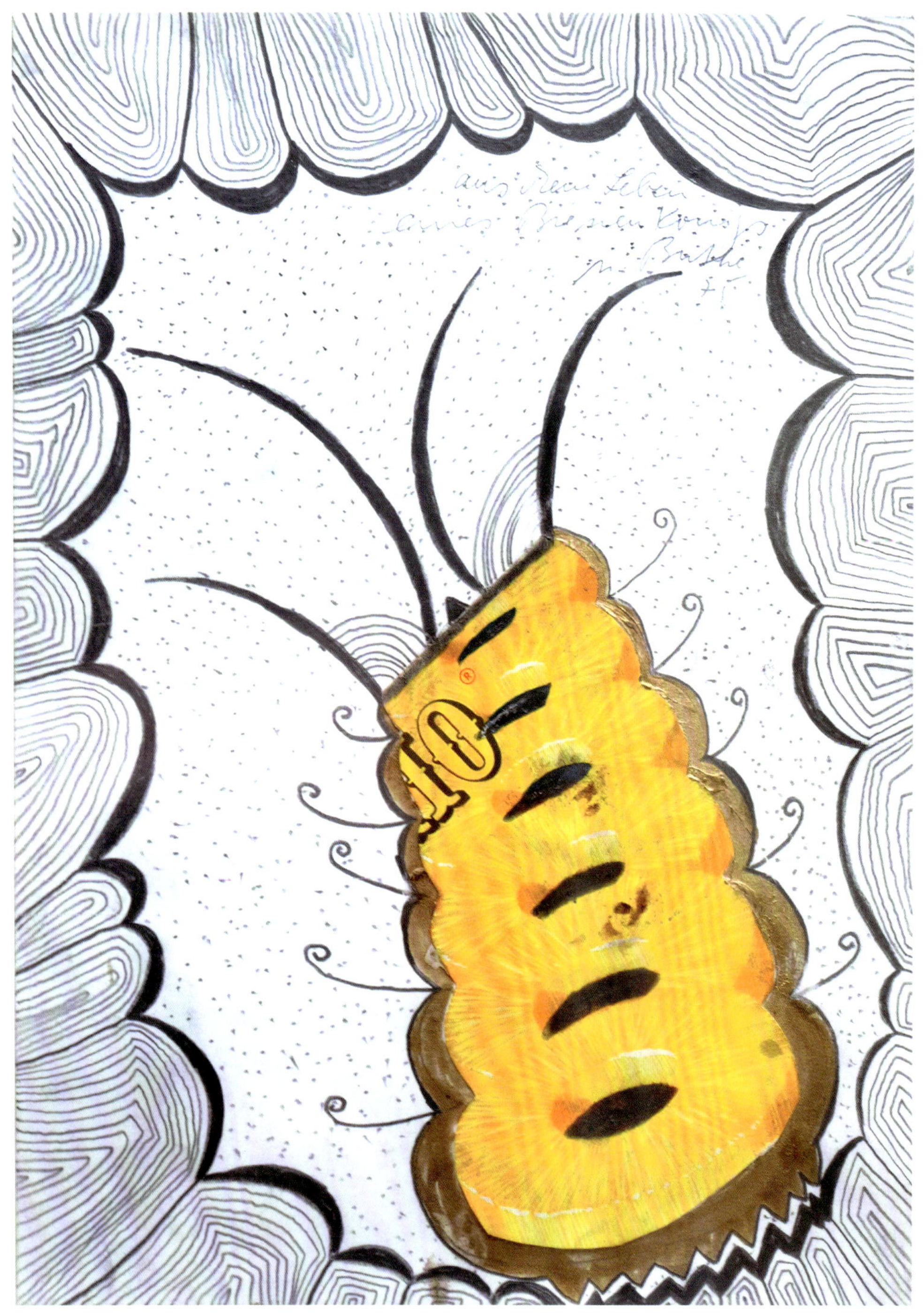

Michael Buthe: Aus dem Leben eines Bienenkönigs (1975). Collage und Mischtechnik, 23,5 x 16,2 cm

Michael Buthe und der Bienenkönig

In der Vorzugsausgabe zur „Rheinischen Bienenzeitung Nr. 12/1975“ (RBZ) befindet sich unter 13 künstlerischen Beiträgen auch eine Druckgraphik von Michael Buthe (1944–1994). Sie trägt den Titel „aus dem Leben eines Bienenkönigs“. Da im Heft der Bienenzeitung eine vollkommen andere Arbeit gleichen Titels abgebildet ist, ließ sich vermuten, dass der Künstler möglicher Weise mehrere Arbeiten zu diesem Thema geschaffen hat. Durch Zufall entdeckte ich 2021 Teile einer tatsächlich existierenden Serie von Papierarbeiten in einer Galerie in Berlin. Alle Arbeiten tragen den gleichen Titel, haben das gleiche Format von 23,5 x 16,2 cm und sind auf das Jahr 1975 datiert. Da einzelne Werke im Laufe der Jahre verkauft wurden, lässt sich nicht mehr sicher sagen, wie umfangreich diese kleine Serie ursprünglich gewesen ist. Sie umfasst zumindest zehn Blätter, wovon zwei im Zusammenhang mit der RBZ stehen und zwei weitere hier nun vorliegen. Eine der hier gezeigten Arbeiten (s. Abbildung) scheint einen dicken gelben Bienenkönig zu zeigen, die zweite Arbeit (s. Abbildung) könnte sich am ehesten auf das Ausräuchern eines Bienenstocks beziehen. Ein aufgeklebtes, zum Teil abgebranntes Streichholz scheint sich mitten in einer Rauchwolke zu befinden, an deren oberen Rand Bienen davonschwirren. Das abgebrannte Streichholz geht in eine klar begrenzte, schmale blaue Form mit goldenen Punkten über. Es besteht ein gewisser Kontrast zwischen dieser klaren Form und den geschwungenen, mit lockerer Hand gezeichneten Bleistiftstrichen. Diese Verschränkung von mehr amorphen mit klar begrenzten, oft sogar geometrischen Formen stellt nicht nur im Frühwerk ein häufiger zu beobachtendes Stilelement bei Michael Buthe dar.[1]

Angeregt durch die Anfrage von Constantin Post als Herausgeber der RBZ war Michael Buthe das Bienenthema offensichtlich wichtig genug, eine ganze Serie kleinformatiger Zeichnungen zum gemeinsamen Thema „aus dem Leben eines Bienenkönigs“ zu schaffen. Wieso aber spricht Buthe von einem „Bienenkönig“? Hierzu lassen sich zumindest zwei unterschiedliche Hypothesen formulieren. Zum einen ist unser Wissen um die weibliche Natur der Bienenkönigin vergleichsweise jung. Wie bereits berichtet wurde, bewies erst im 17. Jahrhundert der holländische Forscher Jan Swammerdam (1637–1680) mit Hilfe seines Mikroskops, dass es sich bei der größten Biene im Bienenstock um eine Bienenkönigin handelt. Bis zu dieser Entdeckung galt das größte Insekt als Bienenkönig, als Anführer, Heerführer. Entsprechend den sozialen

Gegebenheiten in menschlichen Gesellschaften konnte man sich das vermeintlich mächtigste Tier im Bienenschwarm nur als männlich vorstellen. Diese Zuschreibung lässt sich zurückverfolgen bis zu den antiken Autoren wie Aristoteles oder Vergil (vgl. hierzu das Kapitel „Bienen in der Literatur"). Selbst der griechische Göttervater Zeus wurde mit einem seiner Beinamen als „Bienenkönig"[2] bezeichnet.
Ob Michael Buthe um diese historische Dimension des Begriffs Bienenkönig wusste, ist mir nicht bekannt. So könnte als zweite Hypothese formuliert werden, dass der Künstler auf Grund seiner homosexuellen Orientierung an einer Bienenkönigin schlichtweg kein Interesse hatte und stattdessen einen Bienenkönig kreierte. Ein Bienenkönig passt außerdem auch gut in den Themenbereich der „individuellen Mythologien", den Leitbegriff der Documenta V in Kassel 1972. Harald Szeemann (1933–2005) als Leiter der Documenta beschrieb mit diesem Begriff eine wichtige Tendenz in der zeitgenössischen Kunst der 1960er und frühen 1970er Jahre.[3] Es ging um Künstler wie Joseph Beuys (1921–1986), James Lee Byars (1932–1997), Paul Thek (1933–1988) und eben auch Michael Buthe (1944–1994), deren Arbeiten einerseits von einem Rückzug ins Private und Subjektive gekennzeichnet sind und andererseits mythologische Vorstellungen verschiedener Kulturen aufgreifen.

Die Beziehung des Künstlers zu Bienen erschöpft sich aber nicht nur in dieser Serie von Zeichnungen, sondern zeigt sich auch in seiner Verwendung von Wachs als „ein ganz natürliches Arbeitsmaterial"[4]. Indem er flüssiges, heißes Wachs goss oder auch mit Schwung ausschüttete, brachte Buthe ein Element des Chaotischen, Unkontrollierbaren in sein Werk ein. Sehr schön dokumentiert ist dies beim Aufbau seiner Installation „Taufkapelle mit Mama und Papa" im Museum Villa Stuck im Jahre 1984.[5] Das auf den Boden geschüttete Wachs konnte beim Abbau der Installation keinen Bestand haben. Diese Unbeständigkeit vieler Objekte, ihre teilweise Zerstörung, das neue Kombinieren von Einzelteilen – all das gehört zum Werk von Michael Buthe.

Ein anderer Aspekt bei der Verwendung von Wachs besteht darin, dass eine Wachsschicht die Farben und Strukturen eines Bildes wie ein halbdurchsichtiger Schleier verdeckt. In gleicher Weise arbeitete der Künstler auch oft mit halbdurchsichtigem Transparentpapier, das er mit Tesafilm auf größere Papierarbeiten aufklebte und somit Teile des Bildes verdeckte. Diese Partien wirken geheimnisvoll. Mit Wachs fixierte der Künstler aber zum Beispiel auch Rosenblätter oder Federn auf seinen Bildern. Bei anderen Werken tränkte er Stoff

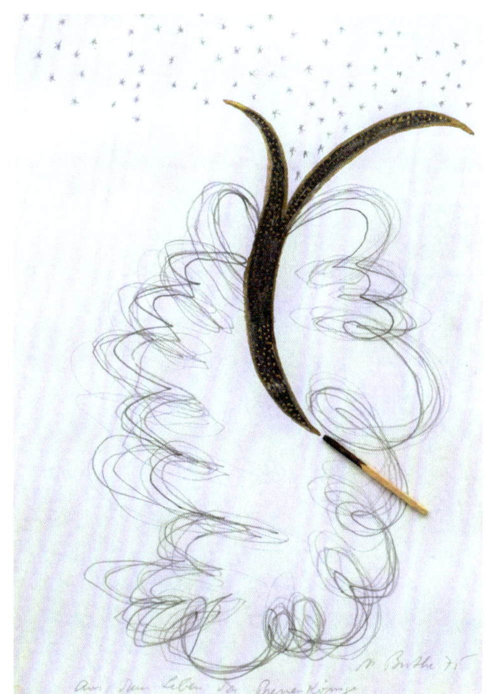

Michael Buthe: Aus dem Leben eines Bienenkönigs (1975). Collage und Mischtechnik, 23,5 x 16,2 cm

mit Wachs und formte daraus ein Objekt. Wie bei vielen anderen Objekten und Bildern hat Buthe hier das rote, mit Wachs getränkte Tuch mit goldenen Punkten bemalt.

Die Verwendung von flüssigem Wachs wirkt bei Buthe als gestalterisches Element. Ob es eine darüber hinausgehende Funktion hat – wie zum Beispiel bei Joseph Beuys in seiner „plastischen Theorie" – erscheint unwahrscheinlich.

Anmerkungen

1 vgl. hierzu Michael Buthe. Retrospektive. Verlag Hatje Cantz 2015, S. 174

2 vgl. hierzu „Botinnen der Götter. Natur- und Kulturgeschichte der Honigbiene. Ausstellungskatalog des Landschaftsverbands Rheinland. Rheinland-Verlag, Köln 1988, S. 43

3 Szeemann, H.: Individuelle Mythologien. Merve Verlag, Berlin 1985; vgl. hierzu auch den Katalog der Documenta V, Kassel 1972

4 Michael Buthe. Michel de la SAINTE BEAUTÉ. Katalog des Kunstmuseums Düsseldorf, Düsseldorf 1999, S. 29

5 s. Anmerkung 1, S. 90–95

Über Bienen, Teil 7:

Bienen in der Literatur

An die bitterböse Erzählung „Gelée royale" (1962) von Roald Dahl werden sich manche noch erinnern, und „Die Geschichte der Bienen" (2017) von Maja Lunde werden einige gerade erst gelesen haben. Wo und wann aber tauchen Bienen, Wachs und Honig in der älteren Literatur auf, im Mittelalter, gar vor der Zeitenwende? Ohne einen Anspruch auf Vollständigkeit, der nicht einzulösen wäre, umfasst die nachfolgende Darstellung ein breites Spektrum von den antiken Texten außereuropäischer und europäischer Kulturen über (populär-)wissenschaftliche Werke bis hin zu Märchen und Romanen sowie Comics.

Antike Texte in außereuropäischen Kulturen

Hinweise auf Bienen, vor allem auf den begehrten Honig, finden sich in den schriftlichen Zeugnissen vieler antiker Kulturen[1]. Die vermutlich früheste Erwähnung des Honigs lässt sich auf einer Keilschrifttafel der Sumerer in Mesopotamien (4.–2. Jahrtausend v. Chr.) nachweisen. Es handelt sich um ein Liebeslied:

> Bräutigam, teuer meinem Herzen,
> Groß ist deine Schönheit, süß wie Honig.
> Löwe, teuer meinem Herzen,
> Groß ist deine Schönheit, süß wie Honig.[2]

Auch andere frühe Texte kreisen vor allem um Honig als Nahrung, als Metapher, als Heilmittel und als Opfersubstanz in rituell-religiösen Handlungen. So finden sich Angaben über Honig als Tributzahlung und als Heilmittel in ägyptischen Hieroglyphentexten. Gerade in Ägypten wurde den Bienen eine so hohe Bedeutung zugemessen, dass ihre Hieroglyphe im Namen des Pharaos von Unterägypten auftaucht.

In der Bibel wird im 4. Buch Mose (13,27) vom Land gesprochen, wo Milch und Honig fließen – eine eindrucksvolle bildhafte Beschreibung für fruchtbares Weideland für Rinder und gute Beute an Wildhonig, im übertragenen Sinne für das Paradies. In keinem anderen Text, der aus der Antike überliefert ist, werden die Bienen und der Bienenhonig so oft erwähnt wie in der Heiligen Schrift, besonders im Alten Testament.[3]

Fern der Kulturen rund um das Mittelmeer können wir in Indien in den Upanischaden zahlreiche Angaben über Honig lesen. Es handelt sich um eine Sammlung philosophischer Schriften des Hinduismus, die zwischen 700 und 200 v. Chr. niedergeschrieben wurden. Vom Feigenbaum, der für das Gebäude der Welt steht, tropfen Honig und Soma, der altindische Nektar. Honig zählte zu den wichtigsten Opfergaben in feierlichen Ritualen.[4]

Antike Texte in europäischen Kulturen – und die christlichen Folgen

Umfangreiche Abhandlungen über Bienen, ihre Fortpflanzung, ihre soziale Organisation und die Entstehung des Honigs finden sich erst in griechischen und römischen Schriften.[5] Als die beiden Hauptquellen für das lange Zeit tradierte Wissen über Bienen sind der griechische Philosoph Aristoteles (384 – 322 v. Chr.) und der römische Dichter Vergil (70 – 19 v. Chr.) zu bezeichnen.

In seiner Schrift „De generatione animalium" unterscheidet Aristoteles einen Bienenkönig von Arbeitsbienen und Drohnen. Er kann – neben vielem anderen – auch als Begründer der Entomologie (Insektenkunde) bezeichnet werden.
Aristoteles weiß bereits von unterschiedlich groß gebauten Waben zu berichten, aber die Fortpflanzung der Bienen blieb ihm – wie allen anderen antiken Autoren – ein Rätsel, das zu Spekulationen und Pseudoerklärungen herausforderte.[6] Alle entwickelten Theorien waren zwar falsch, aber ganz im Sinne eines modernen Wissenschaftsverständnisses schreibt Aristoteles: „Freilich wurden die Fakten nicht in ausreichendem Maße erfasst, aber wenn sie jemals erfasst werden, dann muss man der Beobachtung mehr Glauben schenken als der Theorie und der Theorie (nur), wenn sie Dinge zeigt, die mit dem Beobachteten übereinstimmen."[7]

Im 4. Buch seiner „Georgica", dem Lehrgedicht „Vom Landbau", bezieht sich der römische Dichter Vergil auf Aristoteles, wobei ihn besonders die heilige Ordnung der Natur, die „göttliche Ordnung" des Bienenstaates interessierte. Auch für ihn stand fest, dass der Anführer des Bienenstaates männlich, also ein Bienenkönig sein müsse. Das Schwärmen der Bienen im Frühling hielt er dementsprechend für eine kriegerische Auseinandersetzung.
Auch Vergil diskutiert verschiedene Theorien zur Entstehung der Bienen, darunter besonders ausführlich die „Bugonie" (vgl. hierzu das Kapitel „Bugonie –

Die Stiergeburt der Bienen"). Neuauflagen der „Georgica" im 16. Jahrhundert illustrieren die Bugonie sogar mit einem Holzschnitt.

Vergil berichtet alternativ aber auch von anderen Hypothesen zur vermeintlich asexuellen Fortpflanzung der Bienen. Für ihn ist die Biene frei vom „Furor des Triebes": „Wundersam – sie begatten sich nicht und lösen die Körper nicht im Dienst der Venus in Ermattung, gebären auch keine Kinder in Wehen, sondern lesen die Kleinen, die von Laub und Kräutern geboren sind, mit dem Mund auf..."[8]
In der behaupteten asexuellen Fortpflanzung sahen spätere christliche Autoren einen naturkundlichen Beleg für die Möglichkeit einer jungfräulichen Geburt. So gelangte die Biene zu großen Ehren im Christentum. Hingewiesen sei hierzu auf die sogenannten Exsultetrollen, deren Texte in der Osternacht in katholischen Kirchen gesungen wurden. Sie verdanken ihre Bezeichnung dem Anfangssatz dieses Weihegebets für die Osterkerze: „Exsultet iam angelica turba" („Es frohlocke die Engelschar."). Die Texte enthalten ein „Bienenlob". So heißt es z. B. im Exsultet von Montecassino im 11. Jahrhundert: „Die Biene überragt alle übrigen Lebewesen, die dem Menschen unterworfen sind. Denn obwohl sie winzig ist in ihres Körpers Kleinheit, wälzt sie gewaltige geistige Kräfte in ihrer engen Brust, an Körperkräften schwach, aber stark an geistiger Fähigkeit. (...) O wahrhaft wunderbare Biene, deren Geschlecht Männchen nicht verletzen, Geburten nicht zerbrechen und deren Keuschheit Kinder nicht zerstören. So hat die heilige Maria als Jungfrau empfangen, als Jungfrau geboren und ist Jungfrau geblieben."[9]

Die christlichen Autoren des Mittelalters und der frühen Neuzeit fielen hinter die Forderung des Aristoteles nach einem Primat der Beobachtung zurück. Für sie zählten die Aussagen der Bibel und einige antike Autoren – nicht die forschende Beobachtung der Tiere, der Menschen oder der Gestirne. Besonders weit in der Projektion christlicher Vorstellungen auf die Bienen trieb es z. B. der große Prediger und Augustiner-Barfüßer-Mönch Abraham a Sancta Clara (1644–1709), als er schrieb: „...bevor sie auf die Blumen ausfliegen, da machen sie mit den vorderen zwei Füssen ein Creuz und bucken sich ganz tief, daß sie also ihre Arbeit mit Gott anfangen."[10]

Im übertragenen Sinne wurde im Christentum Honig als „Geistige Speise" angesehen, und einen guten Prediger bezeichnete man als „Doctor mellifluus", als einen Meister honigfließender süßer und nahrhafter Rede. Eine gelungene

Rede war wörtliche Honigproduktion.[11] In diesem Sinne hochbegabt war u. a. der Heilige Ambrosius, einer der vier großen lateinischen Kirchenväter. In der „Legenda aurea", dem wichtigsten religiösen Volksbuch des Mittelalters, wird dazu passend aus seiner Lebensgeschichte berichtet: „Ambrosius war eines Mannes Sohn von Rom, und die Weil er als ein Kind in der Wiegen lag, da kam ein großer Schwarm Bienen auf das Kind, und bedeckten ihm sein Antlitz und taten doch dem Kind keinen Schaden. Danach fuhren die Bienen hoch auf in die Lufte, das nahm die Leut wunder."[12] Das Attribut des Heiligen ist der Bienenkorb, den er im Arm trägt. Er ist der Schutzpatron der Imker und Bienen, der Wachszieher, Krämer und Lebkuchenbäcker. In seinen Schriften finden sich zahlreiche Aufforderungen, es den Bienen gleichzutun: „Dass du dem Beispiele der Biene folgst, ihre Arbeitsamkeit nachahmest. Du siehst, wie fleißig, wie beliebt sie ist. Alles verlangt und begehrt ihre Frucht (...) Dem Gaumen mundet sie, und Wunden heilt sie, selbst innerem Wundweh träufelt sie Gesundung. Ist also die Biene auch schwach an Kraft, so doch stark an Weisheitsmacht und Tugendliebe."[13]

(Populär-)Wissenschaftliche Literatur

„Die Geschichte der Bienen beginnt erst im 17. Jahrhundert mit den Entdeckungen des großen holländischen Gelehrten Swammerdam", schreibt Maurice Maeterlinck (1862–1949) in seinem Buch „Das Leben der Bienen".[14] Der spätere Nobelpreisträger für Literatur (1911) war selber Imker und verfasste neben Lyrik und Dramen mehrere naturphilosophische Essays über Bienen, Ameisen, Termiten und Blumen.

Der von Maeterlinck so prominent herausgestellte Johann (Jan) Swammerdam (1637–1680) war tatsächlich der erste Wissenschaftler, der mit seinem Mikroskop die Eierstöcke und Eileiter der Bienenköniginnen nachwies und dem über Jahrtausende geltenden Glauben an einen männlichen Bienenkönig ein Ende setzte. In seiner „Bybel der Natuure/Biblia Naturae" fasste er seine wissenschaftlichen Erkenntnisse zusammen. Zu seinen mikroskopischen Untersuchungen der Bienenkönigin schreibt er: „Der Eyerstock liegt größtenteils sehr hoch oben im Bauche (...) Der Eyerstock teilt sich in zwey Theile ac, eben so wie am Menschen und den vierfüßigen Thieren. (...) An der Biene aber berühren sich beyde Theile, und sind an einander befestigt (...) Jeder von den beyde Theilen des Eyerstocks hat wiederum seine besonderen Theyle, die ich Unterschieds halber wohl Eyerleiter nennen könnte." (S. 188).

Erst lange nach dem Tode des Forschers, nachdem das Manuskript bereits

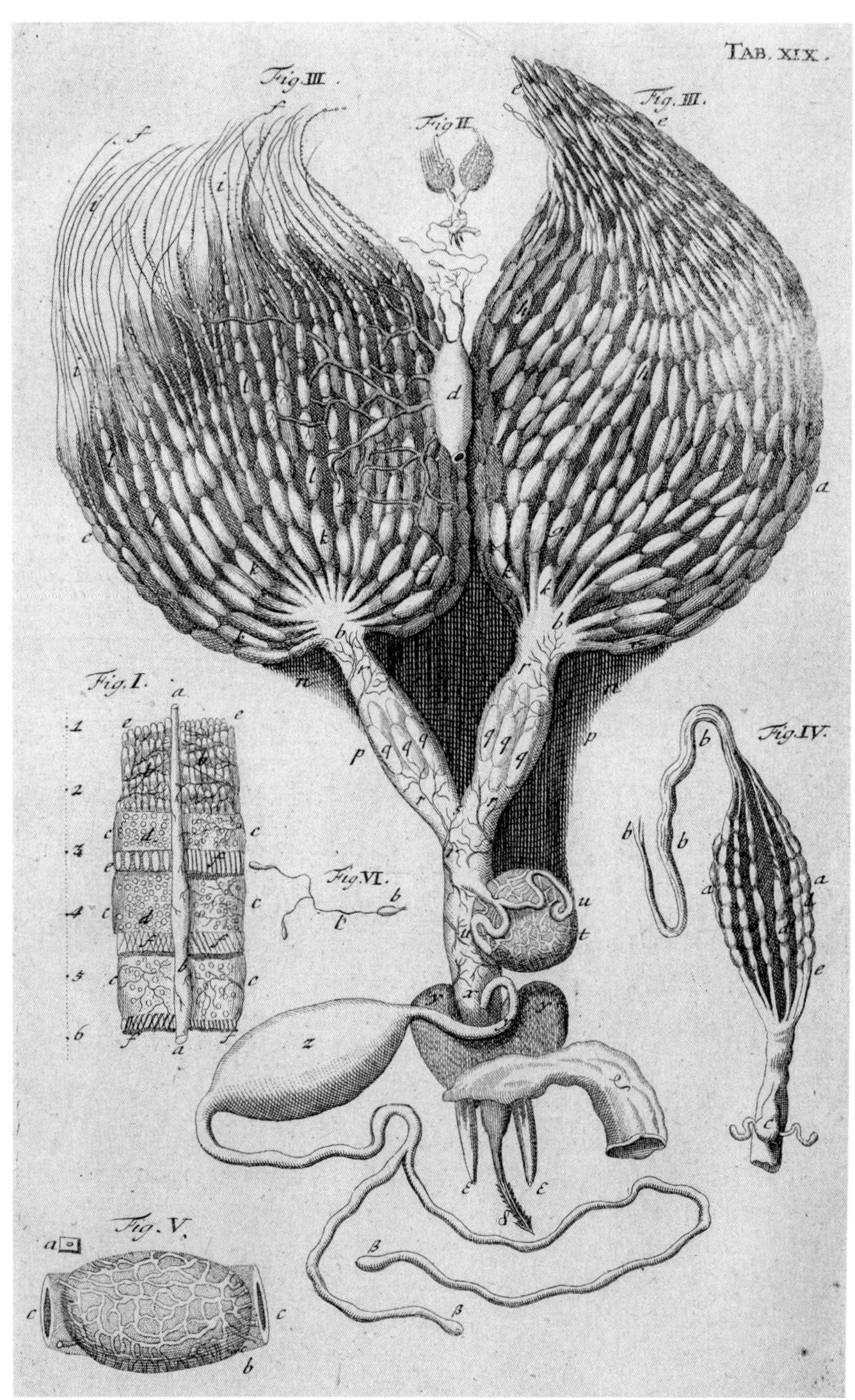

Darstellung der Eierstöcke einer Bienenkönigin (aus: Jan Swammerdamm: Bibel der Natur (1752). Kupferstichtafel XIX, 26,5 x 15,7 cm)

durch mehrere Hände gegangen war, wurde sein Hauptwerk 1737–1738 durch den Mediziner und Biologen Hermann Boerhave (1668–1738) veröffentlicht, in deutscher Übersetzung erschien das Buch 1752. Das ausführliche Kapitel über Bienen umfasst 70 Seiten, neun von 53 Kupfertafeln illustrieren diesen Teil des Textes.

In den zehn Bänden seiner „Erinnerungen eines Insektenforschers" (erschienen 1879 bis 1907, deutsch 2010 bis 2020) schildert Jean-Henri Fabre (1823–1915) seine bahnbrechenden Studien zu Anatomie, Instinkt und Verhalten von Insekten. Er gilt als Wegbereiter der Verhaltensforschung. Schriftsteller waren von seinen Naturbeobachtungen und Formulierungen begeistert und keine Geringeren als Marcel Proust und André Gide schlugen ihn für den Nobelpreis für Literatur vor.

Den Nobelpreis für Medizin und Physiologie erhielt aber erst Jahrzehnte später (1973) der Bienenforscher Karl von Frisch (1886–1982)[15] für seine Entdeckung der „Tanzsprache der Bienen". Sein Buch „Aus dem Leben der Bienen"[16] erlebte mehrere Auflagen, nicht zuletzt durch die eingängigen Formulierungen des Wissenschaftlers, der auch als mitreißender Vortragsredner geschildert wird.

Umfangreich hat sich auch Rudolf Steiner (1861–1925), der Begründer der Anthroposophie, mit Bienen beschäftigt.[17] Seine Texte werden mehr in den Kreisen der Anthroposophen rezipiert als in breiten Kreisen der Bevölkerung, die ihn am ehesten als Gründer der „Waldorfschulen" kennt. Joseph Beuys hat sich intensiv mit den Lehren von Rudolf Steiner befasst. Sie sind sowohl in seine künstlerische wie auch in seine gesellschaftspolitische Arbeit eingeflossen.[18]

Als Wissenschaftler und als Vorsitzender von „Bienenforschung Würzburg e. V." ist Jürgen Tautz[19] in der Grundlagenforschung aktiv und gleichzeitig als ein engagierter Vermittler des Wissens um die Biene für eine breite Öffentlichkeit bekannt. Komplexe wissenschaftliche Erkenntnisse zu den Bienen werden von ihm allgemeinverständlich dargestellt. Im Jahre 2012 wurde ihm der „Communicator-Preis" der Deutschen Forschungsgemeinschaft (DFG) für sein vielfältiges Wirken in der Öffentlichkeit verliehen.

Neben der Vermittlung naturwissenschaftlicher Erkenntnisse stehen Bücher zur reichen und weitreichenden Kulturgeschichte der Bienen. Schon vor über 60 Jahren veröffentlichte Franz Lerner sein Buch „Aber die Biene nur findet die Süßigkeit – Eine Kulturgeschichte des Honigs" (1963, Neuauflage 1984). Einen breit gefächerten Überblick gibt auch das Buch des Schriftstellers Ralph Dutli „Das Lied vom Honig – Eine Kulturgeschichte der Biene" (2012), das 2022 bereits in 8. Auflage vorliegt. Wenn Dutli über „Lady Macbeth und die Drohnen" oder über das „himmelhohe Begattungsgeschäft" im „hochathletischen Hochzeitsflug" schreibt, wird aus trockener Wissenschaftsvermittlung ein Lesevergnügen.

Märchen

Märchen, in denen Bienen eine wesentliche Rolle spielen, sind wenig bekannt – aber es gibt sie. In den „Kinder- und Hausmärchen" (KHM) der Brüder Grimm spielen Bienen in zwei Märchen eine wesentliche, hilfreiche Rolle.

Im Märchen „Die Bienenkönigin" (KHM 62) ziehen drei Königssöhne in die Welt. Während die beiden älteren Brüder auf ihrer Wanderung einen Ameisenhaufen zerstören wollen, danach beratschlagen, Enten zu fangen und zu braten und schließlich planen, einen Bienenstock auszuräuchern, wird dies vom jüngsten Bruder, dem „Dummling", jeweils verhindert. Als es später darum geht, ein verwunschenes Schloss vom bösen Zauber zu befreien, helfen ihm die dankbaren Tiere deshalb bei der Lösung der Aufgaben; die titelgebende Bienenkönigin löst die dritte und letzte Aufgabe.
Aus der Sicht der Psychologie hat der „Dummling" Zugang zu seinen inneren Kräften, zu den Tieren, den Vertretern seiner „tierischen, ursprünglichen Seite", zu seinem Unbewussten. Mit ihrer Hilfe kann er die Aufgaben lösen, die mit dem Intellekt allein nicht zu bewältigen sind.[20]

Ein zweites Märchen, „Die beiden Wanderer" (KHM 107) ist weit weniger bekannt als „Die Bienenkönigin" und befindet sich auch nur in größeren Zusammenstellungen der „Kinder- und Hausmärchen". Auch hier helfen die Tiere demjenigen in der Not, der ihr Leben verschont hat.

Romane und Comics

„Schnurrdiburr oder Die Bienen“ (1872) ist eine auch heute noch bekannte Bildergeschichte, eine Frühform des Comics im 19. Jahrhundert. Der Dichter, Zeichner und Maler Wilhelm Busch (1832–1908) war durch einen Onkel früh mit der Imkerei vertraut gemacht worden. So weiß er auf ebenso amüsante wie auch sachlich zutreffende Weise über Ammenbienen, Baubienen, Wächterbienen sowie auch Drohnen und den Hochzeitsflug der neuen Bienenkönigin zu berichten und zu zeichnen.

Bienen sind als einzelne Wesen für uns nicht zu unterscheiden. Natürlich gibt es eine Ausnahme: Die Biene Maja. Unter einer unendlich großen Anzahl von namenlosen Arbeitsbienen ist Maja die erste mit einem Eigennamen – und ausgeprägtem Eigensinn. Erfunden wurde diese neugierige Biene von Waldemar Bonsels (1880–1952), der in den 1920er Jahren zu den meistgelesenen Schriftstellern in Deutschland gehörte. Sein Buch „Die Biene Maja und ihre Abenteuer“ erschien erstmalig 1912 und wurde in 40 Sprachen übersetzt. Seit den 1970er Jahren ist Biene Maja durch Fernsehsendungen und begleitende Comics in Deutschland erneut sehr populär geworden.

Während es sich bei Biene Maja um eine Arbeitsbiene handelt, geht es in der Kurzgeschichte „Gelée royale“ von Roald Dahl (1916–1990) um die Nahrung für die Larve einer Bienenkönigin. Für Menschen wird eine positive Wirkung von Gelée royale oft behauptet; laut entsprechender Werbung soll der Futtersaft für die Bienenkönigin anti-aging Effekte aufweisen und wird als Nahrungsergänzungsmittel und als Hautcreme vertrieben. Wissenschaftliche Nachweise für positive Wirkungen fehlen. Das braucht einen Autor wie Roald Dahl nicht zu kümmern. Der prominente Vertreter des schwarzen Humors erzählt in seiner Kurzgeschichte, die Teil seines bekannten Buches „Küßchen, Küßchen!“ (1962) war, wie ein Vater seine neugeborene Tochter und sich selbst mit Gelée royale versorgt – mit gutem Erfolg und zum Entsetzen der Ehefrau.
Bienen schwirren durch zahlreiche Romane der letzten Jahrzehnte. Ohne die Hauptrolle zu übernehmen, liefert ihr Summen das Grund- oder Hintergrundgeräusch dieser Werke. Zu denken ist z. B. an den Bestseller „Die Bienenhüterin“ (1997) von Sue Monk Kidd, „Graue Bienen“ (2019) von Andrej Kurkow, „Winterbienen“ (2019) von Norbert Scheuer oder die gesammelten Erzählungen „Im Bienenlicht“ (2023) von Georg Klein. Die größte Aufmerksamkeit

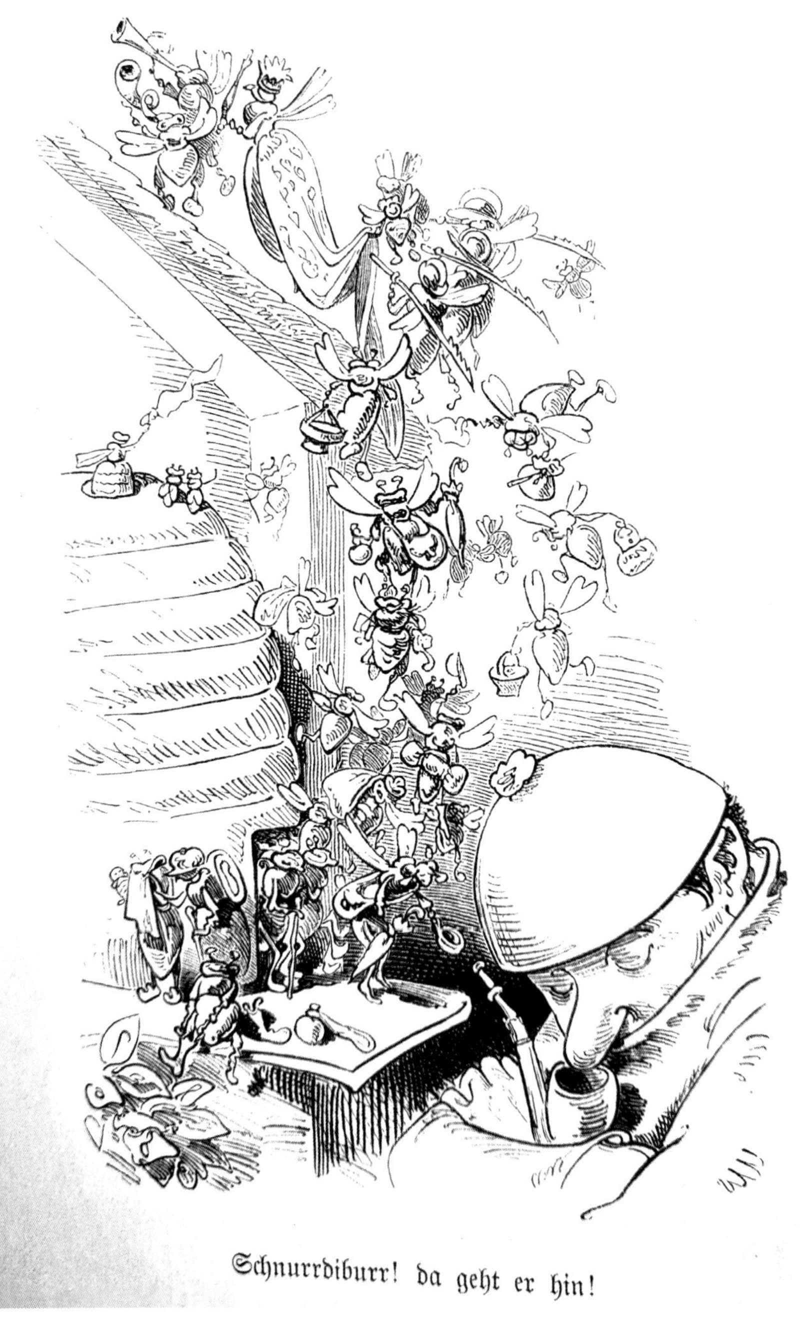

Wilhelm Busch: Schnurrdiburr oder die Bienen (1872), Hochzeitsflug der neuen Bienenkönigin aber fand sicherlich der Roman „Die Geschichte der Bienen" (2015, deutsch 2017) der norwegischen Schriftstellerin Maja Lunde (geb. 1975), die nur durch Zufall ihren Vornamen mit der weltbekannten Biene teilt. In Vor- und Rückschau erzählt sie von drei Familien. Die miteinander verwobenen Familiengeschichten spielen im 19. Jahrhundert sowie zu Beginn und Ende unseres 21. Jahrhunderts. Die historischen Schilderungen entsprechen den Fakten, die Forschungen wichtiger Bienenforscher wie Jan Swammerdam (1637–1680) oder Johann Dzierzon (1811–1906) sind Teil des Romans. Für unsere Zeit – zu Beginn dieses Jahrhunderts – kreist der Roman um das Bienensterben in Kanada und den USA, das 2007 mit dem Begriff „Colony Collapse Disorder" (CCD) belegt wurde. In der Zukunftsvision der Autorin hat das weltweite Bienensterben zur Verarmung der Menschheit geführt. Die fehlende Bestäubungsleistung der Bienen müssen die Menschen mühsam per Hand erledigen.

> Er sah erneut zu den Anflugbrettern der Bienenstöcke. Die mit Blütenstaub an den Beinen zurückgekehrten Bienen drängten sich vor den Öffnungen, stießen sich gegenseitig weg und versuchten, als Erste nach drinnen zu gelangen.
> „Warum benehmt ihr euch denn wie Menschen", sagte er vorwurfsvoll zu ihnen.
>
> Andrej Kurkow „Graue Bienen". Diogenes, Zürich 2021, S. 350

Was Maja Lunde über den Verlust der Bienen schreibt, findet sich als Vision des Schreckens auch in anderen Romanen. Ihnen allen gemeinsam ist der Verlust des Vertrauens in uns Menschen, verantwortungsvoll mit uns und den Ressourcen unseres Planeten umzugehen. Die guten alten Utopien von wissenschaftlichem und technischem Fortschritt und einem immer besseren Leben auf der Erde haben ausgedient und machen ihrem Gegenteil, den Dystopien Platz. Die Erde ist in diesen Romanen und Filmen zu einem schlechten Ort geworden, zum Teil wird von Defaunation, einer biologischen Auslöschung gesprochen. Auch wenn dieses Thema noch weit über das Bienensterben hinausreicht, so seien hier einige aktuelle Romane genannt wie „Wo Milch und Honig fließen" (2024) von C Pam Zhang, „Der Stillstand" (2024) von Jonathan Lethem und „Gras" (2024) von Bernhard Kegel.

Auch in dem Comic „Milch ohne Honig" (2022) von Hanna Harms wird in ebenso einfachen wie eindrucksvollen Bildern von der Gefahr des weltweiten Bienensterbens erzählt. Sie bleibt aber nicht bei der Schilderung der Gefahren stehen, sondern zeigt in den dunklen Schatten der Zukunft auch einen Hoffnungsschimmer auf. Das Nachwort zu diesem Comic hat der Bienenforscher Jürgen Tautz geschrieben. Darin heißt es: „Viele Zeitgenossen sehen Insekten vor allem als lästige Unruhestifter und Schädlinge, für sie mag ihr Verschwinden ein Grund zur Freude sein. Tatsächlich ist es aber eine Katastrophe: Denn sie brauchen uns nicht, wir brauchen sie."[21]

Aus diesem Blickwinkel gehören Kinderbücher über die Welt der Bienen zu den praktisch relevanten Werken der Literatur – angefangen bei der „Biene Maja", die weiter durch die Kinderzimmer summt, bis zu aktuellen Comics wie „Entdecke die Bienen"[22] oder „Insekten. Die Welt der kleinen Krabbler"[23] und „Bienen – Pollensammler und Honigmacher"[24]. Wenn Kinder die faszinierende und zugleich wundersam fremde Welt der Bienen staunend kennenlernen, werden sie diesen Lebensraum als Erwachsene nicht zerstören wollen. So die Hoffnung.

Wissenschaftliche und praktische Informationen zu Bienen und zum Imkern finden sich z. B. unter **www.bienenundnatur.de** und **www.bienenjournal.de** .
Ein interaktives, kosten- und werbungsfreies Spiel zum Schutz der Bienen und der Umwelt s. unter **beeactive.app**.

Anmerkungen

1 Die folgenden Angaben zu den antiken Zeugnissen über Honig in den Kulturen (außerhalb der griechischen und römischen Kultur) finden sich in Lerner, F.: Aber die Biene nur findet die Süßigkeit. Kleine Kulturgeschichte des Honigs. Econ Verlag, Düsseldorf 1963, S. 21–51 (Neuauflage unter dem Titel „Blüten, Nektar, Bienenfleiß. Die Geschichte des Honigs. Ehrenwirth, München 1984)

2 Lerner, F. 1963, S. 28

3 s. hierzu Heinrichs, H. und Hohorst. B.: Botinnen der Götter. Natur- und Kulturgeschichte der Honigbiene. Rheinland-Verlag, Köln 1988, S.32–40

4 Lerner, F. 1963, S. 44–51

5 Eine gute Übersicht, auf die immer wieder Bezug genommen wird, findet sich bei Berrens, D.: Soziale Insekten in der Antike. Ein Beitrag zu Naturkonzepten in der griechisch-römischen Kultur. Vandenhoeck & Ruprecht, Göttingen, Göttingen 2018; vgl. hierzu auch Dutli, R.: Das Lied vom Honig. Eine Kulturgeschichte der Biene. Wallstein Verlag, Göttingen 2012, 8. Aufl. 2022

6 Die Entdeckung der „Bienenkönigin" geht zurück auf Jan Swammerdam (1637–1680), der Bienenköniginnen sezierte und unter dem Mikroskop Eierstöcke und Eileiter entdeckte.

7 zitiert nach Berrens, D. 2018, S. 153

8 zitiert nach Dutli, R. 2022, S. 65; Heindrichs, H. und Hohorst, B.: Botinnen der Götter. Natur- und Kulturgeschichte der Honigbiene. Rheinland-Verlag, Köln 1988, Abbildung zur Bugonie S. 50

9 zitiert nach Schrott, G.: Mönche – Bienen – Bücher. Eos Verlag, Sankt Ottilien 2011, S. 18–19, in Anm. 31 (S. 24) schreibt G. Schrott, dass der letzte Satz dieses Zitats im vatikanischen Exsultet-Fragment fehle.

10 Abraham a Sancta Clara: Huy! Und Pfuy! Der Welt. (1707), S. 135; vgl. Dutli, R. 2022, S. 89–90

11 s. hierzu Dutli, R. 2022, S. 69; hier ergibt sich eine deutliche Parallele zur Vorstellung von Joseph Beuys, dass es die Aufgabe der Bienen sei, Honig zu produzieren, und Aufgabe des Menschen, Gedanken zu produzieren (s. hierzu die entsprechenden Kapitel über Joseph Beuys).

12 zitiert nach „Der Heiligen Leben und Leiden, anders genannt das Passional. Zweiter Band: Sommerteil. Insel Verlag, Leipzig 1913, S. 3

13 zitiert nach Dutli, R. 2022, S. 70

14 Maeterlinck, M.: Das Leben der Bienen. (EA 1901), Eugen Diederichs, Jena 1914, Zitat S. 8; vgl. hierzu auch Dutli, R. 2022, S. 127–131

15 Der Nobelpreis für Medizin und Physiologie wurde im Jahre 1973 Karl von Frisch zusammen mit Konrad Lorenz und Niklaas Tinbergen verliehen.

16 Frisch, K. von: Aus dem Leben der Bienen. Springer, Berlin 1931 (zahlreiche Neuauflagen)

17 Steiner, R.: Mensch und Welt. Das Wirken des Geistes in der Natur. Über das Wesen der Bienen. Band 351 der Rudolf Steiner Gesamtausgabe, Rudolf Steiner Verlag, Dornach 1999; Steiner, R.: Die Welt der Bienen. Ausgewählte Texte, herausgegeben und kommentiert von Martin Dettli, Rudolf Steiner Verlag, Dornach 2010, 3. Aufl. 2020; für weitere Informationen s. auch www.steiner-studies.org

18 s. hierzu Brüderlin, M. und Groos, U. (Hrsg.): Rudolf Steiner und die Kunst der Gegenwart. Katalog des Kunstmuseums Wolfsburg / Kunstmuseum Stuttgart, DuMont, Köln 2010; vgl. auch Ursprung, Ph.: Joseph Beuys. Kunst. Kapital. Revolution. C.H. Beck, München 2021, z. B. S. 228, S. 264 s. auch die Kapitel „Joseph Beuys: Honigpumpe am Arbeitsplatz (1977)" und „Joseph Beuys: Bienen und ihre Produkte in den Multiples von Joseph Beuys"

19 s. hierzu z.B. Tautz, J.: Phänomen Honigbiene. Mit Fotografien von Helga R. Heilmann. Springer Spektrum, Berlin und Heidelberg 2007, korrigierter Nachdruck 2012; Arndt, I. und Tautz, J.: Honigbienen. Geheimnisvolle Waldbewohner. Knesebeck, München 2020; Tautz, J.: Auch Bienen haben Schweißfüße. Verblüffendes aus der Welt der Honigbienen. Verlag Ulmer, Stuttgart 2024; aktuelle Informationen zur Forschungsarbeit von Jürgen Tautz finden sich im Internet auf www.hobos.de

20 vgl. hierzu Uther, H. J.: Handbuch zu den „Kinder- und Hausmärchen" der Brüder Grimm. de Gruyter, Berlin 2008, S. 153

21 Harms, H.: Milch ohne Honig. Carlsen, Hamburg 2022. Das Zitat von Jürgen Tautz ist seinem Nachwort „Insektendämmerung ist real" entnommen (diese Seiten ohne Seitenzahlangaben)

22 Entdecke die Biene. Pixi Buch. Text Laura Leintz, Bilder Christine Henkel. Carlsen, Hamburg 2023

23 Insekten. Die Welt der Krabbler. Galileo nature. Unterstützt von der Stiftung Lesen. Text: Emilie Beaumont, Bilder: Bernard Alunni und Marie-Christine Lemayeur. Ullmann Medien, Rheinbreitbach 2023

24 Bienen – Pollensammler und Honigmacher. Gallileo nature. Unterstützt von Stiftung Lesen. Text: Sabine Boccador, Bilder: Marie-Christine Lemayeur und Bernard Alunni. Ullmann Medien, Rheinbreitbach 2023

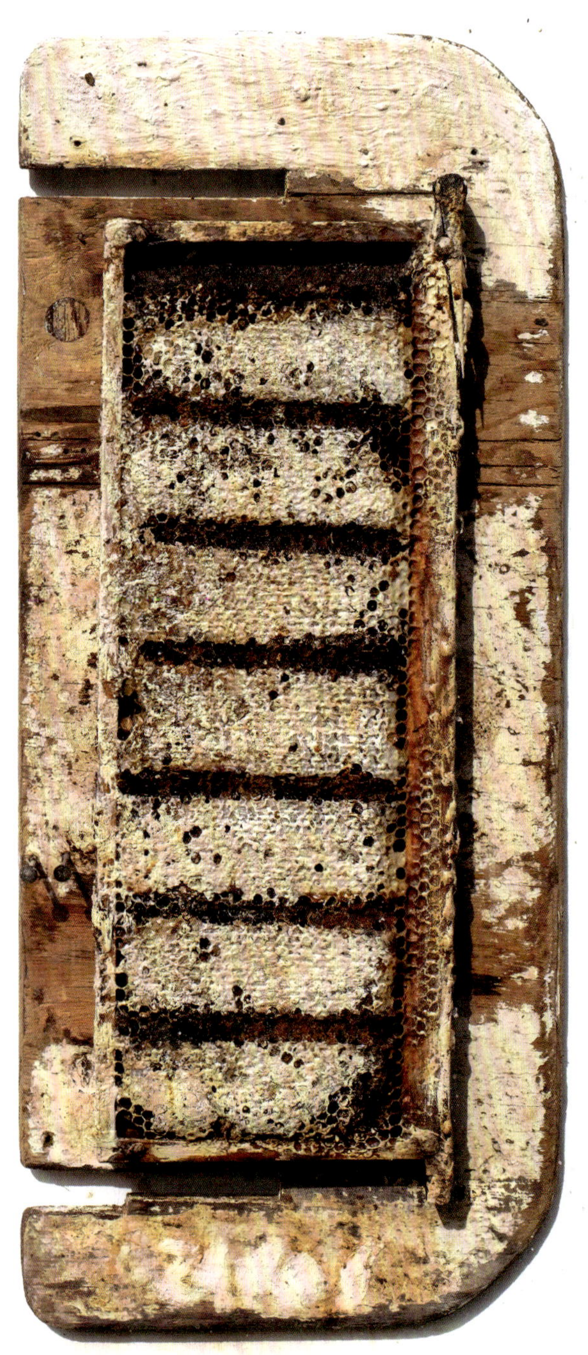

Herbert Zangs (unter Mitarbeit von Gerhard Klüsener): Ohne Titel (1990er Jahre). Original Bienenwabe, mit weißer Farbe überarbeitet, signiert, 62 x 24 cm

Drei Wabenobjekte von Timm Ulrichs, Herbert Zangs und Bjørn Nørgaard

Wachs ist ein ebenso haltbarer wie gut formbarer Werkstoff. In der bildenden Kunst sind Skulpturen und Reliefs aus Wachs schon seit dem 16. Jahrhundert bekannt und in Sammlungen und Museen erhalten. In der Medizin wurden farbige Abdrücke und Abgüsse aus Wachs („Moulagen") zu Studienzwecken in der Anatomie und Pathologie verwendet. Eindrucksvolle Sammlungen finden sich in medizinhistorischen Museen.
Die Verwendung kompletter Bienenwaben ist in der Kunst allerdings erst seit den 1960er Jahren bekannt. Drei sehr unterschiedliche Beispiele werden vorgestellt: Eine im Naturzustand belassene und zum Kunstwerk erklärte Bienenwabe von Timm Ulrichs, eine mit weißer Farbe bearbeitete Bienenwabe von Herbert Zangs und eine in Bronze gegossene Bienenwabe von Bjørn Nørgaard.

Timm Ulrichs (geb. 1940)

Timm Ulrichs arbeitet interdisziplinär (z. B. Body Art, Concept Art, Skulptur, Performance). Er bezeichnet sich selbst als „Totalkünstler" („Kunst ist Leben. Leben ist Kunst.")[1]. Gemäß dieser Definition erklärte er sich bereits 1961 zum „ersten lebenden Kunstwerk". In der Galerie Patio in Frankfurt realisierte Timm Ulrichs seine Idee 1966 und stellte sich selbst in einem Glaskasten zur Schau. Zwei Jahre später ließ sich der Künstler als „erstes lebendes Kunstwerk" ins Musterregister des Amtsgerichts Hannover eintragen[2]. „Im Zentrum seines Werkes steht er als Mensch und Künstler, sein Körper und Geist ebenso wie der gesellschaftliche und urbane Umraum. Dieser Weg schließt an eine Utopie der Moderne an, in der sich Kunst und Leben vereinen"[3] , heißt es in der Begründung der Jury zur Verleihung des Käthe-Kollwitz-Preises an Timm Ulrichs in Berlin 2020.
Die kreative Arbeit liegt für Ulrichs in der Erarbeitung – und Datierung – einer Idee für ein Kunstwerk. Ihm gelingt es, ideen- und geistreich, oft humorvoll zum Nachdenken über Paradoxien und Wortspiele anzuregen (z. B. „AM ANFANG WAR DAS WORT AM" 1962/1971)[4].

Kunst ist für ihn ein intellektueller Akt, und es ist zutreffend, ihn als „Ideenkünstler" zu bezeichnen: „Ich bin einer, der sein Atelier sozusagen auf den Schultern trägt. Denn mein Kopf ist der Raum, in dem ich hauptsächlich tätig bin."[5] Die Ausführung seiner Ideen überlässt der Künstler gern Mitarbeitern.

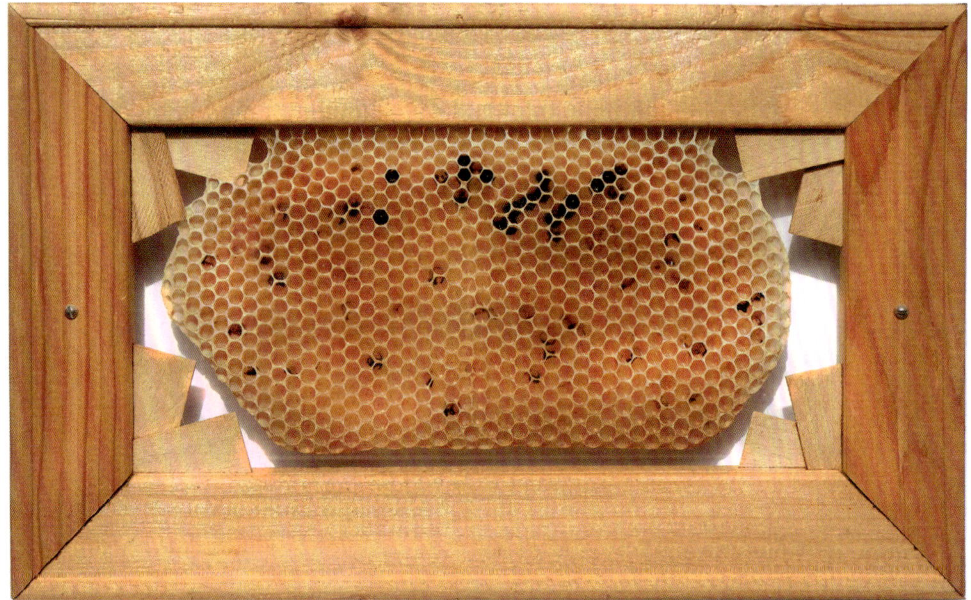

Timm Ulrichs: Bienenwabe-Wachscollage (1963/2023). Original Bienenwabe in Keilrahmen, 22 x 36 cm in Acrylglaskasten 36 x 50 x 5 cm, betitelt und signiert

Die gelegentlichen Doppeldatierungen seiner Arbeiten verweisen auf die Zeitpunkte von Idee und Ausführung.

Im Sinne einer Demokratisierung der Kunst, einer „Kunst für alle", ist Timm Ulrichs an der Produktion von preisgünstig zu erwerbenden Multiples interessiert. Hierbei zeigt er sich ebenso vielfältig und produktiv, wie Joseph Beuys es gewesen ist. Ein typisches Beispiel für eines seiner innovativen Multiples stellt die „Bienenwabe-Wachscollage" dar, die er erstmalig 1963 realisierte.[6] Ulrichs ließ einen Keilrahmen, auf den Maler ihre Leinwände aufspannen, von einem Imker anstelle der üblichen Imker-Holzrahmen in einen Bienenstock hängen. Sofort begannen die Bienen mit dem Bau ihrer Waben. Gegen Ende des Sommers wurde dieser mit Honigwaben gefüllte Keilrahmen entnommen und vom Künstler in einen Acrylglasrahmen montiert – fertig war die erste Gemeinschaftsarbeit von Bienen und dem Künstler.
Dieses Konzept verwendete Timm Ulrichs 1972 für eine kleine Edition als Jahresgabe für den Kunstverein Braunschweig und weiterhin von Zeit zu Zeit für weitere Bienenwaben-Wachscollagen. Auf meine Bitte hin wurde 2023 ein weiteres Objekt in Zusammenarbeit von Künstler und Bienen angefertigt und von ihm auf 1963/2023 datiert. In der Ausstellung vertritt dieses Multiple als

„Unikat in Serie" eine Art Basis-Position, eine Einfachheit und Prägnanz für die Verwendung von Bienenwaben, die kaum zu überbieten sein dürfte.

Herbert Zangs (1924–2003)

Herbert Zangs sei „ein Phänomen"[7], ein „genialer bunter Hund"[8]. Schilderungen der Person, des Lebens und des Werkes von Herbert Zangs ähneln sich: „Zangs war als Mensch sperrig. Als Künstler machte er keine Kompromisse, (...) Zangs querte die Kunstgeschichte. Er hat sich nicht um seine eigene Positionierung bemüht. (...) „Das Chaos gehörte zu seinem Konzept", lautet die Aussage seines Künstlerfreundes Pierre Raynaud. Zangs beschrieb seine Vorstellung dazu mit folgenden Worten: „Das Chaos ist eine andere Art gewollter Ordnung. Das Chaos muss zu einem Sinn geführt werden." Aus dem Chaos Sinn generieren, war eine Gabe, die Zangs tagtäglich umsetzte."[9]
Das auf ca. zehn- bis dreizehntausend Arbeiten geschätzte Werk des Künstlers umfasst gegenständliche Arbeiten, Gemälde, Objektbilder, Skulpturen, Performances – und vor allem die sog. „Verweißungen". Fundstücke aller Art waren der Ausgangspunkt für die größte und bedeutendste Gruppe seiner Werke.[10] Mit einem sicheren Gespür für formale Qualitäten überzog Zangs die gefundenen, oft stark beschädigten Objekte mit einer mehr oder weniger dichten weißen Farbschicht, setzte Akzente, kombinierte Fundstücke oder befestigte sie auf unterschiedlichen Untergründen (z. B. Pappe, Holz).

Herbert Zangs, der den 2. Weltkrieg mitgemacht und danach an der Kunstakademie Düsseldorf sein Studium aufgenommen hatte, steht mit seinen weißen Arbeiten der 1950er Jahre in einem zeitgenössischen Kontext von Neubeginn, Stunde Null, „Gruppe ZERO" (Heinz Mack, Otto Piene, Günter Uecker). Mehreren Künstlern der Avantgarde dieser Zeit ging es um monochrome Arbeiten und eine eher unpersönliche Handschrift – in Abgrenzung zur gestischen Malerei, zum Tachismus, zum Abstrakten Expressionismus. Glatte Oberflächen und gleichförmige, rhythmische Strukturen waren bevorzugte Stilmerkmale. Herbert Zangs nahm in diesem Umfeld eine etwas andere Position ein. Allein schon die Tatsache, dass er bevorzugt Farbreste verwendete, die er aus unterschiedlichen Quellen zusammentrug, führte zu einem unterschiedlichen Farbauftrag voller Nuancen. Auch verzichtete der Künstler keineswegs auf eine persönliche Handschrift, sondern kultivierte von Anfang an seinen unverwechselbaren Farbauftrag, bei welchem der Untergrund noch mit in Erscheinung tritt.

Mit seinen Verweißungen sah sich Herbert Zangs selbst als Teil der künstlerischen Avantgarde der 1950er Jahre – aber mit seinem unruhigen, als chaotisch beschriebenen Lebensstil und seiner schwierigen Persönlichkeitsstruktur war er nicht in der Lage, sich genügend für sein Werk einzusetzen. Als sein Künstlerfreund Adolf Luther im Jahre 1972 das Frühwerk von Herbert Zangs entdeckte und bekannt machte[11], erhielt Herbert Zangs seine Anerkennung als bedeutender Avantgarde-Künstler der 1950er Jahre, der zusammen mit Piero Manzoni, Yves Klein, Heinz Mack, Otto Piene u. a. genannt wurde. Als der Künstler aber im Zuge dieses Erfolges begann, erneut weiße Bilder und Objekte zu produzieren – wogegen nichts einzuwenden gewesen wäre – versah er viele dieser neuen Arbeiten mit dem Datum seiner ursprünglichen künstlerischen Entdeckungen aus den 1950er Jahren. Im Unterschied zu Otto Piene oder dem soeben vorgestellten Timm Ulrichs, die immer klar zwischen erster Idee und späterer Ausführung durch eine doppelte Datierung unterschieden, schadete sich Herbert Zangs mit diesen Rückdatierungen. Nun wurden selbst seine nachweislich frühen weißen Arbeiten angezweifelt.

Die sattsam bekannten Auseinandersetzungen um das Problem der Datierungen[12] verdecken leider den Blick auf die spezifischen Qualitäten der Zangs'schen Werke. Das „zart gewickelte Weiß" deckt heilend zu, bewahrt vor Verzweiflung und hält belastende Erinnerungen an die Jugend und den Krieg in Schach – so hat Gerhard Klüsener[13] es einfühlsam auf Grund zahlreicher Gespräche mit dem Künstler beschrieben. Zangs nimmt mit seinen Verweißungen die Dinge seiner Umgebung in Besitz, eignet sie sich an, „verzangst" sie. Die verweißten Objekte sind zwar Objekte der äußeren Welt, es sind im Erleben des Künstlers aber auch seine Objekte, geradezu „Selbst-Objekte"[14], Teile seines Selbst: „Wenn ich beschädigte Fundobjekte verweiße, dann war das wie eine Selbstheilung für mich," äußerte sich der Künstler gegenüber seinem langjährigen Gesprächspartner Gerhard Klüsener.

Die hier vorliegende Verweißung einer Bienenwabe stammt aus den 1990er Jahren. Sie ist signiert, aber – wie so häufig bei Zangs – nicht datiert. Zusammen mit einer zweiten Bienenwabe wurde sie von dem Düsseldorfer Sammlerpaar Sigrid und Gerhard Klüsener aus einem Urlaub in Frankreich dem Künstler mitgebracht. Herbert Zangs bearbeitete beide ihm mitgebrachte Fundstücke im Hause der Sammler unter Mithilfe von Gerhard Klüsener. Eines der beiden Bienenwaben-Objekte wird hier nun vorgestellt.

Bereits in den frühen 1950er Jahren hatte Zangs zumindest eine Bienenwabe mit weißer Farbe überarbeitet.[15] Jetzt stellte Zangs die mitgebrachte Bienenwabe hochkant und bemalte sie sehr weitgehend mit weißer Farbe. Allein schon diese vertikale Position der Bienenwabe macht aus einer eher langweiligen Symmetrie ein unsicher balancierendes Objekt. Mit zwei Nägeln auf der linken Seite, die nicht zum Fundobjekt gehören, stabilisiert Zangs das labile Gleichgewicht in seiner Arbeit. Während Timm Ulrichs die Bienen ungestört ihre Arbeit machen lässt und das Ergebnis lediglich konserviert, greift Zangs gestalterisch ein, um ein formal spannendes Werk zu schaffen. Inhaltlich interessiert ihn nicht die Bienenwabe an sich, sondern ganz generell die Veränderung von Materialien und seine künstlerischen Möglichkeiten, auf den Prozess der Veränderung, gerade auch auf zerstörende Prozesse zu reagieren: „Mich interessieren die durch Licht, Feuchtigkeit und Zersetzung entstandenen Veränderungen an Fundstücken. Mich interessiert das Vergilben von Papier, das Ausbleichen von Holz, das Rosten von Metall oder die Verwandlung einer Bienenwabe."[16]

Da die Bienenwaben noch gefüllt sind, tropft bis heute Honig aus diesem Kunstwerk. Zangs hätte es gefallen. Für ihn war alles unabgeschlossen, in einem steten Fluss – wie eben das Leben selbst. Ältere Werke überarbeitete er, wenn es ihm in den Sinn kam. „So, wie das Leben sich dauernd verändert, alte Gewohnheiten infrage gestellt werden und alles vergeht und zerfällt, so hat meine Kunst ein Eigenleben, wodurch die Lebendigkeit der Arbeiten erhalten bleibt."[17]

Bjørn Nørgaard (geb. 1947)

Neun unterschiedliche Bienenwaben hat der dänische Künstler Bjørn Nørgaard[18] in Bronze gießen lassen. Sieben dieser Wandobjekte erschienen als Multiples in der Edition Block[19] in Berlin 2018. Zusätzlich wurden zwei Belegexemplare (a. p., "artist proof") produziert. Jedes Multiple wurde in einer anderen Farbe patiniert, unterscheidet sich also bei gleichem Konzept in Form und Farbe von jedem anderen Exemplar der Edition („Unikate in Serie"). Erst auf den zweiten Blick erkennt der Betrachter eine kleine silberne Biene, die jedem dieser Objekte beigegeben ist. Sie ist es, die dem Objekt seinen Titel gegeben hat: „The Last Bee". Der Künstler bezieht sich auf den bekannten, Albert Einstein zugeschriebenen Ausspruch, dass der Mensch nicht mehr als vier Jahre zu leben habe, wenn die (letzte) Biene von der Erde verschwunden sei.

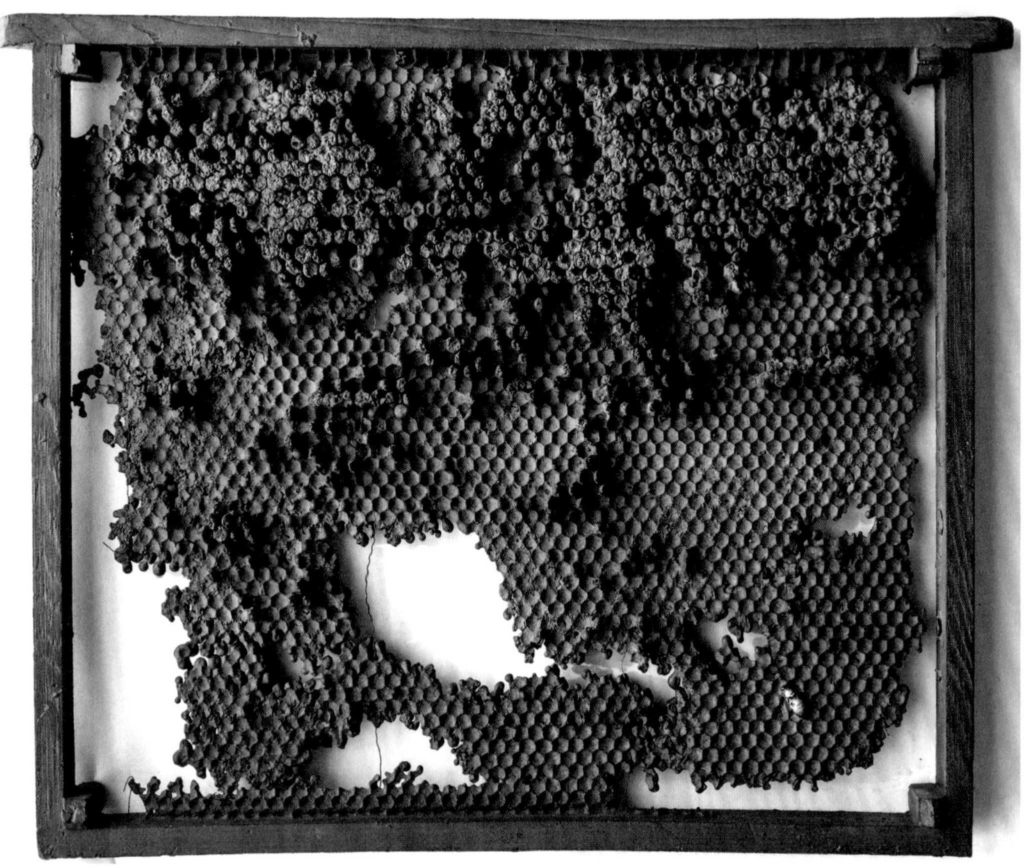

Bjørn Nørgaard: The last Bee (2018). Bronzeguss einer Bienenwabe, grau patiniert mit silberner Biene. 29 x 35,5 x 3 cm (auch Cover-Abbildung)

Während Timm Ulrichs in seiner Zusammenarbeit mit Bienen diese als bewundernswerte Baumeister der Natur thematisiert und Herbert Zangs mit seinen Verweißungen künstlerisch auf den zunehmenden Verfall von Fundstücken, u. a. auch von Bienenwaben, reagiert, schafft Bjørn Nørgaard aus dem gleichen Ausgangsmaterial ein Mahnmal. Eines der Leitmotive des Künstlers ist die Verwandlung, die eine Weiterentwicklung thematisiert und im besten Falle zu einer Neuorientierung führen kann. Letztlich ist dieses Grundmotiv vergleichbar mit dem ersten Auftritt des Künstlers im Rahmen der Aktion „Manresa" (1966) von Joseph Beuys[20]. Joseph Beuys hatte den seinerzeit erst 19 Jahre alten Künstler bei einer Ausstellung in der Kopenhagener „Galeri 101" im Oktober 1966 kennengelernt. Henning Christiansen (1932–2008) und Bjørn Nørgaard nahmen noch im selben Jahr an der „Hommage an Schmela" im Rahmen der Beuys-Aktion „Manresa“ (15.12.1966) teil. Die Galerie Schmela schloss nach dieser Aktion den berühmt gewordenen Ausstellungsraum in der Hunsrückenstr. 16 in Düsseldorf, um wenige Meter entfernt in einem Galerieneubau erneut zu eröffnen (vgl. hierzu „Joseph Beuys: wie man dem toten Hasen die Bilder erklärt“). Beuys bezog sich mit dem Titel seiner Aktion auf den Ort Manresa in Südspanien, wo Ignatius von Loyola (1491–1556), der spätere Mitbegründer des Jesuitenordens, nach einer schweren Verwundung während des Heilungsprozesses mystische religiöse Erlebnisse hatte. Diese Erlebnisse wurden zum Wendepunkt im Leben des Soldaten Ignatius von Loyola, der sich fortan ganz in den Dienst der Kirche stellte und 1622 heiliggesprochen wurde. Beuys interessierte die Initiationsstruktur, das „Stirb und werde!“ dieses Lebensweges: Die alte Identität als Soldat endete mit der schweren, potenziell tödlichen Verwundung; in Manresa kam es zu einer Übergangs- und Genesungszeit mit mystischen Erlebnissen, die zu einer Neuorientierung hin zum religiösen Leben führte[21].

In der Aktion „Manresa“ war es die Aufgabe von Bjørn Nørgaard, seine Füße in zwei Kartons mit Gips zu fixieren und nach Abbinden des Gipses einige Schritte mit diesen „Gipsschuhen“ zu gehen. Offensichtlich ging es um eine Versinnbildlichung des Feststeckens, die den Aktionskünstler aber nicht aufhalten sollte, erste Schritte (in Richtung Veränderung, Wandlung) zu gehen. Es war diese von Bjørn Nørgaard konzipierte Aktion, die Beuys in Kopenhagen in der „Galeri 101“ gesehen hatte. Beuys war so beeindruckt, dass er den jungen Künstler kurze Zeit später einlud und zu einem Teil seiner eigenen Aktion werden ließ.

Im Objekt „The Last Bee“ von Bjørn Nørgaard ist eine Bienenwabe nicht nur in Gips erstarrt, sondern in die noch schwerere, noch starrer erscheinende Bronze gegossen. Vielleicht ist die letzte Biene aus Silber die erste Botin eines Neubeginns. Hat man sie auf dem dunklen Untergrund entdeckt, strahlt sie dem Betrachter entgegen wie ein letzter verzweifelter Hoffnungsschimmer.

Vielleicht aber gewinnt auch das Betongrau, und der letzte Hoffnungsschimmer wird erstickt. Es ist keineswegs sicher, dass die Bienen, die Pflanzen, die Tiere und Menschen überleben. Das Ergebnis ist offen.

Anmerkungen

1 Katalog zur Verleihung des Käthe-Kollwitz-Preises 2020, Akademie der Künste, Berlin 2020, S. 42

2 Wolfson, M.: Beuys / Ulrichs. Ich-Kunst, DU-Kunst, WIR-Kunst. Kunstmuseum Celle, Celle 2007, S. 77; vgl. Anm. 1, S. 3 und Abb. S. 8

3 vgl. Anm. 1, S. 3

4 mehrfach publiziert und in verschiedenen Editionen realisiert, vgl. Anm. 1, S. 22

5 Wolfson, M. 2007, S. 78;

6 Timm Ulrichs. „Ich, Gott und die Welt. 100 Tage – 100 Werke – 100 Autoren." Haus am Lützowplatz, Berlin 2020, S. 180–181; Wolfson, M. 2007, S. 84–86; Weber, P.: Die Bienen und die Kunst. Betrachtungen von der Antike bis zur Gegenwart. Epubli, Berlin 2022, S.68–70

7 So äußerte sich Klaus Honnef im Katalog des westfälischen Kunstvereins zu „Herbert Zangs", Münster 1974, S. 121

8 Aussage von Susannah Cremer-Bermbach in: Herbert Zangs – Infiltrationen. Zur Bedeutung der Farben Schwarz und weiß – eine Revision. In: Broska, M. (Hrsg.): Paris – Krefeld. Jedem Künstler seine Farbe. Herausgegeben von der Adolf-Luther-Stiftung, Krefeld im Pagina-Verlag, Goch 2018, S. 59–178

9 Herbert Zangs. Vom Sinn des Chaos. Ausstellungskatalog der Galerie Maulberger, München 2016, S. 9; ähnliche Aussagen z.B. bei Cremer-Bermbach, S.: Herbert Zangs. Werkmonographie. Ausstellungskatalog Skulpturenmuseum Glaskasten Marl u. a., Klartext Verlag, Essen 1996, z. B. S. 14

10 s. hierzu das dreisprachige Werkverzeichnis der abstrakten Arbeiten, das seit 2004 von Emmy de Martelaere herausgegeben wird. Bislang sind fünf Bände erschienen.

11 Herbert Zangs. Katalog der Ausstellung im Westfälischen Kunstverein, Münster 1974

12 Zu diesen Auseinandersetzungen s. z. B. Cremer-Bermbach, S.: Herbert Zangs – Infiltrationen. Zur Bedeutung der Farben Schwarz und Weiß – eine Revision. In: Broska, M. (Hrsg.): Paris – Krefeld. Jedem Künstler seine Farbe. Herausgegeben von der Adolf-Luther-Stiftung, Krefeld im Pagina Verlag, Goch 2018, S. 59–178; Weber, C.: Nachlass Herbert Zangs – Galerie Maulberger. In: Zeitzeugen. Katalog der Galerie Maulberger, München 2020, S. 117–143

13 Klüsener, G.: Herbert Zangs im Gespräch. Wienand Verlag, Köln 2018

14 s. hierzu Winnicott, D.W.: Kreativität und ihre Wurzeln – Das Konzept der Kreativität. In: Kraft, H. (Hrsg.): Psychoanalyse, Kunst und Kreativität – Die Entwicklung der analytischen Kunstpsychologie seit Freud. Medizinisch Wissenschaftliche Verlagsgesellschaft, Berlin, 3. Aufl. 2008, S.65–74

15 Die frühe Verweißung ist abgebildet und beschrieben im Werkverzeichnis von Emmy de Martelaere und trägt dort die Werknummer I.1.118. Die undatierte Arbeit wird auf das Jahr 1953 datiert; die Arbeit ist auch abgebildet bei S. Cremer-Bermbach 1996, S. 38

16 Klüsener, G. 2018, S. 82

17 Klüsener, G. 2018, S. 90

18 Bjørn Nørgaard. Die Kunst – auf dem Wasser zu gehen. Fr. G. Knudzons Bogtrykkeri A/S, Kopenhagen 1999; Mössinger, I. (Hrsg.): Bjørn Nørgaard. Wienand Verlag, Köln 2009

19 Glasmeier, M. und Seemann, K. (Hrsg.): René Block. Editionen 1966–2022. Gesamtverzeichnis. Schirmer/Mosel, München 2023, S. 210–211 und S. 300–301

20 Schneede, U.M.: Joseph Beuys. Die Aktionen. Kommentiertes Werkverzeichnis mit fotografischen Dokumentationen. Verlag Gerd Hatje, Ostfildern-Ruit 1994, S. 146–165

21 vgl. hierzu Schneede, U.M. 1994, S. 154; Mennekes, F.: Joseph Beuys. MANRESA. Eine Aktion als geistliche Übung zu Ignatius von Loyola. Mit Aktionsfotos von Walter Vogel. Insel Verlag, Frankfurt und Leipzig 1992; zur Initiationsstruktur s. auch Kraft, H.: Beuys' Krise. In: Skrandies, T. und Paust, B. (Hrsg.): Joseph Beuys. Handbuch. Leben – Werk – Wirkung. Metzler Verlag, Berlin 2021, S. 14–19, Kraft, H.: Joseph Beuys. Intuition 1968. Verlag Kettler, Dortmund 2021, S. 33–59

Über Bienen, Teil 8:

Bienen in der Medizin

Der griechische Arzt Pedanios Dioskurides lebte im 1. Jahrhundert n. Chr. im römischen Reich. Sein umfassendes Arzneibuch „De materia medica"[1] blieb bis in die frühe Neuzeit eines der wesentlichen Werke der Heilkunst. Über Honig berichtet er: „Er hat säubernde, eröffnende, die Feuchtigkeit hervorlockende Kraft, deshalb eignet er sich zum Eingießen in schmutzige Geschwüre und Fisteln. (...) ...heilt ferner als Mundspülung und Gurgelmittel Kehlkopf-, Mandel- und Schlundmuskelentzündungen." Diesen Anwendungen des Honigs wird man auch heute noch zustimmen können, vor anderen Rezepten hingegen, die in diesem Standardwerk der Antike aufgeführt werden, ist sicherlich zu warnen.

Schwer heilende Wunden mit Infektionen durch multiresistente Bakterienstämme gelten heutzutage als Anwendungsgebiet für spezielle keimfreie Honigsorten, besonders für den Manuka-Honig aus Neuseeland. Die Verwendung von Haushaltshonig verbietet sich wegen der Gefahr von Verunreinigungen.[2]
Honig entfaltet seine Wirkung auf verschiedene Weise:

- Der hohe Zuckergehalt des Honigs entzieht den Bakterien und dem geschwollenen Gewebe Flüssigkeit, führt zur Bildung von Gewebewasser, das Keime, Schmutz etc. ausschwemmt.
- Das saure Milieu des Honigs (pH 3–4) ist als Nährboden für Keime ungeeignet.
- Die im Honig enthaltene Glucoseoxydase setzt Wasserstoffperoxyd aus Glucose frei, wodurch Bakterien abgetötet werden.

Für die Verwendung von Honig in der Wundbehandlung besteht medizinisch weitgehend Einigkeit. Dies gilt nicht im gleichen Maße für andere Bienenprodukte. Zur Verbesserung der Forschungs-, Heilungs- und Kommunikationssituation wurde 1986 der „Deutsche Apitherapie Bund" (DAB) gegründet. Unter Apitherapie versteht man den Einsatz von Bienenprodukten bei der Vorbeugung von Krankheiten und der Linderung von Beschwerden.

Die nachfolgenden Angaben erheben weder Anspruch auf Vollständigkeit noch soll die Wirksamkeit der Bienenprodukte als gesichertes Wissen behauptet werden. Ganz im Gegenteil ist zu diskutieren, ob die behaupteten Wirkungen über eine reine Placebo-Wirkung hinausgehen. Unter einem Placebo (lat. „Ich werde gefallen") versteht man in der Medizin ein Scheinmedikament, also ein Medikament ohne jeden Wirkstoff (z.B. eine bunte Pille mit Zuckerfüllung). Wenn Menschen überzeugt sind, dass sie ein wirksames Präparat verabreicht bekommen, verschwinden eine Vielzahl von Beschwerden, vor allem wenn es sich um eine stets subjektive „Linderung von Beschwerden" handelt. Zumindest vorübergehend können durch ein Placebo Beschwerden wie z.B. Kopfschmerzen, Schwächegefühle, Vitalitätsverlust, Stimmungsschwankungen, sogar asthmatische Beschwerden gelindert werden. Die Wirkung des Scheinmedikaments ist umso größer, je überzeugender und nachdrücklicher ein Arzt oder eine Ärztin des Vertrauens das vermeintliche Medikament verabreicht.

Aus diesem Grund werden in der medizinischen Forschung „Doppelblindstudien" verlangt. Hierunter versteht man, dass weder die das Medikament verabreichenden Ärzte noch die Patienten wissen, ob sie in einer Studie das zu testende neue Präparat oder ein Placebo ohne diesen Wirkstoff erhalten. Auf diese Weise wird die suggestive Wirkung der „Droge Arzt"[3] ausgeschaltet. Nur wenn sich in solchen (möglichst wiederholten) Studien eine größere Wirksamkeit des Medikaments gegenüber dem Placebo zeigt, kann von einer über die Suggestion hinausgehenden pharmakologischen Wirkung des zu testenden Medikaments ausgegangen werden. Um es noch einmal anders zu formulieren: Auch in der Gruppe der Patienten, die nur mit einem Placebo behandelt wurden, ist zu erwarten, dass mehrere Probanden von Verbesserungen ihres Befindens und von einer Linderung ihrer Beschwerden berichten werden: „Dein Glaube hat dir geholfen" gilt nicht nur im religiösen, sondern ausdrücklich auch im medizinischen Bereich.

Da derartige Doppelblind-Studien mit einer großen Anzahl von Patienten sehr aufwändig sind, liegen für viele der angegebenen Wirkungen keine Beweise vor, die über die Gabe von Placebos hinausgehen.

Unter Berücksichtigung dieses „Goldstandards der medizinischen Forschung" soll ein kurzer Überblick über die behauptete Wirkung von Bienenprodukten gegeben werden. Die Literatur zur Apitherapie ist reichhaltig und reicht von entsprechenden Büchern über die sehr zahlreichen Internetartikel bis zur regelmäßig online publizierten „Deutschen Apitherapie Zeitung" (DAZ).[4]

Über **Honig** zur äußeren Anwendung bei Wunden wurde bereits berichtet. Der Wirkmechanismus ist nachvollziehbar und positive Behandlungserfolge dürfen als gesichert gelten. Ebenso gehört Honig zur Linderung von Erkältungskrankheiten, besonders Halsschmerzen und Heiserkeit, zu den probaten Hausmitteln.

Propolis, das von den Bienen gesammelte und verarbeitete Kittharz, kann als pflanzliches Antibiotikum beschrieben werden. Seine antivirale und antibakterielle Wirkungen sind bereits im Bienenstock nachweisbar. Tinkturen werden bei Wunden, bei Husten sowie zur Mund- und Zahnpflege angeboten. Auch eine Wirkung bei Vergrößerungen der Prostata wird behauptet.[5]

Blütenpollen, die von den Bienen in den Stock getragen werden, sollen zu einer Stärkung der Immunabwehr und zur Unterstützung einer Therapie gegen depressive Symptome hilfreich sein.

Gelée royale soll vitalisierend wirken und bei Beschwerden in den Wechseljahren helfen. Während der „Weiselfuttersaft" in der Aufzucht und Ernährung der Bienenkönigin eine zentrale Rolle spielt, ist die Übertragung positiver Wirkungen auf Menschen nicht bewiesen. Wie im Kapitel „Bienen in der Literatur" schon erwähnt wurde, hat Roald Dahl in seiner phantastischen Kurzgeschichte „Gelée royale" (1953) die Wirkung dieses hochkalorischen Stoffes auf einen Vater und seine Tochter – und zum Erschrecken seiner Ehefrau – eindrucksvoll beschrieben.

Bienengift wird als Salbe bei chronischer Arthritis („Gelenkrheuma") angeboten und als Lösung für Injektionen an Akupunkturstellen, was als „Apipunktur" bezeichnet wird. In der Volksmedizin ist bekannt, dass Menschen mit rheumatischen Beschwerden einen Imker aufsuchten, um sich zur Linderung ihrer Beschwerden gezielt von Bienen stechen zu lassen.

Bienenwachs findet in manchen Salben Verwendung und soll in Form von „Ohrenkerzen" eine lindernde Wirkung bei Stress, Tinnitus und Ohrenschmerzen entfalten.

Stockluft als die warme, würzige Luft in einem Bienenstock wird als Therapeutikum zur Inhalation bei Bronchitis und Asthma empfohlen.

Die hier in aller Kürze vorgestellte „Bienen-Apotheke“ erfreut sich im Rahmen der Naturmedizin und der alternativen Medizin zunehmender Beliebtheit. Von möglichen allergischen Reaktionen abgesehen, ist es unwahrscheinlich, dass die genannten Bienenprodukte Schaden anrichten, sofern sie nicht eine zwingend notwendige organmedizinische Behandlung (z.B. bei Tumoren, schwerer Pneumonie) ersetzen sollen. Ob die verschiedenen Anwendungen der Apitherapie aber über den – stets erfreulichen – Placebo-Effekt hinausgehen, bedarf sorgfältiger wissenschaftlicher Forschung. Berichte über positive Wirkungen von Bienenprodukten ohne umfangreiche Doppelblindstudien sind keine wissenschaftlich fundierten Aussagen zu ihrer Heilwirkung.

Anmerkungen

1 Der Text ist z.B. über www.pharmawiki.ch abrufbar.

2 www.krankenhaushygiene.de , Website der „Deutschen Gesellschaft für Krankenhaushygiene e.V.“

3 Der Begriff „Droge Arzt“ stammt von Michael Balint (1893–1970), einem ungarisch-britischen Psychoanalytiker, s. hierzu z.B. Balint, M.: Der Arzt, sein Patient und die Krankheit. Klett-Cotta, Stuttgart 1984

4 s. hierzu z.B. Neuhold, M.: Die Bienen-Hausapotheke. Leopold Stocker Verlag, Graz, Stuttgart, 4. Aufl. 2021; Nowottnick, K.: Propolis. Leopold Stocker Verlag, Graz, Stuttgart, 3. Aufl. 2019

5 Nowottnick, K. 2019, S. 86–90

Kleines Bienenlexikon

Arbeitsbiene

Die weitaus meisten Bienen im Bienenstock gehören zu den Arbeitsbienen, die im Laufe ihres ca. 30 bis 60 Tage dauernden Lebens unterschiedliche Aufgaben wahrnehmen (z. B. Putzbiene, Ammenbiene, Sammelbiene). Sie entstehen aus befruchteten Eiern der Bienenkönigin, sind selber aber nicht fähig zur Fortpflanzung.

Der Begriff „Arbeitsbiene" ist umgangssprachlich ebenso populär geworden wie „bienenfleißig", „emsige Biene" oder „flotte Biene".

Bienenbrot

Mit Honig und Speichel vermischte Blütenpollen werden als Nahrungsvorrat in Waben gespeichert.

Bienengift

Sekret aus den Giftdrüsen der Arbeitsbienen und Bienenköniginnen am Hinterleib. Gelangt über den Stachel in den attackierten Gegner (z. B. fremde Bienen, Mäuse, Bären, Menschen).

Verwendung in der Medizin bei der Behandlung von Krankheiten z. B. des rheumatischen Formenkreises oder bei Arthritis (Gelenkentzündungen). Anregung der körpereigenen Cortisonbildung.

Bienenkönig

Seit der Antike ging man davon aus, dass die größte Biene im Bienenstock männlicher Natur sein müsse, also ein „Bienenkönig". Erst mit dem mikroskopischen Nachweis der Eierstöcke wurde im 17. Jahrhundert nachgewiesen, dass es sich um eine „Bienenkönigin" handelt.

Bienenkönigin

Größte der Bienen im Bienenstock, einzige Biene, die Eier legt und die Reproduktion des Bienenvolkes sicherstellt. Sie legt 1000 bis 2000 befruchtete und unbefruchtete Eier pro Tag in die von den Arbeitsbienen vorbereiteten Waben. Durch Pheromone (Duftstoffe) blockiert sie die geschlechtliche Entwicklung der Arbeitsbienen. Eine neue Königin entsteht, wenn Arbeitsbienen eine besonders große Wabe bauen („Weiselzelle"), die Königin ein befruchtetes Ei hineinlegt und die sich entwickelnde Larve mit Gelée royale gefüttert wird.

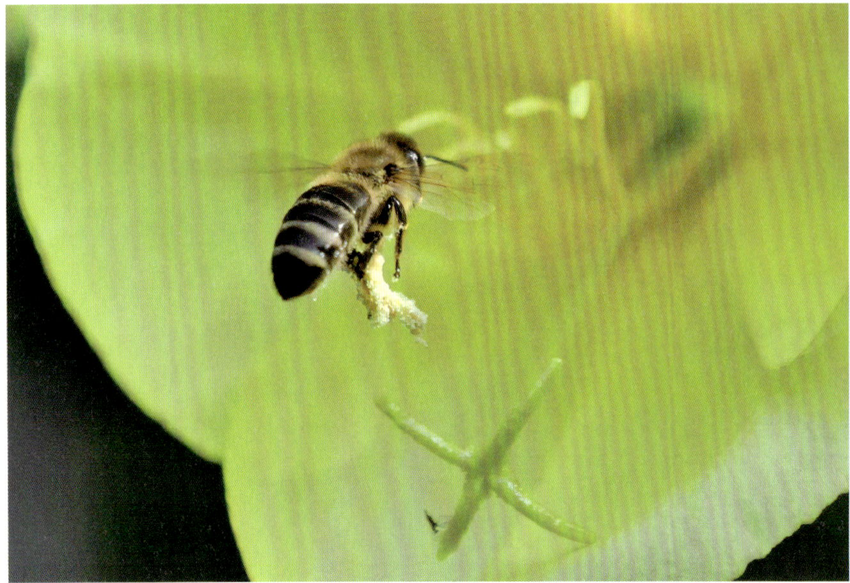

Fliegende Honigbiene mit Pollenfäden an den Beinen vor einer Nachtkerzenblüte

Bienen-Paragraphen

Im Bürgerlichen Gesetzbuch der BRD gibt es vier Paragraphen (§§ 961–964), die sich mit Eigentumsverlust, Verfolgungsrecht des Eigentümers sowie mit Vereinigung und Vermischung von Bienenvölkern befassen.

Bienenwabe

Aus dem selbst produzierten Bienenwachs bilden die Bienen nebeneinander liegende Röhren, die durch Erwärmung eine große Formbarkeit bekommen und sich im engen Kontakt untereinander zu Sechsecken ausbilden.

Bienenwachs

Am Hinterleib der Arbeitsbienen befinden sich in einem bestimmten Zeitabschnitt („Baubienen") Wachsdrüsen. Die dort gebildeten Wachsschuppen werden von den Baubienen gekaut, mit Speichel vermischt und zum Bau der sechseckigen Waben verwendet.

Verwendung von Bienenwachs für Kerzen, gerade auch für den Gebrauch in Kirchen des Mittelalters und der frühen Neuzeit. Auch Verwendung für Polituren und Pflegemittel.

Brauseflug

An neuen Nistplätzen oder an Futterplätzen versammeln sich Bienen zum sog. „Brauseflug". Sie umschwirren – für uns Menschen hörbar – das Zielgebiet und versprühen aus ihrer Nasanov-Drüse das Pheromon Geraniol. Auf diese Weise erhalten die im Bienenstock durch Schwänzeltänze angeworbenen Bienen zielgenaue Informationen zu den Blüten, die sie zur Nektarsuche anfliegen sollen.

Drohne

Männliche Biene, die aus unbefruchteten Eiern der Bienenkönigin entsteht. Ihre Aufgabe ist die Begattung einer Bienenkönigin auf ihren ersten Ausflügen. Bei der Begattung wird der Penis der Drohne herausgerissen, und das Tier stirbt. Zum Ende der Paarungszeit werden die Drohnen, die sich nicht selbst ernähren können, von den Arbeitsbienen nicht mehr versorgt und aus dem Bienenstock vertrieben oder gar zu Tode gestochen, was als „Drohnenschlacht" beschrieben wird.

Unter einer „Drohne" wird bekanntlich auch ein unbemanntes Luftfahrzeug verstanden, das mittels Fernbedienung gesteuert wird. Sowohl für die Bienen wie für die Flugobjekte soll sich die Bezeichnung vom Klang her ableiten, vom „dröhnen".

Gelée royale

Weißliche, gallertartige, stark zuckerhaltige Substanz, die von den Futtersaftdrüsen am Kopf der Arbeitsbienen gebildet wird. Während zukünftige Arbeitsbienen und Drohnen nur kurzfristig mit Gelée royale gefüttert werden, erfolgt die Fütterung der Königinnenlarve mit dieser hochkalorischen Substanz langfristig und ist mitentscheidend für die Ausbildung der neuen Königin.

Der Verzehr von Gelée royale soll die Vitalität, die Lebenserwartung und auch die Libido steigern. Es dürfte sich um einen Analogiefehlschluss handeln: Was zur Ausbildung einer Bienenkönigin führt, muss auch dem Menschen gut tun. Wissenschaftliche Beweise für die behauptete Wirksamkeit fehlen.

Geraniol

Ein in der Nasanov-Drüse von den Bienen produzierter, stark wirksamer Duftstoff (Pheromon). Bienen markieren damit sowohl den Eingang zum Bienenstock als auch das Zielgebiet für Blumen, die reich an Nektar sind und von den nachfolgenden Bienen angeflogen werden sollen.

Geraniol ist Teil von ätherischen Ölen, die auch von Pflanzen produziert werden. Es hat einen rosenartigen Duft. Es wird häufig in Parfüm- und Cosmeticprodukten verwendet.

Honig
Hochkalorisches, zuckersüßes Endprodukt, das die Arbeitsbienen aus dem von ihnen gesammelten Nektar der Blüten und aus Honigtau produzieren. Aus dem dünnflüssigen Nektar wird durch Verdauungssäfte der Bienen und durch Wasserverdunstung der begehrte Honig, der neben den beiden Zuckern Glucose und Fructose auch Vitamine, Mineralstoffe, Enzyme und Aromastoffe enthält. Den Honig verwenden die Bienen für sich selbst als Nahrung im Winter. Die Honigvorräte im Bienenstock locken Fressfeinde sowie fremde Bienenvölker an.
In der Frühzeit der Menschheit und bis ins 16. Jahrhundert war Honig der wichtigste Süßstoff. Der einfacher und preisgünstiger zu produzierende Rohrzucker verminderte die Bedeutung des Honigs.

Honigseim
Roher, ungefilterter Honig, wie er aus den Waben abfließt. Er enthält u.a. auch noch Pollen, die später beim Filtrieren zurückgehalten werden und zu einem „reinen" und meist gut flüssigem Honig für den Verkauf führen.
Im übertragenen Sinne wird der Begriff verwendet für eine angenehme, leicht verständliche Rede („Deine Worte sind wie Honigseim."). Kirchenlehrer wie der Heilige Ambrosius von Mailand, der Schutzpatron der Imker, wurde gern als „Doctor mellifluus" bezeichnet, dessen Rede wie flüssiger Honig floss und ebenso nahrhaft war.

Honigtau
Eine von Blattläusen abgesonderte zuckerhaltige Substanz an Blättern oder Nadeln, wo er von Bienen gesammelt und zusammen mit Nektar zu Honig verarbeitet wird.

Imkerei
Gewerbsmäßige Haltung, Vermehrung und Züchtung von Honigbienen (im Unterschied zur Zeidlerei)

Lorscher Bienensegen
Es handelt sich um einen alt-hochdeutschen Bannspruch. Dass der sogenannte „Lorscher Bienensegen" heute noch bekannt ist, verdankt sich mehreren glücklichen Umständen. Niedergeschrieben wurde er von einem Mönch des 764 gegründeten Klosters Lorsch (Kreis Bergstraße in Hessen) am unteren

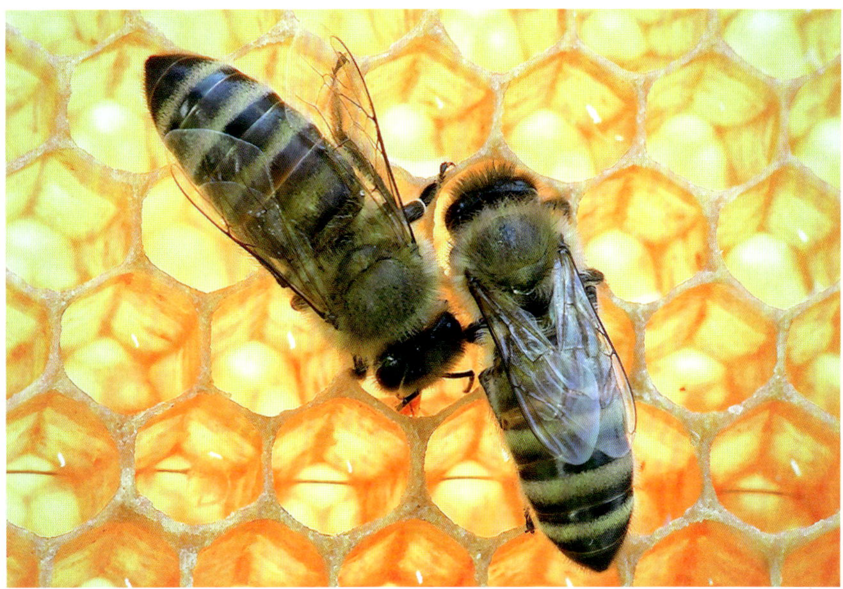

Bienen füllen Honig in Waben

Rand einer Handschrift aus dem 9. Jahrhundert. Das historische Dokument überstand Brand, Verpfändung und Schenkungen. Es befindet sich heute in der Vatikanischen Bibliothek und trägt dort die Signatur Pal. Lat. 220.

Nasanov-Drüse
Drüse am Hinterleib der Bienen, aus der sie den Duftstoff Geraniol versprühen.

Nektar
Zuckerhaltige Flüssigkeit, die von Blüten produziert wird und aus der die Bienen den Honig produzieren.

Pheromone
Von der Bienenkönigin produzierte Substanz (Duftstoffe), womit einerseits die geschlechtliche Entwicklung der Arbeitsbienen blockiert wird und andererseits die Identifizierung der Bienen als zu diesem Bienenvolk gehörig sichergestellt wird. Bienen eines anderen Bienenvolkes, einer anderen Bienenkönigin, können damit am Einflugloch des Bienenstocks von den Wächterbienen als fremd erkannt und zurückgewiesen werden.
Vgl. hierzu das Pheromon Geraniol, das von den Arbeitsbienen produziert wird.

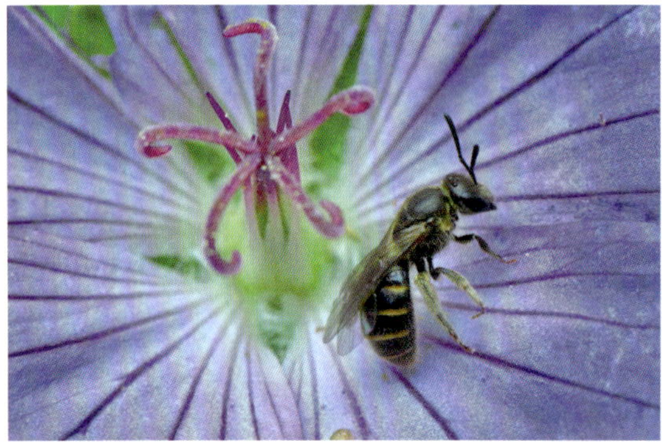
Wildbiene auf einer Blüte vom Storchschnabel (Geranium)

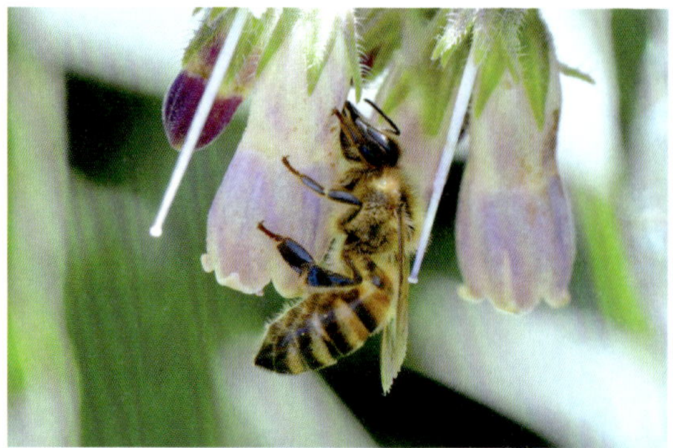
Honigbiene an einer Beinwellblüte holt sich Nektar durch ein Loch, das eine Hummel gemacht hat

Pollen

Männliche Geschlechtszellen der Pflanzen, die von den Bienen beim Sammeln des Nektars von Blüte zu Blüte getragen werden und dadurch zur Bestäubung und Fruchtentwicklung führen. Überzählige, an den Beinen der Bienen haftende Pollen werden bei der Rückkehr zum Stock mit Speichel und auch Honig vermischt, in Waben gelagert und an Larven verfüttert (s. Bienenbrot).

Propolis

Es handelt sich um Harze, die Bienen von Pflanzen abschaben. Propolis wirkt antibakteriell (gegen Bakterien) und antimykotisch (gegen Pilzinfektionen). Es dient den Bienen zum Abdichten einer Nisthöhle, zur Verstärkung der Wachswaben und dient ggf. auch zur „Einbalsamierung" getöteter Eindringlinge. Im Bienenstock werden Vorräte von Propolis angelegt.
In der Naturheilkunde wird Propolis gegen Infektionen der Haut (als Salbe) und Atemwege (als Inhalation) eingesetzt.

Rheinische Bienenzeitung

Älteste, 1849 gegründete Fachzeitschrift für Imker, die aus wirtschaftlichen Gründen ab 1976 mit der zweitältesten Bienenzeitung „Die Biene" vereint wurde. Die letzte Ausgabe der „Rheinischen Bienenzeitung" im Dezember 1975 (126. Jahrgang) war – neben fachlichen Informationen – dem Thema „Bienen in der Kunst" gewidmet. Es erschien zusätzlich eine Vorzugsausgabe mit 13 Graphiken namhafter Künstlerinnen und Künstler (u.a. von Joseph Beuys, Michael Buthe, Ursula und Bernard Schultze) in einer Auflage von 34 Exemplaren.

Schwänzeltanz

Information über Richtung und Entfernung zu Blüten, die im dunklen Bienen-

stock durch Tanzbewegungen an andere Bienen weitervermittelt werden. Für seine Entdeckung dieser „Tanzsprache der Bienen" erhielt Karl von Frisch 1973 den Nobelpreis.
Im Zielgebiet werden die Informationen der Schwänzeltänze durch den Brauseflug mit Versprühen von Geraniol präzisiert.

Superorganismus
Eine Bienenkolonie mit tausenden von Bienen kann als ein unteilbares Ganzes, als ein einziger lebender Organismus verstanden werden. Hierfür prägte der amerikanische Biologe William Morton Wheeler (1865–1937) den Begriff „Superorganismus". Die einzelne Biene wird dabei nicht als Individuum gesehen, sie ist genauso wenig überlebensfähig wie z. B. eine menschliche Blut- oder Hautzelle.

Swammerdam, Jan (1637–1680)
Holländischer Gelehrter, der als erster unter dem Mikroskop die Eierstöcke der größten Biene im Bienenstock nachwies und damit der alten, seit der Antike gültigen Vorstellung von einem „Bienenkönig" ein Ende setzte.

Weiselzelle
Von den Arbeitsbienen gebaute, besonders große Wabe, die keine sechseckige Struktur aufweist. Die Bienenkönigin legt hierein ein befruchtetes Ei. Die daraus entstehende Bienenlarve wird mit Gelée royale gefüttert – und es entsteht eine neue Königin.

Wildbienen
Die Wildbienen gehören wie die uns besser bekannten Honigbienen zu den Hautflüglern und darin zur Familie der Bienen. Sie leben meist solitär, sind also Einzelgänger. Zum großen Teil sind sie auf einzelne, ganz bestimmte Pflanzen(familien) zur Ernährung – und damit auch zur Bestäubung – angewiesen. Die Weibchen sind alle fortpflanzungsfähig und bauen ihre Nester ohne Hilfe von Artgenossen.

World Bee Day
Auf Initiative von Slowenien beschloss die Vollversammlung der Vereinten Nationen im Jahre 2017 einen „World Bee Day" einzuführen. Zu Ehren des berühmten Bienenforschers Anton Janscha (1734–1773) wurde sein Geburtstag, der 20. Mai, als Datum festgelegt.

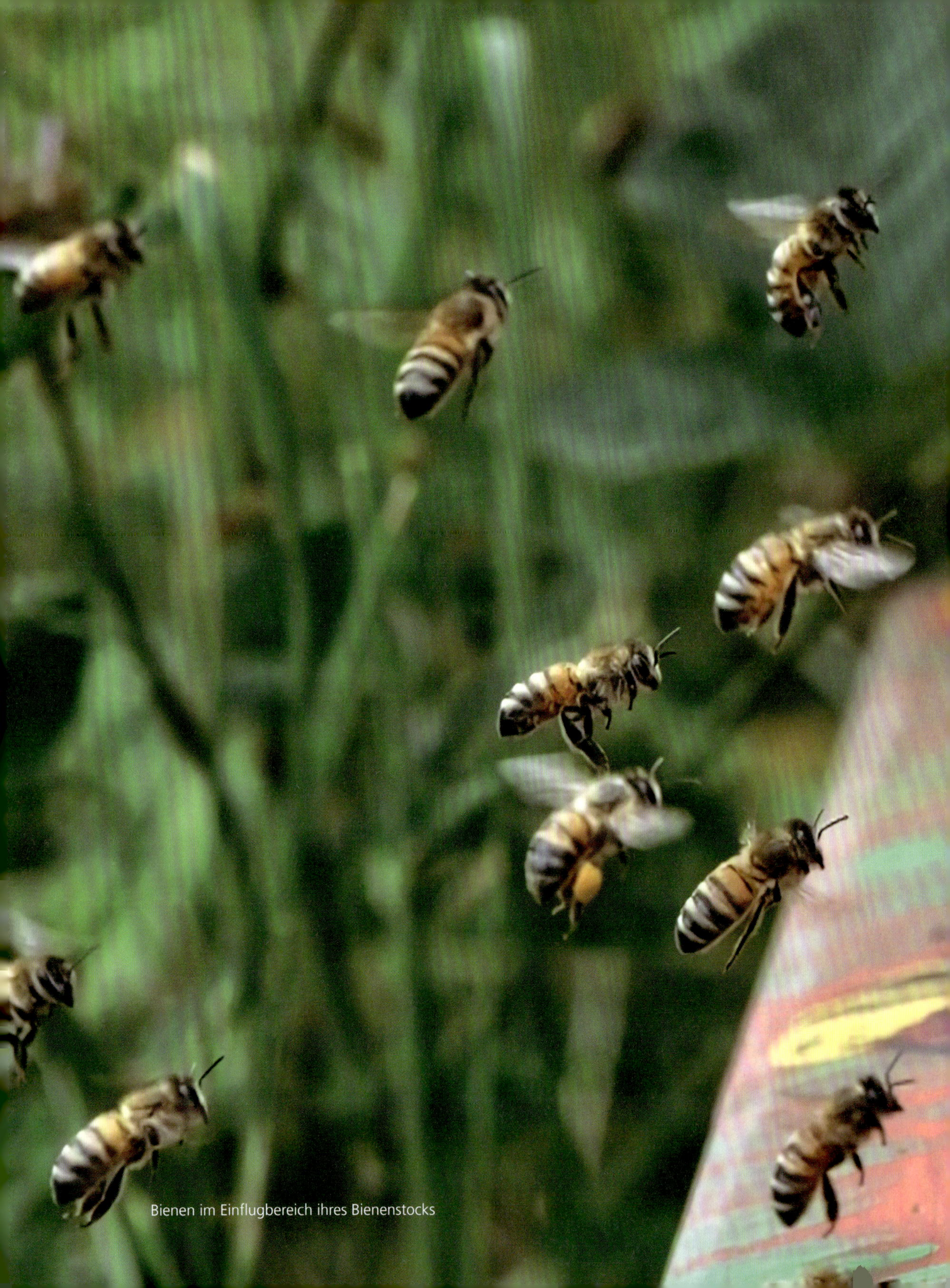

Bienen im Einflugbereich ihres Bienenstocks

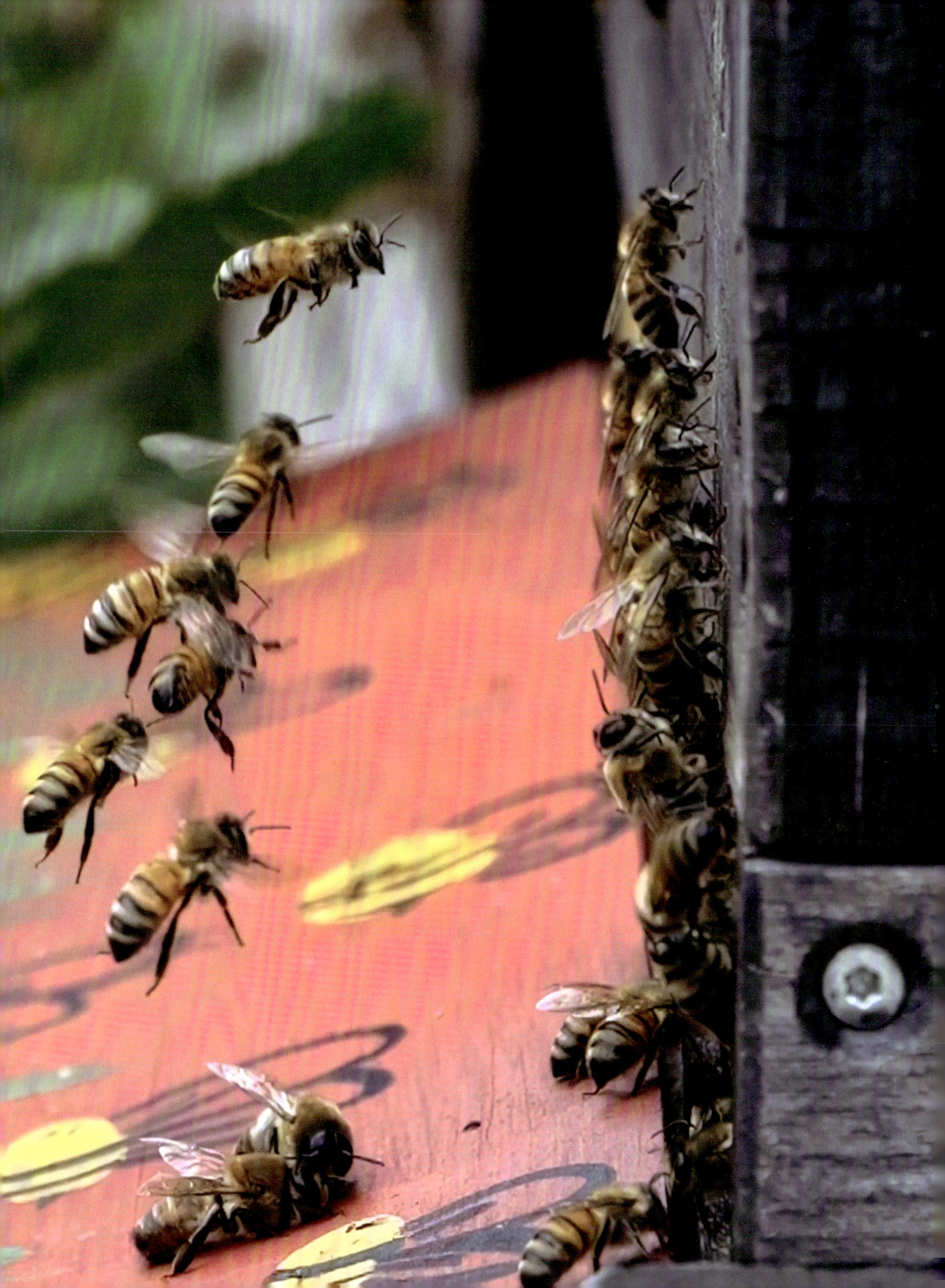

Liste der Kunstwerke

1. Liste der Objekte aus der „Rheinischen Bienenzeitung“ (1975)

1.1. Joseph Beuys (1921–1986): ohne Titel (1975)
schwarz-weißes Offset auf Karton, gefaltet
signiert und nummeriert 13/34
23,5 x 33 cm
WVZ der Multiples, Schellmann Nr. 152

1.2. Bernhard Johannes Blume (1937–2011): Kontakt mit Biene (1975)
Blaue Kugelschreiberzeichnung auf Papier, Unikat
bezeichnet, signiert und datiert
21 x 15 cm auf schwarzem Unterlagenkarton 22,8 x 16,7 cm

1.3. George Brecht (1926–2008): MAKING HONEY? – Not WAR! (1975)
schwarz-weiß Foto mit handschriftlichem Text
signiert und datiert, verso nummeriert
16,6 x 23,4 cm

1.4. Johannes Brus (geb. 1942): ohne Titel (1975)
Farbfotografie in Brauntönen mit goldener Farbe überarbeitet und einer Collage von Erdnüssen, deren Kerne zum Teil bemalt sind.
verso signiert und 75 datiert, keine Nummerierung
23,6 x 16,5 cm

1.5. Michael Buthe (1944–1994): Aus dem Leben eines Bienenkönigs (1975)
Fotokopie einer Zeichnung, mit Goldfarbe überarbeitet und mit einer roten Paillette collagiert
signiert, datiert und nummeriert 13/34
23,6 x 16,9 cm

1.6. Robert Filliou (1926–1987): ohne Titel (1975)
schwarz-weiß Foto mit handschriftlichem Text in französischer Sprache, signiert und nummeriert
23,4 x 16,4 cm

1.7. Jürgen Klauke (geb. 1943): „Bienenfleiss"
schwarz-weiß Foto 10,8 x 8,5 cm, aufgeklebt auf weißen Karton
signiert im Foto, keine Datierung, nummeriert als 1/3
23,4 x 16,5 cm

1.8. Falko Marx (1941–2012): Goldene Biene (1975)
Farbige Originalzeichnung
monogrammiert und datiert 75
Bleistift und Farbstifte auf Papier
23,2 x 16,5 cm

1.9. Rune Mields (geb. 1935): Die Abwandlung der „Wabe in der Wabe" (1975)
verso Druck (oder Zeichnung?) eines Hexagons mit Binnenstruktur, recto sind einige der Linien mit Bleistift nachgezeichnet
betitelt, signiert und datiert
23,4 x 16,5 cm

1.10. C. O. Päffgen (Carl Otto Päffgen) (1933–2019): Bienenvolk in Mondformation
Fotokopie einer schwarz-weiß Zeichnung, aufgeklebt auf Karton, dort signiert und nummeriert 13/34
17,5 x 14,6 cm auf 23,4 x 16,5 cm

1.11. Heinz Günter Prager (geb. 1944): Wabenstruktur (1975)
Druck oder Bleistiftzeichnung auf Papier, partielle Nachzeichnung der Linien mit einem roten Faserstift
betitelt, signiert und datiert 75, keine Nummerierung
23,4 x 16,5 cm

1.12. Ulrike Rosenbach (geb. 1943): Die Bienen-Frau (1975)
Fotografie mit handschriftlichem Text, verso Angabe zum Zitat, signiert, datiert und nummeriert
16,8 x 23,6 cm

1.13. Bernard Schultze (1915–2005) und
Ursula (Schultze-Bluhm) (1921–1999): ohne Titel (1975)
Radierung in braun mit leichtem Plattenton
von Bernard Schultze und Ursula signiert, nummeriert 13/35 (!) und datiert 1975

2. Liste der Werke von Joseph Beuys (1921 – 1986)

Die nachfolgende Liste der „Werke von Joseph Beuys“ umfasst

a) Arbeiten im Zusammenhang mit der Aktion „wie man dem toten Hasen die Bilder erklärt“ (1965) – (hier Nr. 2.1. bis Nr. 2.3.)

b) Arbeiten im Zusammenhang mit der Installation „Honigpumpe am Arbeitsplatz“ (1977) – (hier Nr. 2.8. bis Nr. 2.20.)

c) Arbeiten zum Thema „Honig“ ohne direkt nachweisbaren Bezug zur Aktion (a) und zur Installation (b) – (hier Nr. 2.4. bis 2.7. und Nr. 2.21. bis 2.23.)

Bei den Multiples wird jeweils die entsprechende Nummer angegeben aus dem Werkverzeichnis (WVZ) „Joseph Beuys. Die Multiples“, herausgegeben von Jörg Schellmann, Edition Schellmann im Verlag Schirmer und Mosel, München, 7. Aufl. 1992.

2.1. Walter Vogel / Joseph Beuys

Joseph Beuys mit Hasen/frontal (1965)
Fotografie während der Aktion von Joseph Beuys „Wie man dem toten Hasen die Bilder erklärt“ in der Galerie Schmela in Düsseldorf am 26. November 1965
schwarz-weiß Fotografie, Abzug analog auf Fomabrom Baryt Papier, einer von zwei Abzügen in diesem Format 2015, vom Fotografen selbst angefertigt, recto signiert, verso bezeichnet und nummeriert 2/2
40 x 30 cm

2.2. Walter Vogel / Joseph Beuys

Joseph Beuys nach der Aktion „wie man dem toten Hasen die Bilder erklärt“ (1965), Blick von der Straße in die Galerie Alfred Schmela, Düsseldorf am 26. November 1965
Pigmentdruck auf Papier, 2021, Auflage 10 Exemplare, hier Ex. 2/10, recto signiert und bezeichnet „Joseph Beuys“, verso signiert und nummeriert
50 x 60 cm

2.3. Joseph Beuys

Neujahrsgrußkarte (1965/1966) der Galerie Schmela unter Verwendung eines Fotos der Aktion „wie man dem toten Hasen die Bilder erklärt“

(Foto: Ute Klophaus), von Joseph Beuys handsigniert
Karton-Klappkarte mit schwarz-weiß Fotografie von Ute Klophaus, von Beuys in blauer Tinte signiert, aufgeklappt 10,5 x 27 cm

2.4. Joseph Beuys

Gib mir Honig (1973/bearbeitet 1978)
Postkarte, unlimitiert, herausgegeben von der Edition Staeck, Heidelberg 1973, WVZ Schellmann P 9
Hier: collagiert mit Briefmarke (Wohlfahrtsmarke), Sonder-Poststempel „Internationaler Kunstmarkt 29.11. – 4.12.1978", Düsseldorf 04.12.1978 sowie Stempel „FREE INTERNATIONAL UNIVERSITY", signiert (Unikat?, keine Auflage bekannt)
10,2 x 14.5 cm

2.5. Joseph Beuys

Honey is flowing in all directions (1974)
Siebdruck auf PVC-Folie, unlimitiert, hier signiert und nummeriert, Ex. 42/120, Exemplar aus der Box „Postkarten 1968–1974" , (WVZ für die gesamte Box: Schellmann Nr. 103)
10,5 x 15 x 0,3 cm
WVZ Schellmann Nr. 105

2.6. Joseph Beuys

(vgl. 1.1.)
ohne Titel (1975)
Offsetdruck, signiert und nummeriert
23,5 x 33 cm (mittig gefaltet)

2.7. Joseph Beuys

Wirtschaftswert KRAFT Bienenhonig (ca. 1976/1984)
Vier Portionspackungen Bienenhonig der Marke KRAFT, einzeln von Beuys signiert und bezeichnet „Wirtschaftswert", eine der Packungen gestempelt „FREE INTERNATIONAL UNIVERSITY".
Es existieren fünf ähnliche Exemplare, keine Nummerierung.
Die vier Packungen zusammen in einem Rahmen
32,8 x 32,8 cm
im WVZ Schellmann nicht aufgeführt

2.8. Aloys Wilmsen / Joseph Beuys

Vier Dokumentationsfotografien zum Aufbau der „Honigpumpe am Arbeitsplatz" von Joseph Beuys 1977 schwarz-weiß Fotografien, zwei im Format 30 x 42 cm, zwei im Format 42 x 30 cm; Abzüge verso datiert auf den 18.04.2023, gestempelt und signiert von Aloys Wilmsen

2.9. Aloys Wilmsen / Joseph Beuys

Sondereditionen zur Montage und Inbetriebnahme der „Honigpumpe von Joseph Beuys" 1977 auf der Documenta 6 in Kassel, Editionen 1/14 bis 14/14
jeweils 3 bis 4 schwarz-weiß Fotografien mit Textblatt, zusammen mit dem Buch „Bienenfleiß – Joseph Beuys und die Honigpumpe aus dem Allgäu auf der Documenta 6, 1977" in einem Behältnis aus Filz.
Format der Fotografien 20,2 x 13,2 cm, Box insgesamt ca. 25 x 18 x 5 cm
Auflage unbekannt, nicht signiert oder datiert

2.10. Joseph Beuys

Plakat mit Programm der FIU „Free international University", documenta 6 (1977)
einfarbiger, schwarzer Offset- oder Siebdruck, von Joseph Beuys gestempelt (blauer Rundstempel „Free International University") und signiert
60 x 42 cm

2.11. Joseph Beuys

Plakat zur Abschluss-Diskussion der FIU „Free International University", documenta 6 (1977), gestempelt und signiert
62 x 44 cm

2.12. Joseph Beuys

Honigpumpe am Arbeitsplatz (1977)
Druckbogen für zehn Postkarten, Offset mit Siebdruck, gestempelt, signiert, Aufl. 50 Exemplare, hier ohne Nummerierung
62 x 33 cm
WVZ Schellmann 232A

2.13. Joseph Beuys

Honigpumpe am Arbeitsplatz (1977)
Druckbogen (blasser Fehldruck) für zehn Postkarten, Offset mit Siebdruck, signiert und nummeriert
62 x 33 cm
im WVZ in dieser Form nicht aufgeführt (vgl. Nr. 232B)

2.14. Joseph Beuys

Honigpumpe am Arbeitsplatz (1977)
Zehn Postkarten, eine Titelkarte, transparente Original-Plastikhülle,
Hier alle Karten einzeln signiert (sonst nur Titelkarte)
Siebdrucke
15 x 10 cm (Hülle 16 x 11 cm)
WVZ Schellmann P34 – 43 (als Mappe nicht aufgeführt)

2.15. Joseph Beuys

Sich selbst („Kunsthonig") (1977)
Fehldruckbogen (Viererblock) der Postkarte „Wer nicht denken will fliegt raus" mit handschriftlichem Text („Kunsthonig") und Signatur
23 x 33 cm (die zugrunde liegende Postkarte basiert auf einem Ausspruch von Joseph Beuys während der Diskussionen „am Arbeitsplatz" während der Laufzeit der documenta 6)
Unikat (ca. 50 Variationen)
WVZ Schellmann Nr. 214

2.16. Joseph Beuys

Sich selbst (1977)
Fehldruckbogen (Viererblock) der Postkarte „Wer nicht denken will fliegt raus" mit farbigen Verschmutzungen im Druckvorgang, signiert (unterschiedliche unikatäre Arbeiten) (die zugrunde liegende Postkarte basiert auf einem Ausspruch von Joseph Beuys während der Diskussionen „am Arbeitsplatz" während der Laufzeit der documenta 6)
23 x 33 cm
nicht im WVZ Schellmann

2.17. Joseph Beuys

Rückwärts (1977)
Komplette Zeitung „Vorwärts" vom 21. Juli 1977, auf der letzten Seite (S. 32, hier „Rückwärts" überschrieben) mit Karikatur von Chlodwig Poth (1930–2004) zur „documenta 6", von Beuys mit rotem Filzstift beschriftet "Wer nicht nach Rückwärts und vorwärts denken will fliegt raus!", signiert, gestempelt und nummeriert 6/45
40,5 x 28,7 cm
WVZ Schellmann Nr. 216

2.18. Joseph Beuys

Food for Thought (1977)
Offset auf grauem Maschinenbütten, gestempelt, Fettfleck, Auflage

unlimitiert, einige hundert signiert, hier: signiert und gestempelt
88 x 16,5 cm
Herausgegeben von der FIU (Free International University) während der Documenta 6 (1977) zur Finanzierung der Diskussionen „am Arbeitsplatz"
WVZ Schellmann Nr. 206

2.19. Joseph Beuys
APOLLO mit Beuys (1977)
Handzettel mit handschriftlichen Zusätzen als Einladung zum täglichen Documenta-Seminar während der Documenta 6 (1977)
Auflage 20 + III, signiert und nummeriert, hier Ex. 12/20
14,8 x 10,5 cm
WVZ Schellmann Nr. 212

2.20. Joseph Beuys
Ich ernähre mich durch Kraftvergeudung (1978)
Pappteller, von Beuys beschriftet und signiert
Auflage 120 Exemplare, verso nummeriert, hier 31/120
(Die Idee zu dieser Edition entstand während der kräftezehrenden Diskussionen „am Arbeitsplatz" während der Laufzeit der documenta 6)
12 x 18 cm
WVZ Schellmann Nr. 284

2.21. Joseph Beuys
Gib mir Honig (1979)
Blecheimer für Honig (leer), beschriftet und signiert von Beuys.
Auflage 12 Exemplare, zum Teil mit Honig gefüllt und mit Deckel, zum Teil leer, ohne Deckel; Maße leicht unterschiedlich, keine Nummerierung.
Dieses Exemplar leer und ohne Deckel
Höhe 22 cm, Durchmesser 16 cm
WVZ Schellmann Nr. 303

2.22. Joseph Beuys
Honiggefäß (1982)
Farbradierung
29,1 x 20,8 cm auf 56,5 x 45 cm
signiert, nummeriert, hier A 1/40
WVZ Schellmann Nr. 422

2.23. Joseph Beuys

Gefäß mit Bienengift (Honiggefäß) (1982)
Farbradierung
29,1 x 20,8 cm auf 56,5 x 45 cm
signiert, nummeriert, hier a.p. 2/30, und betitelt „Gefäß mit Bienengift" (nur einzelne Exemplare wurden vom Künstler so betitelt)
WVZ Schellmann Nr. 422

3. Liste der Werke von Hede Bühl (geb. 1940)

3.1. Hede Bühl

Wabenkopf (2015)
Alabaster
17,4 x 15,4 x 22,8 cm
(VZ Kraft Nr. 2015.2, hier noch als „Hexagonkopf" betitelt)

3.2. Hede Bühl

Wabenkopf (2015)
Bronzeguss poliert (Guss 2022)
Exemplar e. a,, Gießer- und Signaturstempel
17 x 16 x 22,8 cm
(VZ Kraft Nr. 2015.2, hier noch keine Güsse genannt)

3.3. Hede Bühl

Wabenkopf (2015)
Aluminiumguss poliert (Guss 2023)
17 x 16 x 22,8 cm
Exemplar e. a,, Gießer- und Signaturstempel
(VZ Kraft 2015.2, hier noch keine Güsse genannt)

3.4. Hede Bühl

Wabenkopf (2015)
Aluminiumguss, schwarz lackiert (2024)
Exemplar e. a., Gießer- und Signaturstempel
17 x 16 x 22,8 cm
(VZ Kraft 2015.2, hier noch keine Güsse genannt, erste Lackierungen im Werk der Künstlerin ab 2023)

3.5. Hede Bühl

Ohne Titel (Wabenkopf) (1987–2022)
Mischtechnik auf Papier
100 x 150 cm
Signiert, rückseitig mit Datierungen 1987–2022
(VZ Kraft Z2000er.1, Teilstück aus größerer, im VZ abgebildeter Zeichnung, Rest der Zeichnung von der Künstlerin zerstört)

3.6. Hede Bühl

Wabenkopf mit Zunge (2024)
Alabaster, rote Farbe
23 x 20,5 x 27 cm
(VZ Kraft 2024.1)

4. Liste der Werke von Felix Droese (geb. 1950)

4.1. Felix Droese

Zwei Skizzen – Biene und Wabenstrukturen (Fünfecke!) (1970)
Bleistift und Kugelschreiber auf Papier
verso monogrammiert und datiert '70
15 x 15 cm und 21 x 29,5 cm

4.2. Felix Droese

Honigpriesterin (1982)
Kaltnadelradierung auf Ingres-Bütten
Geplante Auflage 30 Exemplare, hier Ex. 26/30
signiert, betitelt, datiert 1982
39,5 x 29,5 cm auf 63,8 x 47,8 cm
(Das Motiv ist Teil der Mappe „Einer muss wachen" mit 22 schwarz-weiß Radierungen; von der geplanten Auflage von 30 Abzügen konnte nur eine Gesamtauflage von 24 Exemplaren erscheinen, da die Radierplatten keine größere Auflagen ermöglichten. Von dem hier vorliegenden Blatt wurden aber doch mehr als nur 24 Abzüge erstellt.)

4.3. Felix Droese

apis mellifera, Bugonie (Ägypten) (2018)
Bleistift auf aufgeklappter Kartonschachtel
verso signiert und datiert 17.12.2018
20 x 13 cm

4.4. Felix Droese
„Bugonie“ Artistäus erschafft die Bienen aus dem toten Rind (2019)
Aquarell auf Pappe
verso signiert, betitelt und datiert 2019
28,7 x 20 cm

4.5. Felix Droese
ohne Titel (2019)
Aquarell und Papier-Ausschnitte (Bienen) auf der Rückseite eines bedruckten Papiers
signiert und datiert 22.01.19
29,4 x 20,7 cm

4.6. Felix Droese
Ohne Titel (Baum mit Wabencollage) (2020–2023)
Mischtechnik (Tierblut, Erde, Acrylfarbe, Collage)
signiert und datiert rechts unten
87,5 x 62,8 cm

4.7. Felix Droese
Sekundenfilm 1921–2021 (2020)
Mp4v Video File auf Intenso Datenstick
50 Sekunden (Bienen an einem Ein- und Ausflugloch, zum Schluss erscheint der Name „Joseph Beuys“)
in Kartonbox mit Einlegeblatt
Auflage 29 Exemplare, hier Ex. 24/29
signiert auf Einlegeblatt, nummeriert und bezeichnet auf der Kartonbox Edition Artax Kunsthandel, Düsseldorf, zum 100. Geburtstag von Joseph Beuys
Kartonbox 16,3 x 7,3 x 4 cm

4.8. Felix Droese
Ankündigungs-/Werbeplakat zu „Sekundenfilm 1921–2021“ (2021)
schwarz-weiß Offsetdruck mit Ausschneidungen
signiert, datiert 2021, Ex. a. p.
42 x 29,8 cm

4.9.–4.10. Felix Droese
Drei Filmstills zum „Sekundenfilm 1921–2021“ (2021)
je 29,8 x 21 cm
signiert und datiert 2021

4.11. Felix Droese

ohne Titel (Wabenstruktur mit zwei Sonnen) (ohne Jahr)
Bleistift auf Pappe
verso signiert und datiert „o. J."
35 x 24,7 cm

5. Liste der Werke von Michael Buthe (1944–1994)

5.1. Michael Buthe

„aus dem Leben eines Bienenkönigs" (1975)
Collage und Mischtechnik auf Papier
23,5 x 16,2 cm

5.2. Michael Buthe

„aus dem Leben eines Bienenkönigs" (1975)
Mischtechnik mit abgebranntem Streichholz auf Papier
23,5 x 16,2 cm

5.3. Michael Buthe

ohne Titel (1977)
mit Wachs getränktes rotes Tuch mit goldenen Punkten über zwei Ästen, verso signiert, datiert 1977 und nummeriert 9/30 (aus einer Serie von 30 unikatären, sehr unterschiedlichen Objekten)
34 x 38 x 11 cm

6. Drei Wabenobjekte von Timm Ulrichs, Herbert Zangs und Bjørn Nørgaard

6.1. Timm Ulrichs (geb. 1940)

Bienenwabe-Wachs-Collage (1963/2023)
Original Bienenwabe in Keilrahmen
22 x 36 cm in Acrylglaskasten 36 x 50 x 5 cm, betitelt und signiert

6.2. Herbert Zangs (1924–2003)

(unter Mitarbeit von Gerhard Klüsener)

Ohne Titel (1990er Jahre)
Original-Bienenwabe, mit weißer Farbe überarbeitet, in Plexiglas-Kasten
ca. 62 x 24 cm in Plexiglaskasten 81 x 41 x 8 cm
signiert

6.3. Bjørn Nørgaard (geb. 1947)
The last Bee (2018)
Bronzeguss im Wachsausschmelzverfahren, grau patiniert mit
silberner Biene
29 x 35,5 x 3 cm
signiert auf Zertifikat

7. Andere Werke in der Ausstellung

7.1. Somso-Modell der Honigbiene

7.2. Somso-Modell des Bienenkopfes

7.3. Somso-Modell des Bienengehirns

7.4. Johann Swammerdamm (Jan Swammerdam) (1637–1680)
Bibel der Natur
Johann Friedrich Gleditschens Buchhandlung
Leipzig 1752
(Kupferstichtafel XIX, 26,5 x 15,7 cm)

7.5. Rolf Iseli (geb. 1934)
Wabenfrau überarbeitet (1996)
Kaltnadelradierung mit Pigment, Einzelblatt
signiert, bezeichnet und datiert
51 x 35 cm auf 70 x 50 cm

7.6. Rolf Iseli (geb. 1934)
Wabenfrau (1998)
Kaltnadelradierung, überarbeitet mit Erde und Aquarell, Unikat
signiert, bezeichnet und datiert
25 x 20 cm auf 50 x 35 cm

Dank an ...

Ohne die Mithilfe beteiligter Künstler und vieler Freunde kann ein derart weit verzweigtes Thema nicht erarbeitet werden. So danke ich in erster Linie Hede Bühl und Felix Droese, dass sie mir für ausführliche Interviews zur Verfügung standen.

Für ihre Zustimmung zu Abbildungen danke ich

- Ingo Arndt für seine Fotos kämpfender Bienen;
- Eva Beuys (Joseph Beuys Estate) für die Abbildungen von Joseph Beuys;
- Galerie Maulberger, München, für die Abbildung von Herbert Zangs;
- Jens Hamann für seine Fotos von Honig- wie auch Wildbienen;
- Bjoern Noergaard für seine Zustimmung, sein Multiple „The last Bee" für das Cover dieses Buches zu verwenden;
- Marcus Sommer für die Abbildungen der SOMSO-Bienenmodelle;
- Walter Vogel, Düsseldorf, für die Fotos der Aktion von Joseph Beuys 1965.

Texte müssen diskutiert, gegengelesen und korrigiert werden. Hier danke ich in erster Linie meiner Ehefrau Maria Kraft, die das Projekt von Anfang bis Ende mit Begeisterung, aufmerksam und kritisch begleitet hat. Für kritische Lektüre und letzte Korrekturen danke ich auch wieder Susann Hefftner.

Für Anregungen und Texthinweise danke ich

- René Block und Aloys Wilmsen, die wichtige Informationen zur „Honigpumpe am Arbeitsplatz" von Joseph Beuys mit mir geteilt haben;
- Friedrich Riehl, der das Manuskript nicht nur gelesen, sondern u. a. auch den „Lorscher Bienensegen" beigesteuert hat;
- Jürgen Tautz für seine zahlreichen persönlichen Hinweise zu neuen Forschungen über das Leben der Bienen.

Darüber hinaus bedanke ich mich – in alphabetischer Reihenfolge – für viele Gespräche und Hinweise bei Matthias Glaubrecht, Christa und Günther Heinecke, Eveline und Heinz Heumüller, Erhard Klein, Yvonne Joosten, Thomas Rusterholtz, Klaus Staeck, Ute Stephani und Susanne Wahrburg.

Die fotografischen Arbeiten lagen wieder in den bewährten Händen von Eberhard Hahne, das Layout und die Betreuung des Drucks hat wie üblich kompetent Susanne Belau übernommen. Bei beiden bedanke ich mich für die – wie immer – beste Zusammenarbeit, die ich mir denken kann.

Der Druck des Buches wurde großzügig von Marga Müller-Mehring unterstützt, wofür ich mich sehr herzlich bedanke.

Das vorliegende Katalogbuch begleitet die gleichnamige Ausstellung unserer Sammlung, die in mehreren Institutionen gezeigt wird. Für die gute Zusammenarbeit bedanke ich mich sehr herzlich bei Petra Oelschlägel und Ina Dinter (Kunstmuseum Villa Zanders, Bergisch Gladbach), André Kirbach (Kunststiftung Krumhörn, Pilsum), Peter Josteit (Kunstverein Krefeld) und Isabel Greschat (Museum Brot und Kunst, Ulm).

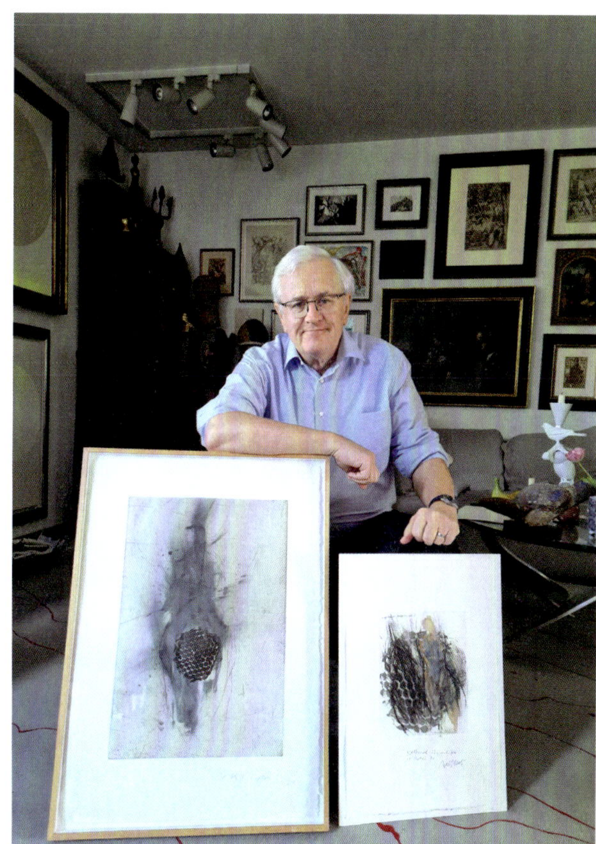

Hartmut Kraft mit Waben-Bildern von Rolf Iseli, März 2024

www.kraft-hartmut.de

Impressum

Text
Hartmut Kraft

Fotografie
Ingo Arndt, Schlüchtern, S. 95
Jens Hamann, Köln, S. 168–175
Hartmut Kraft, Köln, S. 14, 101, 130
Maria Kraft, Köln, S. 189
Thomas Rusterholtz, Basel, S. 133
Alle anderen Fotos Eberhard Hahne, Köln

Gestaltung
Susanne Belau, Essen

Druck und Verarbeitung
Druckerei Kettler, Bönen

Bibliografische Information der Deutschen Nationalbibliothek
Die Deutsche Nationalbibliothek verzeichnet diese Publikation in der Deutschen Nationalbibliografie; detaillierte bibliografische Daten sind im Internet unter http://dnb.ddb.de abrufbar.

Erschienen im
Verlag Kettler, Dortmund
www.verlag-kettler.de

ISBN
978-3-98741-125-0

Kritik der Thiere. – Ich fürchte, die Thiere betrachten den Menschen als ein Wesen Ihresgleichen, das in höchst gefährlicher Weise den gesunden Thierverstand verloren hat, – als das wahnwitzige Thier, als das lachende Thier, als das weinende Thier, als das unglückselige Thier.

Nietzsche, F.: Die fröhliche Wissenschaft, kritische Studienausgabe, hrsg. Von Giorgio Colli und Mazzino Montinari, Bd. 3, Deutscher Taschenbuch Verlag, München 1988, S. 510